职业院校新能源汽车专业通用教材

HUN HE DONG LI QI CHE GOU ZAO YU JIAN XIU

混合动力汽车构造与检修

（微课版）

组编　上海景格科技股份有限公司

主编　崔文一　林金地

华东师范大学出版社

·上海·

图书在版编目(CIP)数据

混合动力汽车构造与检修/崔文一,林金地主编;上海景格科技股份有限公司组编. —上海:华东师范大学出版社,2021

ISBN 978 - 7 - 5760 - 1911 - 7

Ⅰ.①混… Ⅱ.①崔…②林…③上… Ⅲ.①混合动力汽车-构造-职业教育-教材②混合动力汽车-车辆修理-职业教育-教材 Ⅳ.①U469.7

中国版本图书馆 CIP 数据核字(2021)第 159072 号

混合动力汽车构造与检修

组　　编　上海景格科技股份有限公司
主　　编　崔文一　林金地
责任编辑　李　琴
特约审读　李秋月
责任校对　薛晓红　时东明
装帧设计　庄玉侠

出版发行　华东师范大学出版社
社　　址　上海市中山北路 3663 号　邮编 200062
网　　址　www.ecnupress.com.cn
电　　话　021 - 60821666　行政传真 021 - 62572105
客服电话　021 - 62865537　门市(邮购)电话 021 - 62869887
地　　址　上海市中山北路 3663 号华东师范大学校内先锋路口
网　　店　http://hdsdcbs.tmall.com

印 刷 者　上海新华印刷有限公司
开　　本　787 毫米×1092 毫米　1/16
印　　张　20.25
字　　数　487 千字
版　　次　2021 年 10 月第 1 版
印　　次　2025 年 1 月第 3 次
书　　号　ISBN 978 - 7 - 5760 - 1911 - 7
定　　价　49.00 元

出 版 人　王　焰

(如发现本版图书有印订质量问题,请寄回本社客服中心调换或电话 021 - 62865537 联系)

新能源汽车系列教材编写专家委员会

主任委员

李丕毅　　上海交通职业技术学院
尹宏观　　重庆立信职业教育中心学校

副主任委员

杜洪香　　潍坊职业学院
侯企强　　晋中市职业中专学校
陈　刚　　湖南汽车工程职业学院
王　毅　　贵州交通职业技术学院
赵　宇　　长春汽车工业高等专科学校

委　员

赵春田　　天津滨海汽车工程学院
杨传帅　　禹城市职业教育中心
李　健　　涿州职教中心
常　亮　　兰州石化职业技术学院
张维军　　兰州石化职业技术学院
陈　清　　四川交通职业技术学院
蔡　军　　海南省技师学院
宋文奇　　韩城市职业中等专业学校
邱家彩　　咸宁职业技术学院
张　扬　　山西职业技术学院
马云贵　　湖南交通职业技术学院
黄小东　　湖南工业职业技术学院
苟春梅　　新疆交通职业技术学院
潘　浩　　深圳职业技术学院
刘　冬　　胡杨河职业技术学校
陈　标　　湖南汽车工程职业学院
黄良永　　广西科技师范学院
朱熙河　　昆明市官渡区职业高级中学
陈国庆　　广西电力职业技术学院
崔广磊　　包头职业技术学院
李文博　　长春汽车工业高等专科学校
侯　建　　长春汽车工业高等专科学校
扈佩令　　南昌汽车机电学校
胡　鑫　　上海南湖职业技术学院
汪　琦　　上海交通职业技术培训中心

内容简介

NEI RONG JIAN JIE

汽车工业的发展推动了人类文明的进步,也为人类带来了严重的能源、环境和交通安全等问题,这也是汽车工业发展中所面临的巨大挑战。目前,我国不断加大力度发展新能源技术和新能源汽车,并且在"三纵三横"(三纵:燃料电池汽车、混合动力汽车、纯电动汽车;三横:电池、电机、电控)的技术创新战略指导下,经过多年的技术更新,取得了重大技术突破。混合动力汽车是"三纵"中的一纵,近年来得到很好的发展和推广。如何安全规范地完成混合动力汽车的维修是一个至关重要的问题,故维修人员必须掌握混合动力汽车构造原理的相关知识和安全规范维修的操作技能。

本教材以系统介绍混合动力汽车构造、原理和检修为目标,让使用者了解混合动力汽车组成、原理、特点及检修方法。为了实现这一目标,主要从两个方面进行介绍,一是以实际车型为案例介绍混合动力汽车结构原理;二是以混合动力汽车实际维修岗位的典型工作任务为实训任务,结合技能操作视频等资源,引导使用者安全规范操作,注重培养使用者的职业素养。同时,为了方便教材的应用,还匹配了与教材实训任务完全对应的学习工作页,大大提高了应用的可行性。

本教材主要参考新能源汽车国家标准规范和维修手册进行编写,分为五个项目,主要介绍了混合动力汽车基础认知、混合动力汽车动力系统构造与检修、混合动力汽车控制系统构造与检修、混合动力汽车底盘典型构造与检修、混合动力汽车典型辅助电器构造与检修。每个项目主要介绍这个系统相关的基本结构和原理,再结合典型车型具体介绍系统的组成特点和检修方法,并配有相关的实训任务来锻炼使用者的专业技能。

本教材可作为职业院校新能源汽车技术等专业教学用书,也可作为汽车技术人员培训教材,汽车维修人员和汽车技术爱好者亦可用于自学。

前言 QIAN YAN

党的二十大报告提出，要实施全面节约战略，发展绿色低碳产业，绿色发展战略升级，并提出"积极稳妥推进碳达峰碳中和"目标。新能源作为现代化产业、经济增长新引擎被提出。新能源汽车作为新能源产业的重要组成部分，是我国重要战略新兴产业，对实现碳达峰碳中和目标具有重要的作用。2022 年 7 月国务院印发了《新能源汽车产业发展规划（2021—2035年）》，"三纵三横"研发布局为我国新能源汽车产业发展搭建了强有力的技术底座，也为我国新能源汽车发展指明了方向，提出了更高要求。发展新能源汽车产业，是汽车产业高质量发展的必然选择。

根据《国家中长期教育改革和发展规划纲要（2010—2020 年）》的精神，为推进职业教育课程改革和教材建设进程，我们依据理实一体化课程改革理念，以工作任务为课程设置与内容选择的参照点，以任务为单位组织内容并以任务活动为主要学习方式，开发、编写了新能源汽车技术专业的系列课程教材。《混合动力汽车构造与检修》既是新能源汽车各专业必修基础课程教材之一，也是上述系列课程教材之一。

本系列课程教材与项目课程教学包的设计和编制同步进行，是项目课程教学包的配套教材。

本项目课程教材的主要特色有：

◆ **以实践为主线**

教材编写的宗旨是培养以就业为导向、以职业为载体的学生全面发展。一切教学任务来源于实际工作过程中的典型生产任务，颠覆理论为主、实践为辅的传统教学模式，将纯理论课程与实际车型相关联，增加可实践操作内容，理论知识够用即可。

◆ **以互动性为基础**

本教材为融合创新立体化教材，它以独具魅力的纸质教材为核心，借助移动互联网，通过扫描二维码实现纸质教材与移动端数字化资源的瞬间连接，将教材配套的数字化资源与纸质教材内容充分融合，益教易学。

◆ **以资源库为支撑**

资源库中含有内容丰富、数量充足、知识全面的素材,分为理论教学、结构认知和实操演示三部分,教材的编写引用大量的多媒体素材,条理清晰、内容全面。

◆ **以实用性为原则**

教材的编写以工作过程为线索,形成以项目实施为主体思路、理论与实际相结合、专业教学标准与职业资格标准相融合的系列课程教材。教材任务与实际的典型工作任务相吻合,具有很强的实用性。

本系列课程是校企合作共同开发的课程,适应各地学校新能源汽车技术等相关专业教学。希望各校在选用本项目课程教材实施教学的过程中,及时提出意见和建议,以便在修订时改正和完善。

编者

2021.04

目录 MU LU

视频资源清单

项目三　混合动力汽车控制系统构造与检修　(161)

项目四　混合动力汽车底盘典型构造与检修　(251)

项目五　混合动力汽车典型辅助电器构造与检修　(281)

项目一 > 混合动力汽车基础认知

项目概述

　　未来汽车技术的发展主要围绕"能源"与"环保"两大主题。电动汽车可实现无污染行驶，并可利用煤炭、水力等其他非石油资源，能有效解决汽车排污和能源问题。但由于作为纯电动汽车的关键部件之一的动力蓄电池在能量密度、寿命、价格等方面存在不足之处，使得纯电动汽车的性价比无法与传统的内燃机汽车抗衡。在电动汽车的储能部件动力蓄电池没有根本性突破以前，使用混合动力汽车是解决排污和能源问题最具现实意义的途径之一。

　　本项目旨在通过对混合动力汽车基础理论知识——混合动力汽车的发展、结构及基本原理的内容梳理，帮助学生初步完成对混合动力汽车的基本认知，为之后的项目学习夯实理论基础。

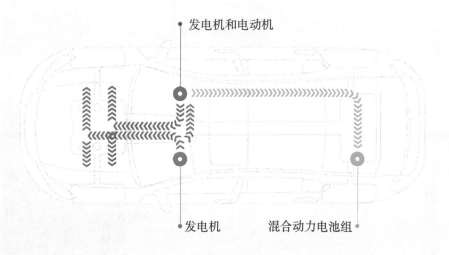

任务 1　混合动力汽车基本组成与原理

任务目标

1. 了解混合动力汽车总体结构及各组成部分的功能。
2. 了解混合动力汽车中动力系统、控制系统、底盘、车身、辅助电气的组成及作用。
3. 掌握混合动力汽车的工作原理。
4. 掌握混合动力汽车的特点。

任务导入

　　张先生进入 4S 店，欲购买一款混合动力汽车作为上下班的代步工具。他现在要了解混合动力汽车的组成及特点，店长要求你作为 4S 店的营销顾问向客户张先生介绍混合动力汽车，并引导客户产生对混合动力汽车的兴趣。现请你学习混合动力汽车的相关知识之后，完成店长布置的任务。

混合动力汽车由哪些部件组成呢？

　　混合动力汽车早在 19 世纪 90 年代就已经问世,并引起当时人们的广泛关注。不过其制造初衷并不是降低燃油消耗量,而是提升内燃机汽车的性能水平。全球首台混合动力汽车可追溯到 1899 年巴黎美术展览馆的展品,它装有一台由电机和铅酸蓄电池组辅助的小型空冷汽油发动机。

　　然而,在第一次世界大战后,随着汽油发动机取得了惊人的进步,作为辅助手段的电机,就逐渐淡出汽车动力市场。直到 20 世纪 70 年代因石油危机爆发和环境保护主义抬头,电动汽车才重新回归大众视野。但由于电池材料尚未取得革命性突破,制约了动力蓄电池储能密度,让电动汽车依旧存在续驶里程问题,由此混合动力汽车得以成为过渡车型,重新引发汽车从业者的兴趣。

　　当前,无论是国家规划还是企业发展,混合动力汽车都被认为是实现纯电动汽车商业化的跳板。因为混合动力汽车技术已较为成熟,可与常规燃油车展开竞争,再加上混动车型实用性也能被普通消费者接受,逐渐成为现阶段电动车推广普及的重点。

图 1-1-1　混合动力汽车展示图

一、混合动力汽车定义

　　混合动力汽车(Hybrid Electrical Vehicle,简称 HEV)是指同时装备两种动力来源的汽车,即混合动力汽车至少拥有两种动力源(一种为可消耗的燃料,另一种为可再充电能/能量储存装置)。使用其中一种或多种动力源提供部分或者全部动力的车辆,也称为复合动力汽车。现在,混合动力汽车多数是指采用传统的内燃机和电机作为动力源,通过混合使用热能和电力两套动力系统的汽车,如图 1-1-1 所示。使用的内燃机常见的有汽油机、柴油机,也有一些发动机经过改造使用其他替代燃料,如压缩天然气、丙烷和乙醇燃料等;使用的电机常见的类型有永磁同步电机、交流异步电机、开关磁阻电机等。

二、混合动力汽车基本组成

混合动力汽车技术已较为成熟,与常规燃油车相比,混合动力汽车上增加了电机和电能装置等动力源。其整车结构和布局也发生了部分改变。混合动力汽车主要由动力系统、控制系统、底盘、车身和辅助电器五部分组成。

(一) 动力系统

动力系统是混合动力汽车的核心系统,其作用是保证车辆安全有效行驶,使发动机的燃料消耗率降到最低,发动机排放的污染减至最小,并充分发挥电力驱动的效率。混合动力汽车动力系统的动力源主要是电力驱动装置和发动机提供的两种动力,所以混合动力汽车的动力系统主要由发动机、电力驱动装置、电能装置、动力耦合装置等组成,如图1-1-2所示。

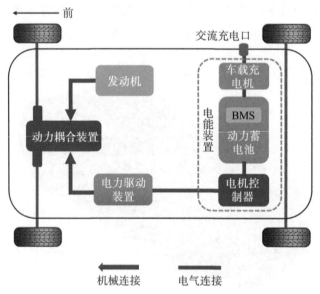

图1-1-2 混合动力汽车的动力系统组成

(二) 控制系统

在混合动力汽车上普遍采用以计算机为核心的现代计算机和自动控制技术,各种智能控制系统包括自适应控制技术、模糊控制技术、专家控制系统、神经网络系统等也逐渐应用到混合动力汽车上,使混合动力汽车更加安全、节能、环保和舒适。

混合动力汽车控制系统主要包括控制系统、电机及其驱动系统的控制系统、发动机及其驱动系统的控制系统、信号反馈及检测装置。其中控制系统又由操作装置、中央控制器及各种控制模块共同组成。

控制系统采用层级式控制,一般情况下分三层。第一层(最上层)为整车能量管理系统,主要部件是集成整车控制器功能的混合动力控制单元(HV ECU),其主要用于统一协调和控制各个部件控制单元的工作;中间层(第二层)主要包括动力控制相关的5种控制单元,即发动机控制单元(ECU)、发电机控制单元(GCU)、电机控制器(MCU)、电池管理系统(BMS)及离合器、变速器、减速器等变速控制单元(TCU),还包括车身控制单元(BCM),来实现对车身电动装置的控制;最下层(第三层)为各个执行器,即发动机、驱动电机、变速器、车身电动装置等工作部件。

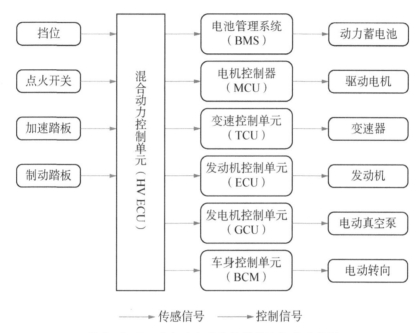

图 1-1-3　混合动力汽车控制系统组成示意图

(三)底盘

汽车底盘用来支撑发动机、动力蓄电池、电机、电机控制器(变频器、逆变器)、汽车车身及空调等各种辅助电器,并将动力系统的动力进行传递和分配,使汽车按照驾驶员意图行驶。混合动力汽车的底盘在传统汽车底盘的基础上增加了要容纳动力蓄电池、电机、电机控制器(变频器、逆变器)等装置的空间,并有高压线束等连接电缆,其主要由传动系统、行驶系统、转向系统和制动系统四大系统组成。

1. 传动系统

混合动力汽车传动系统与传统汽车传动系统作用基本相同,主要用于将动力系统的动力传给驱动车轮。从传动系统功能上来看,它不能实现传统汽车传动系统的如下功能:汽车减速增矩、变速、倒车、必要时中断传动系统的动力传递。因为混合动力汽车将实现这些功能的部件变速器和主减速器总成融入到动力系统中,所以混合动力汽车传动系统仅有动力传递功能,其主要由传动轴和等速万向节组成。

2. 行驶系统

混合动力汽车行驶系统与传统汽车基本相同,其主要组成部件同样为车架、车桥、车轮和悬架等;其功用也是承受汽车的总重量和接收传动系统传来的动力,通过驱动轮和地面之间的附着作用,产生驱动力,从而克服外界阻力,保证汽车正常行驶。但是混合动力汽车由于增加了动力蓄电池组、驱动电机的质量,为了减小整车质量,需要采用轻质材料制造底盘总成。

3. 转向系统

混合动力汽车转向系统与传统汽车转向系统作用相同,都是保证汽车能按驾驶员的意志进行转向行驶。但是混合动力汽车的转向系统采用的是电子动力转向系统,它的转向助力是由安装在转向柱上的直流电动机提供的,且电动机只有在需要转向助力时才会消耗能量,所以这种转向系统能够很大程度上提高燃油经济性。混合动力汽车的转向系统主要由转矩传感器、车速传感器、EPS电动机、减速机构和电子控制单元(ECU)等组成,如图1-1-4所示。

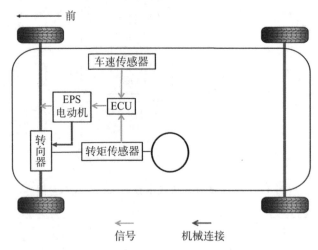

图 1-1-4 混合动力汽车转向系统组成

4. 制动系统

混合动力汽车制动系统与传统汽车制动系统作用相同,都为使行驶中的汽车减速甚至停车,使下坡行驶的汽车速度保持稳定,以及使已停驶的汽车保持不动。混合动力汽车常用的制动系统有两种,一种是带电动真空助力的液压制动系统,其主要由制动助力器、电动真空泵、真空罐、储液罐、真空压力传感器、制动踏板、制动主缸、制动轮缸、制动控制单元及制动器等组成,如图1-1-5所示。这种制动系统中电动真空泵产生真空并储存到真空罐中,给真空助力器提供相应的真空助力,同时制动踏板可以给电机控制器提供制动信号,有效利用制动空行程进行能量回收,提高能量回收率。另一种是电子液压制动系统,主要由制动踏板位置传感器、行程模拟器、制动控制单元、伺服单元、电磁阀、协同再生控制单元及制动主缸和储液罐等组成,这个系统可以根据驾驶员踩制动踏板的程度和所施加的力计算所需的制动力,并在施加制动力的同时适当地回收能量。

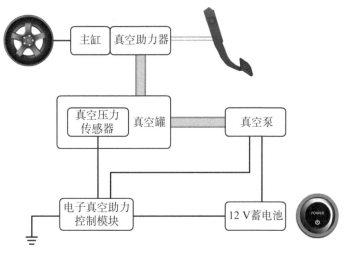

图 1 - 1 - 5　混合动力汽车制动系统组成

（四）车身

混合动力汽车采用的是承载式车身,主要由车身本体、开启件、座椅、内外饰部件和安全保护装置等组成。其中开启件主要是指门、窗、行李舱和车顶盖等,而安全保护装置主要有保险杠、安全带、安全气囊等。汽车车身的作用是安全容纳驾驶员、乘员及货物,使其免受外界侵袭和恶劣气候影响,即车身可以为驾驶人提供舒适的驾驶环境,为乘员提供安全、舒适和享受的乘坐条件,保护他们尽量少受汽车行驶的振动、噪声、废气的影响,使其安全、正点到达目的地。

（五）电器系统

混合动力汽车电器系统主要有空调、照明、各种声光信号装置、车载音响装置、刮水器、电动门窗、电动座椅调节器、车身安全防护装置等。这些辅助装置主要是为提高汽车操纵性、舒适性和安全性而设置的,可根据需要进行选用。在混合动力汽车上,有些空调系统有两种工作模式驱动的压缩机,一种是电动机驱动的压缩机,一种是发动机带动的带电磁离合器的压缩机。电动压缩机可以配合不同工况下的车内空调使用,同时也可以由空调压缩系统按照制冷量的变换调整运转速度,不受车速或汽车驱动力的变化而影响。

三、混合动力汽车工作原理

混合动力汽车行驶之初,动力蓄电池处于电量饱满状态,提供电能带动电机运转,驱动车轮带动汽车行驶,发动机不需要工作;当动力蓄电池的电量低于一定值时,发动机直接带动汽车行驶或者发动机发电一边给动力蓄电池充电,一边给电机供电带动汽车行驶;当汽车功率需求较大时,发动机与电力驱动系统同时为驱动系统提供能量;当车辆功率需求较小时,发动机为电力驱动系统提供电能的同时,还可以对动力蓄电池组进行充电。由于动力蓄电池组的存在,使发动机工作在一个相对稳定的工况,使其排放得到改善。在某些混合动力汽车上,动力蓄电池组起平衡发电机输出功率和电机输入功率的作用。当发电机的输出功率大于电机所需的功率时(如汽车减速滑行、低速行驶或短时停车等工况),控制器控制发电机向动力蓄电池组充电;当发电机的输出功率低于电机所需的功率时(如汽车起步、加速、高速行驶或爬坡等工况),动力蓄电池组则向电机提供额外的电能。

1. 电力驱动

混合动力汽车在车辆处于起动、低速及轻载运行时,发动机关闭,车辆由电机驱动,为纯电动工况。尤其是在起动时,电机转速为0,额定转矩能实现100%传输,所以在汽车初始加速过程中电机可提供比发动机更好的性能。在电力驱动过程中,发动机保持关闭状态。

2. 发动机驱动

混合动力汽车动力蓄电池亏电或者电量过低时,为了保证车辆正常行驶,发动机在驱动车辆行驶的同时向电池补充电量。根据混合动力汽车控制逻辑,一般是在动力蓄电池电量低于一定值或者汽车输出功率不足时,发动机处于驱动状态。

3. 混合动力驱动

混合动力汽车行驶过程中,所需的功率较大,电机不能满足混合动力汽车加速、爬坡时,发动机和电机同时工作驱动车辆行驶。

4. 再生制动

再生制动(Regenerative Braking)也称反馈制动,是一种多使用在汽车或铁路列车上的制动技术,汽车行驶过程中可以获取汽车制动或空挡滑行时浪费掉的能量,是一种降低能耗、减小排放、增加续驶里程的重要手段。传统动力汽车在制动时,制动系统将汽车的动能转化为热能,因此在制动时,汽车在运动时"储存"在汽车内的动能被浪费掉了。在混合动力汽车中,这些在制动空挡滑行时浪费掉的汽车能量的一部分可通过电机转化为电能,电机将作为发电机工作,在使汽车制动的同时产生电能并向混合动力汽车蓄电池充电。

四、混合动力汽车特点

在目前的技术水平和应用条件下,混合动力汽车是电动汽车中最具有产业化和市场化前景的车型。

1. 混合动力汽车优点

① 合理的动力分配,发挥内燃机和发电机各自的优势。混合动力汽车动力分配以电驱为主,当驱动电机功率不足时,使用发动机介入工作,此时发动机处于油耗低、污染少的最优工况下工作。当动力蓄电池电量不足时,富余的发动机功率可通过发电机给动力蓄电池充电,因为发动机可持续工作,动力蓄电池又可以不断得到充电,所以其续驶里程和传统汽车一样。

② 由于有了电池,可以十分方便地回收制动时、下坡时的能量。

③ 在繁华市区,可关停内燃机,由电力单独驱动,实现"零"排放。

④ 可让电池保持在良好的工作状态,不发生过充电、过放电,延长其使用寿命,降低成本。

⑤ 与纯电动汽车相比续驶里程延长了2~4倍,并能添加汽油或柴油。

2. 混合动力汽车缺点

① 相较于纯电动汽车,仍有废气排放问题。

② 在动力蓄电池电量较低时长距离、长时间高速或匀速行驶时基本不能省油。

③ 混合动力系统构成复杂,维修困难。

④ 相关产品定价过高,电机和内燃机两套动力系统的造价远比一套动力系统的成本高。

 **任务小结**

本任务介绍了混合动力汽车的定义、基本组成、工作原理及混合动力汽车的特点。

混合动力汽车(Hybrid Electrical Vehicle,简称 HEV)是指同时装备两种动力来源的汽车,即混合动力汽车至少拥有两种动力源。使用其中一种或多种动力源提供部分或者全部动力的车辆,也称为复合动力汽车。

混合动力汽车上增加了电机和电能装置等动力源。其整车结构和布局也发生了部分改变。混合动力汽车主要由动力系统、控制系统、底盘、车身和辅助电器五部分组成。其中动力系统和控制系统是混合动力汽车中最具特点的组成部分。

混合动力汽车行驶之初,动力蓄电池处于电量饱满状态,提供电能带动电机运转,驱动车轮带动汽车行驶,发动机不需要工作;当动力蓄电池的电量低于一定值时,发动机直接带动汽车行驶或者发动机发电一边给动力蓄电池充电,一边给电机供电带动汽车行驶;当汽车功率需求较大时,发动机与电力驱动系统同时为驱动系统提供能量;当车辆功率需求较小时,发动机为电力驱动系统提供电能的同时,还可以对动力蓄电池组进行充电。

混合动力汽车相对纯电动汽车是优缺点并存的。优点包括能够进行能量回收,避免能量浪费,关闭内燃机可以实现零排放、相比纯电动汽车续驶里程延长了 2~4 倍等。缺点包括相较于电动车仍有废气排放问题,长距离高速行驶时基本不能省油,结构复杂、维修困难,动力性欠佳等。

 **任务练习**

一、判断题

1. 混合动力汽车的整车性能很大程度上依赖于动力蓄电池。　　　　　　　(　　)

2. 混合动力汽车主要由动力系统、控制系统、动力分配装置以及发动机组成。(　　)

3. 在混合动力汽车中制动系统是动力系统的一部分。　　　　　　　　　　(　　)

4. 在混合动力汽车中空调系统有两种工作模式驱动的压缩机。　　　　　　(　　)

5. 与传统内燃机汽车相比,混合动力汽车的控制和结构复杂。　　　　　　(　　)

二、选择题

1. (　　)接受电机转速等信号反馈到仪表,当发生制动或者加速行为时,(　　)控制变频器

频率的升降,从而达到加速或者减速的目的。【单选题】

　　A. 逆变器　　　　　B. 控制器　　　　　C. 变速器　　　　　D. 差速器

2. (　　)是电动汽车的心脏。【单选题】

　　A. 电机　　　　　　　　　　　　　B. 动力蓄电池

　　C. 整车能量控制系统　　　　　　　D. 动力系统

3. 车速传感器属于底盘中的哪个系统? (　　)。【单选题】

　　A. 转向系统　　　　B. 传动系统　　　　C. 制动系统　　　　D. 行驶系统

4. 动力耦合装置属于下列哪一个选项? (　　)。【单选题】

　　A. 动力系统　　　　B. 控制系统　　　　C. 底盘　　　　　　D. 车身

5. 下列选项中属于混合动力汽车驱动形式的有哪些? (　　)。【多选题】

　　A. 动力系统　　　　B. 控制系统　　　　C. 底盘　　　　　　D. 车身

任务 2 混合动力汽车类型

任务目标

1. 了解混合动力汽车的分类。
2. 掌握每一类混合动力汽车的特点。

任务导入

张先生进入 4S 店想要购买一款混合动力汽车作为上下班的代步工具,他想要了解混合动力汽车类型及每款混合动力汽车的特点,一名销售顾问接待了张先生并进行混合动力汽车相关介绍。假设你是这名销售顾问,应该从哪些方面进行介绍,又应该学习混合动力汽车哪些知识呢?

混合动力汽车有哪些类型呢?

📖 知识储备

　　混合动力汽车是多种动力源、多种动力传递方式的一种车辆。根据不同的划分标准,混合动力汽车可分为不同的类型。《混合动力电动汽车类型(QC/T 837－2010)》汽车行业标准中对混合动力汽车分类如下。

一、按照动力耦合形式分类

　　目前世界各国研究开发的混合动力汽车有不同的结构形式,根据动力传动系统的配置及组合方式不同,分为串联式、并联式、混联式及复合式4种形式。

（一）串联式混合动力汽车

　　串联式混合动力汽车的动力系统如图1-2-1所示。它的关键特征是电机控制器起电耦合器的作用,控制从动力蓄电池和发电机至电机的功率流,或反向控制从电机至蓄电池组的功率流。在串联式混合动力汽车中,发电机的作用只是发电,发电机发出的电能通过电机控制器直接输入到电机,由电机产生的电磁力矩驱动汽车行驶,发电机发出的部分电能给动力蓄电池充电,以延长混合动力汽车的行驶里程。另外,动力蓄电池还可以单独给电机提供电能来驱动电动汽车,使混合动力汽车在零污染状态下行驶。

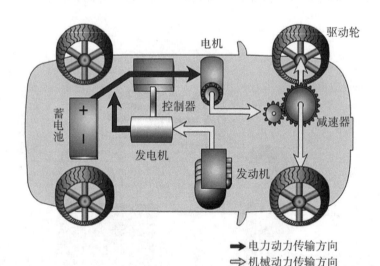

图1-2-1　串联式混合动力汽车动力组成

　　目前主流的串联式混合动力汽车有:宝马i3增程版,雪佛兰VOLT和传祺GA5Z增程版。这三款汽车分别如图1-2-2~图1-2-4所示。

（二）并联式混合动力汽车

　　并联式混合动力汽车的动力系统如图1-2-5所示。并联式混合动力汽车有两套驱动

图 1-2-2　宝马 i3 增程版

图 1-2-3　雪佛兰 VOLT

图 1-2-4　传祺 GA5Z 增程版

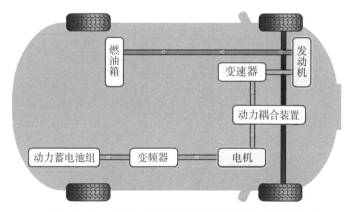

并联式混合动力汽车组成及工作过程

图 1-2-5　并联式混合动力汽车动力系统的示意图

系统,其关键特征是发动机与电机呈并联结构,发动机和电机都可以作为主动力,工作时可共同驱动或各自单独驱动车辆。发动机是基本动力源,而动力蓄电池与电机组成的电力驱动系统组成能量缓冲器,车辆输出功率受发动机和电机的工作影响。

　　根据驱动方式的不同,并联式混合动力汽车动力驱动系统可分为驱动力合成式、转矩合成式(双轴转矩合成式和单轴转矩合成式)和转速合成式三种动力驱动系统类型,如图 1-2-6 所示。

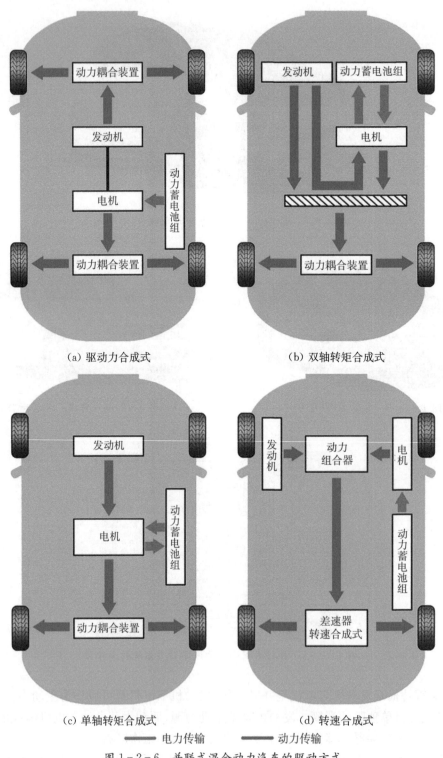

(a) 驱动力合成式　　　　　　　　　(b) 双轴转矩合成式

(c) 单轴转矩合成式　　　　　　　　(d) 转速合成式

——— 电力传输　　　——— 动力传输

图 1-2-6　并联式混合动力汽车的驱动方式

　　目前主流的并联式混合动力汽车有：比亚迪·秦、本田 CR-Z 和别克君越 eAssist，分别如图 1-2-7～图 1-2-9 所示。

图 1-2-7　比亚迪·秦

图 1-2-8　本田 CR-Z

图 1-2-9　别克君越 eAssist

（三）混联式混合动力汽车

混联式混合动力汽车的动力系统如图 1-2-10 所示。混联式混合动力汽车是串联式与并联式结构的组合，它具有两者的主要特性，而且相比于串联式或并联式的单一结构，拥有更多的运行模式。它的结构相对更为复杂，且多半成本较高。混联式混合动力系统中，发动机产生的功率一部分通过机械式传动输送给驱动桥，另一部分则驱动发电机发电，发电机发出的电能输送给电机或蓄电池，电机产生的驱动力矩通过动力复合装置传送给驱动桥。这样，在汽车低速行驶时，驱动系统主要以串联方式工作；当汽车高速稳定行驶时，驱动系统则以并联工作方式为主。

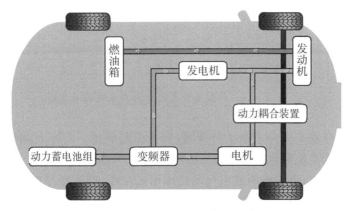

混联式混合动力汽车组成及工作过程

图 1-2-10　混联式混合动力汽车动力系统的示意图

目前比较常见的混联式混合动力汽车有丰田普锐斯、雷克萨斯 CT200h、比亚迪 F3DM，如图 1-2-11～图 1-2-13 所示。

图 1-2-11　丰田普锐斯

图 1-2-12　雷克萨斯 CT200h

图 1-2-13　比亚迪 F3DM

（四）复合式混合动力汽车

典型的复合式混合动力系统如图 1-2-14 所示。它具有和混联式相似的结构，唯一的差异在于电耦合功能由功率变换器转移至动力蓄电池，并且在电机和蓄电池组之间加一个功率变换器。

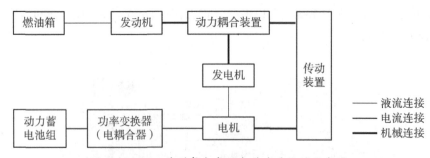

图 1-2-14　典型复合式混合动力系统的示意图

上述分类在科学意义上并不是十分清晰，容易引起混淆。实际上，混合动力汽车中，在驱动系统内存在着两类能量流：一类为机械能量流；另一类为电能量流。在功率交汇点处，始终以同一类功率形式，即机械的或电气的功率形式存在，而不是呈现着两个功率的相加或将一个功率分解成两个功率。这样，或可由功率耦合或解耦特性来更准确地定义混合动力汽车电力驱动系统的构造，如机械耦合驱动系统、电气耦合驱动系统及机械-电气耦合驱动系统。

二、按照混合度的不同分类

根据在混合动力系统中,电机的输出功率在整个系统输出功率中占的比重,即混合度的不同,混合动力系统还可以分为微混混合动力汽车、轻混混合动力汽车、中混混合动力汽车及重度混合(强混合)型混合动力汽车 4 种类型。

(一)微混合型混合动力汽车

微混合型混合动力汽车如图 1-2-15 所示。发动机前端的发电机又是起动机,由发动机锲形带传动,取消了起动机(也就是常说的 Belt-Alternator Starter Generator,简称 BSG 系统)。该电机为发电起动(Stop-Start)一体式电机,用来控制发动机的起动和停止,从而取消了发动机的怠速,降低了油耗和排放。从严格意义上来讲,这种微混合动力系统的汽车不属于真正的混合动力汽车,因为它的电机并没有为汽车行驶提供持续的动力。在微混合动力系统里,电机、逆变器和 48 V 蓄电池等共同组成一个完整的动力系统,其中动力系统中的电机现通常采用 48 V 三相交流电机。微混合型混合动力汽车的代表车型是 PSA 汽车公司的混合动力版 C3 与丰田汽车公司的混合动力版 Vits。

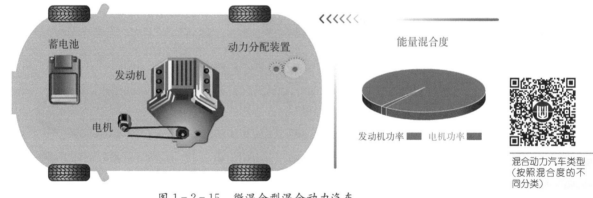

混合动力汽车类型
(按照混合度的不同分类)

图 1-2-15　微混合型混合动力汽车

(二)轻度混合型混合动力汽车

轻度混合型混合动力汽车如图 1-2-16 所示。采用了集成起动电机(也就是常说的 Integrated Starter Generator,简称 ISG 系统)。与微混合动力系统相比,轻混合动力系统除了能够实现用发电机控制内燃机的起动和停止,还能够实现:在减速和制动工况下,对部分能量进行回收;在行驶过程中,内燃机等速运转,内燃机产生的能量能够在车轮的驱动需求和发电机的充电需求之间进行调节。轻混合动力系统的混合度通常在 20% 以下。轻度混合型混合动力汽车的代表车型是通用公司的混合动力皮卡车。

(三)中度混合型混合动力汽车

中度混合型混合动力汽车如图 1-2-17 所示。该系统同样采用了 ISG 系统,但和轻混合动力系统不同的是使用了高压电机。另外,中混合动力系统还增加了一个功能:在车辆处

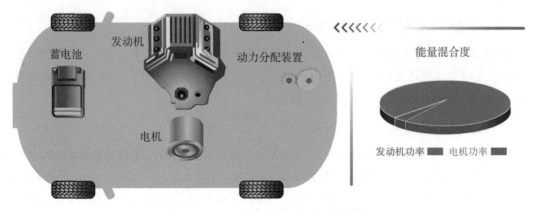

图1-2-16　轻度混合型混合动力汽车

于加速或大负荷工况时,电机可以辅助驱动车轮,补充发动机本身动力输出的不足,从而提高了整车的性能。这种系统的混合程度能够达到30%左右,技术已经成熟,应用比较广泛。中度混合型混合动力汽车的代表车型为本田汽车公司旗下混合动力的Insight、雅阁和思域等车型。

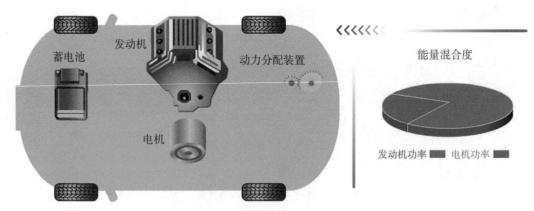

图1-2-17　中度混合型混合动力汽车

（四）重度混合（强混合）型混合动力汽车

重度混合(强混合)型混合动力汽车如图1-2-18所示。该系统采用了272~650 V蓄电池,与中混混合系统相比,驱动车辆的两种动力源中依靠电机功率的比例更大,内燃机功率的比例更小。重度混合车辆中,电机和内燃机都可以独立或共同驱动车辆,因此在低速、缓加速行驶(因交通堵塞频繁起步与停车)、车辆起步行驶和倒车等情况下,车辆可以纯电动行驶;急加速时电机和内燃机一起驱动车辆,并有制动能量回收的能力。

三、按照是否能外接充电电源分类

按照混合动力汽车是否需要外接电源进行充电分为插电式混合动力汽车和非插电式混

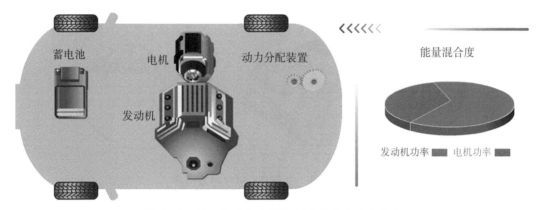

图 1-2-18　重度混合(强混合)型混合动力汽车

合动力汽车两种类型。

（一）插电式混合动力汽车

插电式混合动力汽车如图 1-2-19 所示。简单说就是介于电动车与燃油车两者之间的一种车。它既有传统汽车的发动机、变速器、传动系统、油路、油箱,也有电动车的电池、电机、控制电路。而且电池容量比较大,有充电接口。

图 1-2-19　插电式混合动力汽车

混合动力汽车分类

与非插电式混合动力汽车相比,插电式混合动力汽车的电池容量更大,可以支持行驶的里程更长。如果每次都是短途行驶,有较好的充电条件,插电式混合动力汽车可以不用加油,当作纯电动车使用,具有电动车的优点。其车型代表有：宝马 i8、比亚迪·秦、比亚迪·唐、保时捷 918 等。

（二）非插电式混合动力汽车

非插电式混合动力汽车如图 1-2-20 所示。在使用汽油发动机驱动车辆的同时,还可以通过发动机驱动发电机来给电池充电,低速起动时仅靠电机驱动行驶,通过发动机直接驱动车轮行驶亦或是电机与发动机两者共同驱动车轮。其代表车型有丰田的普锐斯、CT200h、凯美瑞·尊瑞。

图1-2-20　非插电式混合动力汽车

四、其他分类形式

① 按照有无手动选择功能分类，有手动选择功能的混合动力汽车、无手动选择功能的混合动力汽车。

② 按照可再充电能量储存系统的不同分类，有动力蓄电池混合动力汽车、超级电容器混合动力汽车、机电飞轮混合动力汽车、动力蓄电池与超级电容器组合式混合动力汽车。

③ 混合动力汽车按照其技术特征、燃料类型、功能结构和车辆用途等因素，还可有其他划分形式。

 任务小结

本任务讲解了混合动力汽车类型，主要介绍了按耦合形式、按混合度的不同、按是否能外接充电电源三种分类方法。

根据动力耦合形式不同，混合动力汽车分为串联式混合动力汽车、并联式混合动力汽车、混联式混合动力汽车、复合式混合动力汽车四种类型。这是目前最常用的一种分类方式，使用较多的是串联式、并联式、混联式。

根据混合度的不同，混合动力汽车可以分为微混合型混合动力汽车、轻度混合型混合动力汽车、中度混合型混合动力汽车、重度混合(强混合)型混合动力汽车。

根据是否能外接充电电源，混合动力汽车可以分为插电式混合动力汽车、非插电式混合动力汽车。

按照有无手动选择功能分类，有手动选择功能的混合动力汽车、无手动选择功能的混合动力汽车。

按照可再充电能量储存系统的不同分类，有动力蓄电池混合动力汽车、超级电容器混合动力汽车、机电飞轮混合动力汽车、动力蓄电池与超级电容器组合式混合动力汽车。

混合动力汽车按照其技术特征、燃料类型、功能结构和车辆用途等因素，还可有其他划分形式。

 **任务练习**

一、判断题

1. 在串联式的混合动力汽车中,电机既有发电机的作用也有电动机的作用。 (   )
2. 在并联式的混合动力汽车中,发动机是基本动力源,而动力蓄电池与电机组成的电力驱动系统组成能量缓冲器。 (   )
3. 轻度混合动力汽车是在传统内燃机的起动机上加装了传动带驱动电机。 (   )
4. 中度混合型混合动力汽车采用了 ISG 系统。 (   )
5. 非插电式混合动力汽车必须加油。 (   )

二、选择题

1. 宝马 i3 属于哪种形式的混合动力汽车? (   )。【单选题】
   A. 串联式混合动力汽车   B. 并联式混合动力汽车
   C. 混联式混合动力汽车   D. 复合式混合动力汽车
2. 比亚迪·秦属于哪种形式的混合动力汽车? (   )。【单选题】
   A. 串联式混合动力汽车   B. 并联式混合动力汽车
   C. 混联式混合动力汽车   D. 复合式混合动力汽车
3. 轻度混合动力系统的混合度通常在(   )以下。【单选题】
   A. 5%   B. 20%   C. 50%   D. 80%
4. 丰田普锐斯属于哪种形式的混合动力汽车? (   )。【多选题】
   A. 混联式混合动力汽车   B. 中度混合型混合动力汽车
   C. 并联式混合动力汽车   D. 非插电式混合动力汽车

三、简答题

1. 请说出混联式混合动力汽车的工作方式。

2. 请简述混合动力汽车的类型。

项目二 混合动力汽车动力系统构造与检修

项目概述

混合动力汽车中的动力系统是混合动力汽车动力源,是混合动力汽车的核心系统。动力系统是指发动机或者电机等能提供动力的系统,也就是说混合动力汽车存在两种动力源,分别是发动机和电机。在混合动力汽车的驾驶过程中发动机和电机可以根据车辆的不同工况选择两者配合工作还是独立工作。

本项目先对动力系统相关的理论知识进行介绍,之后针对不同车型分任务讲解组成、原理、检测方法及检修技能操作。

任务 1   混合动力汽车动力系统基本组成与原理

 **任务目标**

1. 了解混合动力系统各组成作用及要求。
2. 掌握混合动力系统各组成的组成部件及工作原理。
3. 掌握混合动力汽车动力系统控制原理。

任务导入

　　吴涛和周强是某一职业院校新能源汽车技术专业的学生,两个人已经学习了混合动力汽车构造和原理的结构和特点,这学期开始学习"混合动力汽车构造与检修"这门课程,两个人针对混合动力汽车的组成产生争议。吴涛认为,混合动力汽车与纯电动汽车一样,只需要利用一个驱动电机就能满足其工作要求。周强认为,混合动力汽车需要两个电机,一个为驱动电机,另一个为发电机。究竟哪位同学的观点是正确的呢? 请你学习混合动力汽车动力系统组成与原理相关知识,对他们的观点进行判定。

混合动力汽车动力
系统如何区分?

混合动力汽车的动力系统是它的动力源，它可以在驾驶员的操纵下，将发动机和驱动电机产生的动力传递给驱动车轮，带动汽车行驶。

一、混合动力汽车动力系统组成

动力系统是混合动力汽车动力源，它是混合动力汽车的核心系统，其作用是保证车辆安全有效行驶，使发动机的燃料消耗率降到最低，发动机排放的污染减至最小，并充分发挥电力驱动的效率。混合动力汽车的动力系统主要由发动机、电力驱动装置、电能装置、动力耦合装置组成。

（一）发动机

发动机是混合动力汽车的一种动力源，它是一种热能动力装置，简称为热机。它借助工作介质的状态变化将燃料燃烧产生的热能转变为机械能。

1. 混合动力汽车对发动机的要求

开发混合动力汽车的目的就是解决节能和环保问题，因此混合动力汽车必须围绕着节能和环保来选择所需要的发动机。发动机的动力性、经济性和排放是选择发动机的基本内容。混合动力汽车发动机控制目标主要有：高可靠性、高效率、持续运转性能良好、小型轻量化、低油耗、低排放、低噪声、低成本。具体要求如下。

（1）发动机的动力性

混合动力汽车的节能和环保效果，主要表现为如何在保证车辆动力性的情况下，使发动机动力适中，保证电力驱动系统发挥最大效率，从而可以在混合动力汽车上采用既满足车辆动力性能的要求，以接近发动机汽车动力水平，又能够降低燃料消耗和减少排放的小排量的发动机，混合动力汽车必须经过动力匹配计算和优化设计来选择所需的内燃机。

混合动力汽车的发动机要求有一定的驱动功率，有足够的动力性能和机动性能，能够满足混合动力汽车的基本动力性要求，并且能够与驱动电机一起提供混合动力汽车所需要的最大功率，使混合动力汽车能够达到或接近发动机汽车的动力性水平。

混合动力汽车应根据汽车类型的不同（轿车、客车、货车和重型自卸车等）、使用条件的不同（城市、高速公路或混合条件下使用）以及性能要求的不同（载客量或载重量、舒适性和智能化水平等）来选用不同类型的发动机。

（2）发动机的经济性

一般情况下，用发动机的比油耗来表达发动机的燃料经济性，比油耗单位为 g/(kW·h)。也可作为混合动力汽车按"节能"要求选择发动机时的参考，如图 2-1-1 所示为各种汽车发动机的比油耗范围。在混合动力汽车中，由于采用"开-关"控制模式，电动/发电机带动快速起动方式，以及发动机控制在较狭窄的转速范围内稳定运转等特有的条件下工作，因此，混合动力汽车的发动机比油耗将会低于发动机单独运转的最低比油耗。

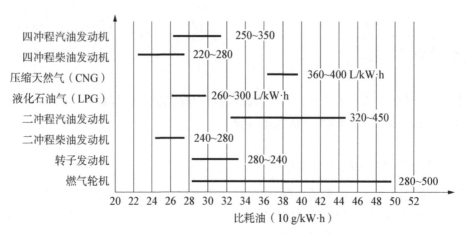

图 2-1-1 可供混合动力汽车选用的发动机的参考比油耗

（3）发动机的环保性

混合动力汽车必须是"超低污染"和接近"零污染"的车辆，特别是在城市低速行驶条件下，必须实现"零污染"行驶，这是混合动力汽车存在和发展的基本条件。由于混合动力汽车进一步采取了电力辅助系统，通过中央控制器控制的发动机"开-关"控制模式、发动机起动加速控制、发动机稳定运转控制和制动能量回收等措施，使得混合动力汽车发动机的排放进一步降低。

2. 发动机的类型

发动机根据其将热能转化为机械能的主要构件的形式不同，可以分为活塞式发动机和燃气轮机两大类。前者又可按活塞运动方式分为往复活塞式和旋转活塞式两种。往复活塞式发动机是现代发动机的主流。活塞在气缸中做往复的直线运动，经连杆、曲轴等转动变为旋转运动。一般而言，汽车发动机可以根据如下特征进行分类。

（1）按照使用燃料分类

按照使用燃料可分为汽油机、柴油机和气体燃料发动机三类。以汽油和柴油为燃料的发动机分别称作汽油机和柴油机，使用天然气、液化石油气和其他气体燃料的活塞式内燃机称作气体燃料发动机。

（2）按照点火方式分类

按照点火方式分为点燃式发动机（汽油发动机、液化石油气发动机、双燃料发动机）和压燃式发动机（柴油发动机、重油发动机）。

（3）按照气缸的数目分类

只有一个气缸的发动机称为单缸发动机，有两个以上气缸的发动机称为多缸发动机，如双缸、三缸、四缸、五缸、六缸、八缸、十二缸等多缸发动机。混合动力汽车发动机多使用四缸和六缸的发动机。

（4）按照工作循环的冲程数分类

对于往复活塞式发动机，可以根据每一工作循环所需活塞冲程数来分类。在发动机内，每一次将热能转变为机械能，活塞都必须经过进气、压缩、做功、排气这样四个过程，完成一个工作循环。把曲轴转两圈(720°),活塞往复四个行程完成一个工作循环的发动机称为四冲程发动机;把曲轴转一圈(360°),活塞往复两个行程即完成一个工作循环的发动机称为二冲程发动机。在混合动力汽车中主要使用的是四冲程发动机。

(5)按照冷却方式分类

根据冷却方式不同,发动机可以分为水冷式和风冷式两种。水冷式发动机利用在气缸体和气缸盖冷却水套中进行循环的冷却液作为冷却介质进行冷却,而风冷发动机是利用流动于气缸体与气缸盖外表散热片之间的空气作为冷却介质进行冷却的。水冷发动机冷却均匀,工作可靠,冷却效果好,被广泛应用于混合动力汽车中。

目前,现代汽车以采用四冲程、多缸、水冷的发动机为主。

3. 发动机基础组成

汽油机通常包括曲柄连杆机构、配气机构、燃油供给系统、冷却系统、润滑系统、点火系统、进排气系统、起动系统。

(1)曲柄连杆机构

曲柄连杆机构的功能是实现发动机的工作循环,完成能量转换过程。它由机体组、活塞连杆组和曲轴飞轮组等组成,如图2-1-2所示。在做功行程中,活塞承受气缸内燃气压力并做直线运动,通过连接到曲轴上的连杆,将该直线运动转换成曲轴的旋转运动,从曲轴对外输出动力。

曲轴飞轮组

机体组

活塞连杆组

图2-1-2 曲柄连杆机构组成图

机体组中,气缸体是构成发动机的骨架,是发动机各机构和各系统的安装基础。气缸盖安装在气缸体的上面,密封气缸上部并与活塞顶部和气缸一起构成燃烧室,此外还有曲轴箱等共同构成了机体组,如图2-1-3所示。

(2)配气机构

配气机构的功能是根据发动机的工作顺序和工作过程,定时开启和关闭进气门和排气

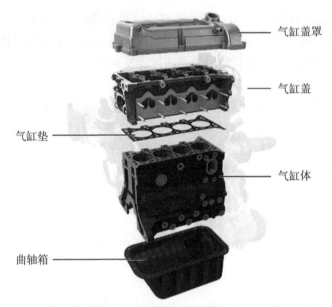

图 2-1-3　机体组组成图

门,使可燃混合气或空气进入气缸,并使废气从气缸内排出,实现换气过程。配气机构大多采用顶置气门式配气机构,一般由气门组和气门传动组、气门驱动组等组成,如图 2-1-4 所示。

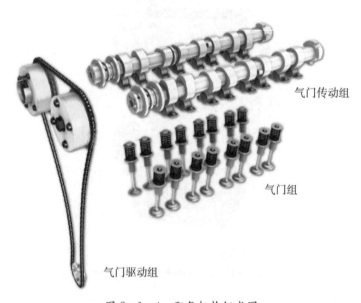

配气机构组成

图 2-1-4　配气机构组成图

（3）燃油供给系统

燃油供给系统的功能是根据发动机工况的需求,定时定量供应合适的燃油进入发动机气缸。对于汽油机而言,燃油供给系统的功能是根据发动机的要求,配制出一定数量和浓度的混合气,供入气缸,如图 2-1-5 所示。

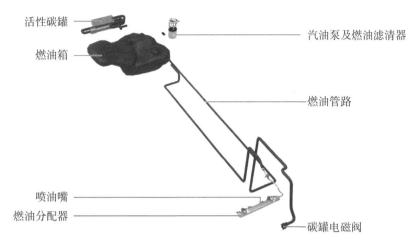

混合动力汽车发动机燃油系统组成

活性碳罐
燃油箱
汽油泵及燃油滤清器
燃油管路
喷油嘴
燃油分配器
碳罐电磁阀

图 2-1-5　燃油供给系统组成图

（4）冷却系统

冷却系统的功能是将受热零件吸收的部分热量及时散发出去，保证发动机在最适合的温度状态下工作。水冷发动机的冷却系统通常由冷却水套、水泵、风扇、散热器、节温器等组成，如图 2-1-6 所示。

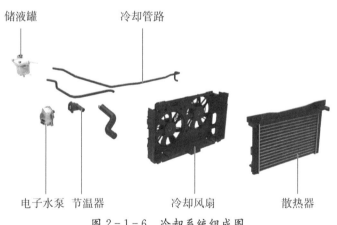

混合动力汽车发动机冷却系统组成

储液罐
冷却管路
电子水泵　节温器
冷却风扇
散热器

图 2-1-6　冷却系统组成图

（5）润滑系统

润滑系统的功能是向做相对运动的零件表面输送定量的清洁润滑油，以实现液体摩擦，减小摩擦阻力，减轻机件的磨损，并对零件表面进行清洗和冷却。润滑系统通常由油路、润滑油道、机油泵、机油滤清器、机油标尺、集滤器等组成，如图 2-1-7 所示。

（6）点火系统

点火系统的功能是确保汽油机在压缩接近上止点时，在气缸内适时、准确、可靠地产生电火花，以点燃可燃混合气，从而燃烧对外做功。在汽油机中，气缸内的可燃混合气是靠电火花点燃的，为此在汽油机的气缸盖上装有火花塞，火花塞头部伸入燃烧室。能够按时在火

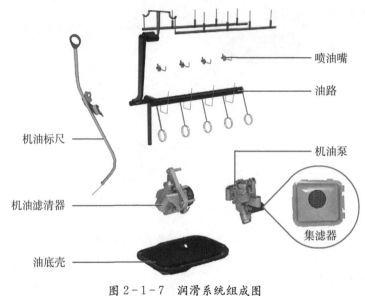

图 2-1-7 润滑系统组成图

花塞电极间产生电火花的全部设备称为点火系统。电子点火系统由点火开关、点火信号发生器、点火线圈、火花塞等部件组成。

(7) 进排气系统

进气系统的功能是尽可能均匀地向各缸供给可燃混合气或纯净的空气,通常由空气滤清器、空气流量计、进气总管、节气门体、进气歧管等部件组成。排气系统要收集废气,并且以尽可能低的排气阻力、噪声和污染,将废气排到大气中,一般由排气歧管、排气管、排气净化装置、排气消声器和排气尾管等组成,如图 2-1-8 所示。

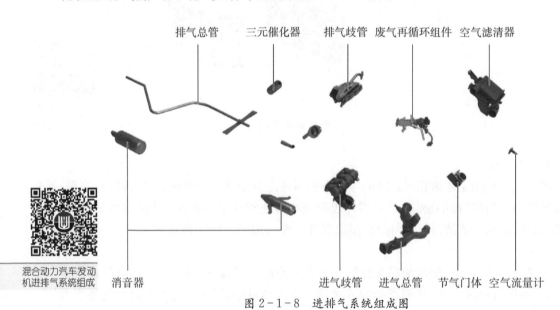

图 2-1-8 进排气系统组成图

（8）起动系统

起动系统的功用是将电动机的动力传递给发动机飞轮以起动发动机,而发动机起动后则靠单向离合器自动断开发动机对起动机的逆向驱动。起动系统主要由蓄电池、起动机、起动继电器、点火开关、单向离合器等组成,如图2-1-9所示。

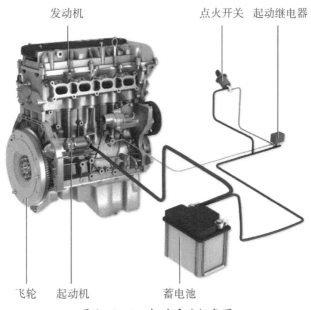

图 2-1-9　起动系统组成图

4. 发动机工作原理

四冲程发动机的运转按进气行程、压缩行程、做功行程和排气行程的顺序不断循环往复。

（1）进气行程

曲轴带动活塞从上止点向下止点移动,进气门开启,排气门关闭。气缸内压力降低到小于外界大气压。空气和汽油经混合形成的可燃混合气通过进气管道、进气门被吸入气缸。

（2）压缩行程

进气结束,进排气门都关闭。曲轴带动活塞由下止点向上止点运动,活塞顶部的可燃混合气被压缩。

（3）做功行程

当压缩行程接近上止点,进排气门处于关闭状态,电火花点燃可燃混合气,混合气燃烧产生的气体压力推动活塞向下止点运动,经连杆使曲轴旋转做功,对外输出功率。

（4）排气行程

曲轴带活动活塞从下止点向上止点运动,排气门打开,进气门关闭。在活塞和废气自身的压力作用下,废气经排气门排出气缸。

（二）电力驱动装置

混合动力汽车的电力驱动装置相当于纯电动汽车电机驱动系统，是混合动力汽车的另一种动力源，其作用是产生电磁转矩，将电能转换为机械能。

1. 电力驱动装置组成

混合动力汽车主要由电机、电机控制器和电驱冷却系统组成。电机是混合动力汽车的一种动力，可以将电能转换为机械能，带动汽车行驶；电机控制器是电机驱动系统的核心，它是驱动电机的控制单元，即控制输出命令来控制驱动电机的工作；电驱冷却系统也称为传动冷却系统，其主要作用是对电力驱动装置（系统）中的主要部件的温度进行调节和控制，保证相关部件的使用寿命。

（1）电机

① 混合动力汽车对电机的要求。混合动力汽车的驱动电机的主要参数为：电机类型、额定电压、机械特性、效率、尺寸参数、质量参数、可靠性和成本等。另外，为电机所配置的电子控制系统和驱动系统，也会影响驱动电机的性能。

在允许的范围内，尽可能采用高电压，这样可以减小电机的尺寸和导线等装备的尺寸，特别是可以降低电机控制器的成本。

高转速：混合动力汽车所采用的感应电机的转速可以达到 $8\,000\sim12\,000$ r/min，高转速电机的体积较小，质量较小，有利于降低混合动力汽车的整车的装备质量。

质量小：电机采用铝合金外壳，以减小电机的质量，各种控制装置的质量和冷却系统的质量等也要求尽可能小。另外，还要求电机和控制装置在运转时的噪声要低。

电机应具有较大的起动转矩和较大范围的调速性能，使混合动力汽车有良好的起动性能和加速性能，以获得所需的起动、加速、行驶、减速、制动等的功率与转矩。电机具有自动调速功能，因此，可以减轻驾驶员的操纵强度，提高驾驶的舒适性，并且能够达到与内燃机汽车加速踏板同样的控制响应。

混合动力汽车应有最优化的能量利用，电机高效率、低损耗，并在车辆减速时，实现再生制动能量的回收，再生制动回收能量一般可达到总能量的 $10\%\sim15\%$，这在内燃机汽车上是不能实现的。

各种动力蓄电池组和电机的工作电压可以达到 300 V 以上，其电气系统安全性和控制系统的安全性，都必须符合国家（或国际）有关车辆电气控制安全性能的标准和规定，装备高压保护设备。

另外，电动机还要求可靠性好，耐温和耐潮湿性能强，运行时噪声低，能够在较恶劣的环境下长时期工作，结构简单，适合大批量生产，使用和维修方便，价格便宜等。

② 混合动力汽车电机的类型。混合动力汽车在不同的历史时期采用了不同的电机，最早是采用可控制性能好和成本较低的直流电机。随着电子技术、机械制造技术和自动控制技术的发展，交流电机、永磁电机和开关磁阻电机显示出比直流电机更加优越的性能，这些电机正在逐步取代直流电机。图 2-1-10 为现代混合动力汽车所采用的各种电机，表 2-1-1 为现代混合动力汽车所采用的各种电机的基本性能比较。

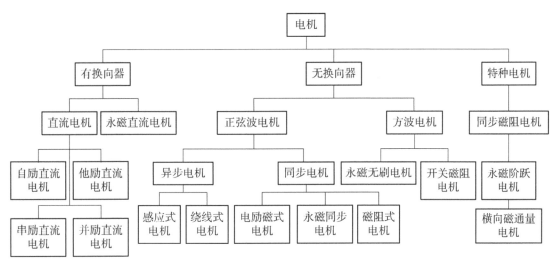

图 2-1-10 现代混合动力汽车所采用的各种电机

表 2-1-1 现代混合动力汽车所采用的各种电机的基本性能比较

项目	直流电机	感应式电机	永磁式电机	开关磁阻电机
功率密度	低	中	高	较高
过载能力(%)	200	300~500	300	300~500
峰值效率(%)	85~89	94~95	95~97	90
负荷效率(%)	80~87	90~92	85~97	78~86
功率因数(%)	—	82~85	90~93	60~65
恒功率比	—	1:5	1:2.25	1:3
转速范围(r/min)	4 000~6 000	12 000~20 000	4 000~10 000	>15 000
可靠性	一般	好	优良	好
结构的坚固性	差	好	一般	优良
电机外形尺寸	大	中	小	小
电机重量	重	中	轻	轻
控制操作性能	最好	好	好	好
控制器成本	低	高	高	一般

注：只做各电机之间的定性比较

③ 混合动力汽车电机的结构。不同的电机类型，结构也会有差异，在混合动力汽车中使用较多的是永磁同步电机，本任务着重讲解永磁同步电机。

永磁同步电机主要由定子、转子、壳体、机座等部件组成，其中定子主要由定子铁心和定子绕组组成，转子主要由转轴和永磁体转子组成，如图 2-1-11 所示。

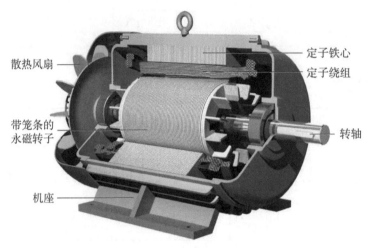

图 2-1-11 永磁同步电机的结构

A. 定子。永磁同步电机的定子是由导磁的定子铁心、导电的定子绕组及其他附件构成。其他附件是指固定定子铁心和定子绕组的一些部件、机座、绕组支架等,如图 2-1-12 所示。

图 2-1-12 定子结构

◇ 定子铁心。永磁同步电机的定子铁心一般采用 0.5 mm 厚的硅钢冲片叠压而成。当定子铁心外径大于 1 mm 时,用扇形的硅钢片来拼成一个整圆。在叠装时,把每层按缝错开,以减少铁心的涡流损耗。定子铁心的内圆开有槽,槽内放置定子绕组,定子槽形一般都做成开口槽,便于嵌线,如图 2-1-13 所示。

◇ 定子绕组。永磁同步电机的定子绕组是由许多线圈连接而成的,每个线圈又是由多股铜线绕制成的,放在槽子里的导体是靠槽契来压紧固定,其端部用支架固定,如图 2-1-14 所示。定子绕组与绕线式三相同步电机的定子绕组一样,通入交流电流即产生旋转磁场。

永磁同步电机的定子绕组普遍采用分布、短距绕组;对于极数较多的电机,则普遍采用分数槽绕组;若需进一步改善电动势波形时,也可考虑采用正弦绕组或其他特殊绕组。

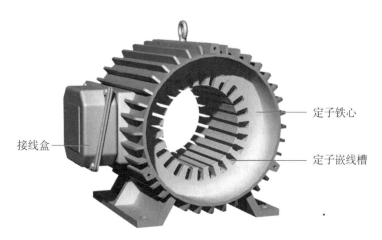

图 2-1-13 永磁同步电机定子铁心的结构

图 2-1-14 定子铁心与定子绕组

B. 转子。永磁同步电机与其他电机最大的不同是转子结构,转子上安装有永磁体磁极。因此,永磁同步电机的转子主要由永磁体、转子铁心和转轴等部件构成,如图 2-1-15 所示。

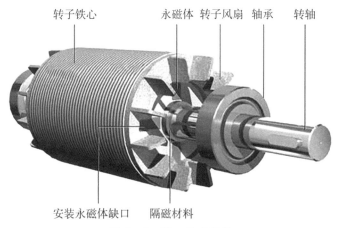

图 2-1-15 转子结构

其中,永磁体主要采用铁氧体和钕铁硼永磁材料。转子铁心可根据磁极结构的不同,选用实心钢,或采用钢板或硅钢片冲制后叠压而成。按照永磁体在转子上位置的不同,永磁同步电机的磁极结构可分为表面式转子磁路结构和内置式转子磁路结构。

◇ 表面式转子磁路结构。表面式转子磁路结构中,永磁体通常呈瓦片形,并位于转子铁心的外表面上,永磁体提供磁通的方向为径向。

表面式转子磁路结构又分为表面凸出式转子磁路结构和表面嵌入式转子磁路结构,如图 2-1-16 和 2-1-17 所示。

表面凸出式转子磁路结构具有结构简单、制造成本低、转动惯量小等优点。在矩形波永磁同步电机和恒功率运行范围不宽的正弦波永磁同步电机中得到了广泛应用。

表面嵌入式转子磁路结构可充分利用转子磁路不对称性所产生的磁阻转矩,提高电动机的功率密度,动态性能也较凸出式有所改善,制造工艺较简单,常被某些调速永磁同步电机所采用。

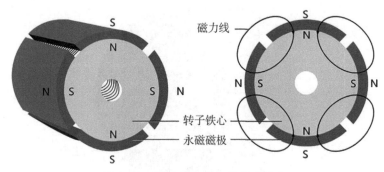

图 2-1-16 表面凸出式永磁转子

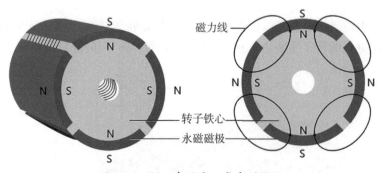

图 2-1-17 表面嵌入式永磁转子

◇ 内置式转子磁路结构。内置式转子磁路结构的永磁体位于转子内部,永磁体外表面与定子铁心内圆之间有铁磁物质制成的极靴,极靴中可以放置铸铝笼或铜条笼,起阻尼或起动作用,广泛用于要求有异步起动能力或动态性能高的永磁同步电机。

按照永磁体磁化方向与转子旋转方向的相互关系,内置式转子磁路结构又可分为径向式转子磁路结构、切向式转子磁路结构和混合式转子磁路结构,如图 2-1-18~图 2-1-20所示。径向式转子磁路结构具有漏磁系数小、转轴上不需采取隔磁措施、极弧系数易于控制、转子冲片机械强度高、安装永磁体后转子不易变形等优点。切向式转子磁路结构,其一个极距下的磁通由相邻两个磁极并联提供,可得到更大的每极磁通。尤其当电机极数较多、径向式转子磁路结构不能提供足够的每极磁通时,这种结构的优势更明显。此外,采用该结构的永磁同步电机的磁阻转矩可占到总电磁转矩的 40%,对提高电机的功率密度和扩展恒功率运行范围都是很有利的。混合式结构集中了径向式转子磁路结构和切向式转子磁路结构的优点,但结构和制造工艺都比较复杂,制造成本也比较高。

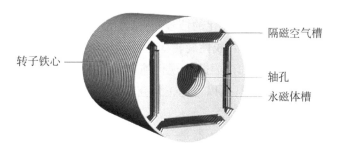

图 2-1-18 内置径向式永磁转子铁心结构

图 2-1-19 内置切向式永磁转子铁心结构

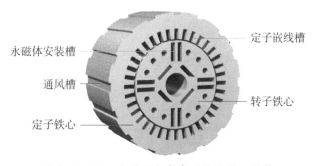

图 2-1-20 内置混合式永磁转子铁心结构

C. 转子位置传感器。与其他电机相比,永磁同步电机还必须装有转子位置传感器,用来检测磁极位置,并以此对电枢电流进行控制,达到对永磁同步电机驱动控制的目的。转子位置传感器的种类较多,且各具特点。在永磁同步电机中常见的位置传感器有光电式位置传感器、霍尔位置传感器和旋转变压器。

◇ 光电式位置传感器。光电式位置传感器结构简单、输出精度高、反应快,具有较为广泛的应用前景。但光电式位置传感器的光敏元件易受环境温度的影响,且在油污、粉尘等环境中监测效果会有所降低,故在油田采矿、火力发电等恶劣条件下难以应用。

◇ 霍尔位置传感器。霍尔位置传感器可被封装在密闭环境中,适用于脏湿、粉尘等恶劣环境。霍尔传感器一般需要永磁体或者励磁才可以工作,因此应用时需安装与转子同轴的含永磁体位置检测的装置,这在一定程度上降低了其体积小的优势。

◇ 旋转变压器。旋转变压器是纯电动汽车应用较多的信号检测装置,其主要用以检测驱动电机转子位置,并将其检测结果传输给电机控制器,经转换可获知电机转速信息。旋转变压器是一种输出电压随转子转角变化的信号装置,按照输出电压与转子转角间关系,旋转变压器可以分为正余弦旋转变压器、线性旋转变压器和比例式旋转变压器;按照信号产生的原理,旋转变压器有电磁感应式和磁阻式。现代纯电动汽车的驱动电机上多采用的是磁阻式旋转变压器,其产生正余弦波形,所以也是正余弦旋转变压器。本任务主要介绍磁阻式变压器,即正余弦旋转变压器。

旋转变压器组成。磁阻式旋转变压器是一种利用气隙磁阻变化而输出信号变化的旋转变压器,其依据电磁感应原理,利用气隙变化和磁阻变化,而使输出绕组感生出电压随转子转角作相应正弦或余弦变化的传感元件。旋转变压器主要由定子和转子组成,如图 2 - 1 - 21 所示。旋转变压器转子由导磁性极强的硅钢片组成,转子外圆表面冲制有若干等分小齿,其数与极对数相等。旋转变压器定子主要由定子铁心、定子绕组两部分组成,定子铁心由导磁性良好的硅钢片叠加而成。定子铁心内圆冲制有若干极靴,每个极靴上又冲制若干等分小齿,定子绕组安放在极靴槽中。定子绕组有 3 组,分别为 1 组输入(励磁)绕组和 2 组输出绕组,输出和输入绕组均为集中绕制,其正余弦绕组的匝数按正弦规律变化,彼此相差 90°,所以能产生相差 90°电角度的电信号。旋转变压器转子的作用是随驱动电机的转轴转动时改变定子励磁绕组产生磁场的强度;而定子的作用有两个,一是在励磁绕组通电时产生磁场,二是在旋转变压器转子转动时,通过励磁绕组的磁场强弱变化,使输出绕组上产生正弦和余弦的检测信号。

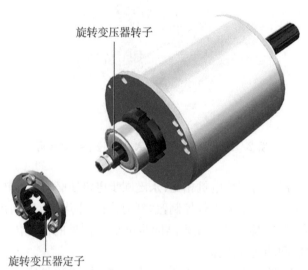

旋转变压器转子

旋转变压器定子

图 2 - 1 - 21 旋转变压器

旋转变压器工作原理。磁阻式变压器的基本原理是当转子相对定子转动时,空间的气隙磁导发生变化,每转过一个转子齿距,气隙磁导变化一个周期,转过一周,则变化转子齿数周期。气隙磁导的变化,导致输入和输出绕组之间互感的变化,输出绕组感应的电动势亦发生变化。

驱动电机中的旋转变压器工作原理是驱动电机的三相线将高压电输送给驱动电机,驱动电机中的转子转动,从而带动旋转变压器的转子转动,与此同时,驱动电机控制器提供12 V电压给旋转变压器定子的输入(励磁)线圈产生磁场。旋转变压器的转子相对定子转动时,使转子和定子之间气隙大小改变,定子上的磁场强度受气隙大小变化的影响而变化,变化的磁场切割旋转变压器定子上的两组输出绕组,由于两组绕组相差 $90°$,从而产生相差 $90°$的正弦和余弦感生电动势。

④ 混合动力汽车电机的工作原理。混合动力汽车常用驱动电机是三相永磁同步电机,电机工作原理是电机控制器输出三相交流电至电机定子绕组。交流电在相应的定子绕组或者相邻绕组中产生旋转磁场,定子上旋转磁场与转子磁场相互作用产生转矩,拖动转子同步旋转。驱动电机通过位置传感器实时读取转子位置,并变换成电信号输出至电机控制器,以便于电机控制器调整输入三相交流电的频率与电压值,实现电机的转速变化与转矩功率变化。

永磁同步电机驱动的工作原理是永磁同步电机转子运转,旋转的转子的磁场分别切割U 相、V 相、W 相的定子绕组且产生 U、V、W 三相交流电,如图 2-1-22 所示。U、V、W为定子的三相绕组,每相绕组中通入电流幅值和相位都随时间变化的交流电,且彼此在相位上相差 $120°$。当时间轴 t 为某一时刻时,此时 U 相绕组电流方向为正,电流从始端流入 U 相绕组,从末端流出,根据右手定则可产生相应的磁力线,磁场通过定子铁心形成闭合回路,对永磁转子产生吸引。此时的 V 相绕组电流方向为负,电流从末端流入 V 相绕组,从始端流出,根据右手定则,可产生相应方向磁力线。此时 W 相绕组电流为正,电流从始端流入 W 相绕组,从末端流出,根据右手定则可产生相应方向的磁力线。相叠加的磁力线在左侧形成顺时针方向的磁力线,在右侧形成逆时针方向的磁力线,使得转子的 S 极和 N 极受到定子绕组的磁力线吸引。随着 U、V、W 三相绕组连续通入彼此相位相差 $120°$的交流电,定子磁场沿顺时针方向旋转,吸引永磁转子也随之旋转,将电能转化为机械能。

永磁同步电机发电的工作原理是当定子产生一对磁极,上部为 S 极,下部为 N 极时,会将转子吸引到当前位置即转子 N 极向上,S 极向下。在有负载状态下,定子旋转磁场在转速上微微领先转子一点,吸引转子以旋转磁场的转速进行旋转。在理想空载状态下转子与旋转磁场是完全对应的,在转子主动旋转时,转子磁场会切割定子的磁场从而产生感生电动势,此时状态为发电机,电动车制动能量回收就是利用这种工作原理来的,如图 2-1-23 所示。

(2) 电机控制器

电机控制器主要作用是将输入的直流电逆变成电压、频率可调的三相交流电,供给配套的三相交流永磁同步电机使用。其工作是根据电子控制单元的指令,驱动电机的速度和电流反馈信号,对驱动电机的速度、驱动转矩和旋转方向进行控制。

① 电机控制器组成。电机控制器就是控制主牵引电源与电机之间能量传输的装置,主要由电子控制装置和功率转换装置组成,如图 2-1-24 所示。

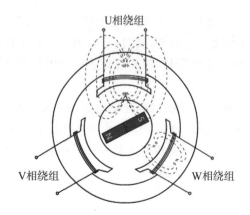

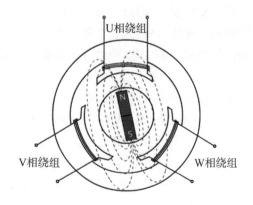

图 2-1-22　驱动电机-电动机工作原理　　　　图 2-1-23　驱动电机-发电机工作原理

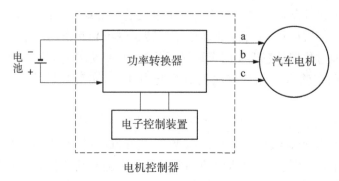

图 2-1-24　电机控制器组成

◇ 电子控制装置。电子控制装置主要通过电流传感器、电压传感器、温度传感器来监测和调整电机运行状态,并根据相应参数进行电压、电流的调整控制以来实现对驱动电机的转速、转矩和功率的控制。

◇ 功率转换装置。功率转换装置则是一种起逆变和整流作用的变压装置,它相当于是逆变器和整流器的集成装置,其功能是接收动力蓄电池输送过来的直流电电能,逆变成三相交流电给驱动电机提供相应的工作电源。

② 电机控制器原理。电机控制器的电子控制装置根据电流传感器、电压传感器、温度传感器来进行驱动电机运行状态的监测,并根据相应参数对驱动电机进行电压、电流的调整控制,以实现对驱动电机转矩、转速和方向的控制。电机控制器输出频率和幅值可变的三相交流电,供给驱动电机定子绕组,形成磁场转动速度和磁场强度可变的旋转磁场。

同时,电机控制器有自诊断功能,它是通过电机控制器内含诊断码的电路实现的。当电机出现异常时,它将会激活一个故障码并发送给整车控制器(VCU),同时,储存该故障码和相关数据。

③ 电机控制器的应用。电机控制器与驱动电机必须配套使用,目前电机控制器对驱动电机的转矩主要通过电压和电流的调节实现;调速主要根据频率的改变实现,这主要取决于所选用的驱动电机类型。

◇ 直流无刷电机。电机控制器一般采用脉宽调制(PWM)斩波控制方式,控制技术简单、成熟、成本低,但效率低、体积大。

◇ 交流感应电机。电机控制器采用 PWM 方式实现高压直流到三相交流的电源变换,采用变频调速方式实现电机调速,通过矢量控制或直接转矩控制的策略来实现电机转矩控制的快速响应。

◇ 交流永磁电机。包括正弦波永磁同步电机驱动系统和梯形波直流无刷电机驱动系统,其中正弦波永磁同步电机控制器采用 PWM 方式实现高压直流到三相交流的电源变换,采用变频调速方式实现电机调速;梯形波直流无刷电机控制通常采用"弱磁调速"方式实现电机的控制。

由于正弦波永磁同步电机驱动系统低速转矩脉动小且高速恒功率区调速更稳定,因此比梯形波直流无刷电机驱动系统具有更好的应用前景。

◇ 开关磁阻电机。开关磁阻电机驱动系统的电机控制一般采用模糊滑模控制方法。

目前纯电动汽车所用电机均为永磁同步电机。交流永磁电机采用稀土永磁体励磁,与感应电机相比不需要励磁电路,具有效率高、功率密度大、控制精度高、转矩脉动小等特点。

(3)电驱冷却系统

电机驱动冷却系统的作用是带走驱动系统中的驱动电机和驱动电机控制器工作过程中产生的热量,将其工作温度控制在适宜的范围内。

① 电驱冷却系统类型。电动汽车的电机驱动系统一般采用两种方式散热:空气冷却和水冷却,通常的电动汽车多采用水冷却。

◇ 空气冷却。空气冷却是采用空气作为冷却介质的冷却系统,这种冷却系统利用吸入或者压入的冷空气和电机的发热部分接触,进行热交换,带走电机的热量实现冷却。这种冷却系统结构简单、费用低廉、维护方便,但是会造成电机的磨损消耗,使电机的效率降低。空气冷却广泛用于水轮发电机中。

◇ 水冷却。水冷却是采用冷却液作为冷却介质的冷却系统,这种冷却系统的冷却液在电机内的闭合回路循环,循环的冷却液和电机的发热部分或者机壳接触,把机壳的热量带走,机壳表面可以是光滑的或带肋的,也可以带外罩以改善热传递效果。这种冷却系统冷却效果好、运行噪声低,但是结构复杂、维护复杂,且使用过程中容易产生水垢,空心铜线的氧化产生的物质沉积容易造成水路堵塞,使得局部绕组不能够得到良好冷却造成过热而烧毁。同时,接头和密封的泄漏也带来了短路和漏电等安全隐患。因此水冷电机的管路堵塞和泄漏成为其致命的弱点。纯电动汽车多采用水冷却。

② 电驱冷却系统组成。电驱冷却系统通常由电动水泵、散热器、电动风扇、储液罐和冷却循环管路等组成,有些冷却循环管路要经过电机控制器底部和驱动电机壳体,以便于冷却电机控制器和电机。混合动力汽车电驱冷却系统采用的是电动水泵,它是冷却液在冷却系统中循环流动的动力源,其他部件与发动机冷却系统的基本相同,这里不做赘述。

③ 电驱冷却系统工作原理。电机驱动系统的冷却系统是先冷却电力驱动装置(系统)中的电子元件电机控制器再冷却电机,经散热器和电动风扇相关的冷却循环管路回到储液罐中,其一般控制电机控制器和电机的温度在其额定工作范围以内。电驱冷却系统采用的是强制循环式水冷却,其使用电动水泵提高冷却液的压力,强制冷却液在电动水泵、电机控制器、电机、散热器之间循环流动,通过热交换来降低电驱系统的主要部件的温度。

具体工作过程为：电动水泵将储液罐中的冷却液泵入电机控制器，冷却液对电机控制器进行冷却后，冷却液从出水口流入电机外壳水套，吸收电机的热量后冷却液随之升温，随后冷却液从电机的出水口流出经过冷却管路流入散热器，在散热器中冷却液通过流经散热器周围的空气散热而降温，最后冷却液经散热器出水软管返回电动水泵，如此往复循环。

（三）混合动力汽车电能装置

混合动力系统电能装置相当于纯电动汽车的电源系统，其主要作用是在适当的时刻给电机以及其他用电部件提供充足的电能，并根据电量的情况进行充电或能量回收从而补充电能。

1. 混合动力汽车对电能装置的要求

① 串联式混合电动汽车完全由电机驱动，发动机-发电机总成与电池组一起提供电机所需要的电能，电池 SOC 处于较高水平，对动力蓄电池功率的要求与纯电动汽车相似，但容量要低。

② 并联式混合电动汽车发动机和电机都可以直接对车轮提供驱动力，整车的驾驶要求可以由不同的动力组合结构来满足。电池的容量可以更小，但是动力蓄电池瞬时提供的功率要满足汽车加速或爬坡要求，动力蓄电池的最大放电电量有时可能达到 20C 以上。

③ 电池的峰值功率要求大，能短时大功率放电。

④ 较高的瞬间回馈功率。

⑤ 循环寿命要长。

⑥ 较高的能量效率。

⑦ 需配备电池管理系统和热管理系统。

⑧ 电池的 SOC 应保持在 30%～80%。

具体的应用指标应根据车辆的设计要求来确定。

2. 混合动力汽车电能装置组成

混合动力汽车的电能装置主要由动力蓄电池、电池管理系统、充电系统、电池冷却系统、低压辅助电源组成。

（1）动力蓄电池

动力蓄电池是电能装置的核心部件，主要由动力蓄电池模组、动力蓄电池箱、动力蓄电池辅助加热装置和高压维修开关等组成，有些车是没有维修开关的。动力蓄电池是混合动力汽车的动力电源，其作用是给驱动电机提供所需的电能，从而带动汽车行驶；动力蓄电池辅助加热装置主要在工作温度较低的情况下给动力蓄电池加热，使其达到正常温度范围，具有良好的工作性能；动力蓄电池箱相当于动力蓄电池的壳体，其主要用于安装动力蓄电池组。

① 动力蓄电池模组。混合动力汽车动力蓄电池组是能量储存装置，是电动汽车日常行驶的唯一能量来源，它是电动汽车的核心组成部件之一，其性能好坏直接关系到电动汽车的动力性能、续驶能力，同时也影响电动汽车的使用安全性。

动力蓄电池组主要由多个电池模块串联而成。电池模块是单体蓄电池在物理结构和电路上连接起来的最小分组,每一个电池模块由多个并联的单体蓄电池组合而成,它是单体蓄电池的并联集成体;单体蓄电池是构成动力蓄电池模块的最小单元,相邻单体蓄电池之间用绝缘板隔开;电池模组是由电池模块串联而成的单元;动力蓄电池包是对外输出电能量的电源体,由若干电池模组串联而成。

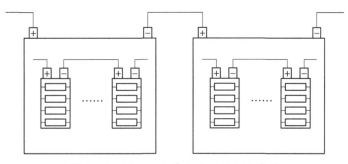

图 2-1-25 动力蓄电池组结构示意图

② 动力蓄电池辅助加热装置。动力蓄电池辅助加热装置是在温度较低的情况下预热动力蓄电池使其达到正常的工作温度,从而保证动力蓄电池的使用性能。动力蓄电池辅助加热装置主要由电池 PTC 组成。当混合动力汽车需要工作时,电池管理器根据车辆的上电信号和动力蓄电池的温度信号,控制电池 PTC 工作,逐步加热动力蓄电池,使动力蓄电池的工作温度达到正常的温度范围。

③ 动力蓄电池箱。动力蓄电池箱是支撑、固定、包围动力蓄电池的组件,动力蓄电池箱有承载及保护动力蓄电池组及电气元件的作用。电池箱体的外表面颜色要求为银灰色、黑色或亚光色,并且外表面还包含有产品铭牌、动力蓄电池包序号、出货检测标签、物料追溯编码以及高压警告标识。

④ 高压维修开关。混合动力汽车上的高压维修开关也称为高压维修塞,它可以为混合动力汽车的高压电力系统在维修时提供安全的维修环境,也可以对电力系统起到安全保护的功能。

(2)电池管理系统

电池管理系统(Battery Management System,BMS)是电动汽车必备的系统,它承担着动力蓄电池组的全面管理,与电机控制系统、整车控制系统共同构成电动汽车的三大核心控制技术。BMS 通过检测动力蓄电池组中各单体蓄电池的状态来确定整个电池系统的状态,并根据它们的状态对动力蓄电池系统进行对应的控制调整和策略实施,实现对动力蓄电池系统及各单体蓄电池的充放电管理,以保证动力蓄电池系统安全稳定地运行。即一方面保证动力蓄电池组的正常运作,显示动力蓄电池组的动态响应并及时报警,以便使驾驶人随时都能掌握动力蓄电池组的情况;另一方面对人身和车辆进行安全保护,避免因电池引起的各种事故。

电池管理系统与混合动力汽车的动力蓄电池紧密结合在一起,通过传感器对电池的电压、电流、温度进行实时检测,同时还进行漏电检测、热管理、电池均衡管理、报警提醒,计算剩余容量(SOC)和放电功率,报告电池劣化程度(SOH)和剩余容量(SOC)状态,还根据电池的电压、电流及温度用算法控制最大输出功率以获得最大行驶里程,以及用算法控制充电机进行最佳电流的充电,通过 CAN 总线接口与车载总控制器、电机控制器、能量控制系统、车载显示系统等进行实时通信,如图 2-1-26 所示。

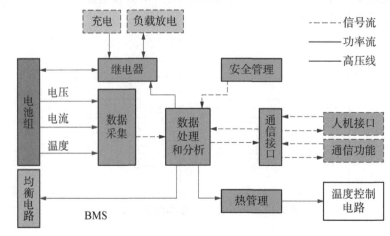

图 2-1-26　电池管理系统工作原理

（3）充电系统

混合动力汽车充电系统可以为动力蓄电池补充电能,它是给电能装置提供持续且平衡电能的关键部件。

混合动力汽车的充电系统使用的交流(慢充)充电系统,是指使用交流电源与交流电网连接,对混合动力汽车进行充电。这种充电系统的整流和升压等电能变换环节都在混合动力汽车内完成,依靠的部件为车载充电机,车外仅需要一个交流输入供电电源,即充电桩。我国标准规定的电动汽车充电用交流电源电压的额定值最大可为 660 V,交流标称电压为单相 250 V、三相 415 V,允许偏差为标称电压的±10%,频率的额定值为(50±1)Hz。

① 充电系统组成。混合动力汽车充电系统主要由车载充电机、充电口、高压配电装置、电池管理器等组成。

② 充电系统工作过程。将充电枪对准慢充充电口,匹配成功后按下慢充插口上的蓝色按键,通过 12 V 低压唤醒整车控制系统以及电池管理系统等低压部件,电池管理系统会首先检测动力蓄电池有无充电需求,检测完毕后会将充电指令发送给车载充电机并闭合动力蓄电池的继电器,开始充电。车载充电机将外部供电设备提供的 220 V 交流电转换为相应高压直流电储存到动力蓄电池。当电池管理系统检测到充电完成后,发送指令给车载充电机停止工作,动力蓄电池继电器断开,如图 2-1-27 所示。

（4）动力蓄电池冷却系统

动力蓄电池在充放电过程中会散发热量,为了保证其正常工作,一般混合动力汽车的动力蓄电池系统专门设置了单独的冷却系统,从而使高压电池包的温度始终保持在正常的范围内。

① 动力蓄电池冷却系统的类型。目前,混合动力汽车动力蓄电池冷却系统有空调循环冷却式、水冷式和风冷式三种类型。

◇ 空调循环冷却式。一些混合动力汽车中,动力蓄电池内部有与空调系统连通的制冷剂循环回路。动力蓄电池单元直接通过冷却液进行冷却,冷却液循环回路与制冷剂循环回

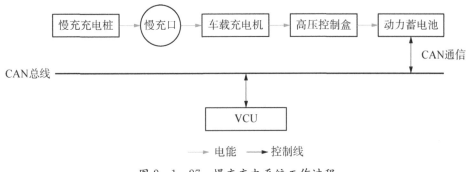

图 2-1-27　慢充充电系统工作过程

路通过冷却液热交换器连接。

◇ 水冷式。水冷式电池冷却系统是使用特殊的冷却液在动力蓄电池内部的冷却液管路中流动，将动力蓄电池产生的热量传递给冷却液，从而降低动力蓄电池的温度。比亚迪 e5 采用的就是水冷方式。

◇ 风冷式。风冷式电池冷却系统是利用散热风扇将来自车厢内部的空气吸入动力蓄电池箱，以冷却动力蓄电池以及动力蓄电池的控制单元等部件。丰田普锐斯采用的就是风冷式。

现代混合动力汽车应用较多的冷却系统为水冷式冷却系统。

② 水冷式电池冷却系统组成。水冷式电池冷却系统主要由电动水泵、散热器、冷却水管、储液罐等部件组成，如图 2-1-28 所示。其电动水泵、散热器、冷却水管及储液罐的组成与电机冷却系统的基本相同，这里不做赘述。

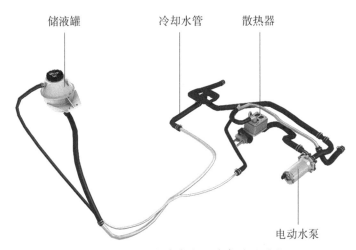

图 2-1-28　水冷式电池冷却系统结构

③ 水冷式电池冷却系统工作原理。当电动水泵接收到高压电池包内的温度传感器信号后，电动水泵旋转将高压电池包中温度较高的冷却液输送散热器进行冷却；在电动水泵的作用力下，经散热之后的冷却液进入到高压电池包对其进行冷却。冷却过程中，若冷却液不足则由储液罐进行补偿，并且部分高温冷却液以水蒸气形式返回储液罐以平衡整个管路系统

的压力。在电动水泵的作用下如此循环往复达到冷却目的,如图 2-1-29 所示。

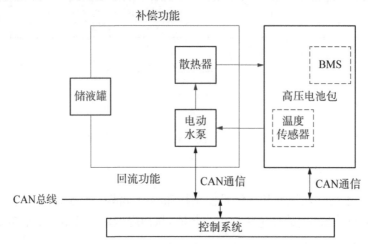

图 2-1-29　水冷式电池冷却系统工作原理

（5）低压辅助电源

混合动力汽车的低压辅助电源的作用是给混合动力汽车控制单元、控制电路以及其他各种辅助装置,如动力转向单元、制动压力调节器、灯光、空调、电动门窗、电动座椅等提供所需要的低压稳定电源,一般为 12 V 或 24 V 的稳定直流电。一般,混合动力汽车用铅酸蓄电池、低压铁锂电池作为低压辅助电源。

3. 混合动力汽车电能装置工作原理

在混合动力汽车工作过程中,电能装置根据接收的用电设备的信号和驾驶员的操纵信息,控制动力蓄电池的工作状态,并根据动力蓄电池管理系统(BMS)内的电池信息采集器对单体蓄电池的电压、电流和温度等信息进行监测,若监测到异常状态,电池管理系统将及时发送新的控制指令,断开高压电路,以保护动力蓄电池。其具体工作过程如下。

（1）电能装置的充电控制与监测

当动力蓄电池处于充电状态时,首先对动力蓄电池进行预充电,以避免较大的瞬时电流直接通过动力蓄电池造成的不可逆损伤。充电过程中,若监测到动力蓄电池温度低于 5℃,电池管理系统会先控制动力蓄电池温度调节装置对电池进行加热,如果温度高于 55℃,则停止充电。动力蓄电池内的 BMS 实时采集各单体蓄电池的电压、电流、温度、动力蓄电池的总电压和总电流值,电池系统的绝缘电阻值等数据,时时监控动力蓄电池的工作状态,并根据电池管理系统中设定的阈值判定电池系统工作是否正常,对故障进行实时监控。

（2）电能装置供电控制与监测

当动力蓄电池处于供电状态时,电池管理系统通过 CAN 线与整车控制器(VCU)和电机控制器之间进行通信,对动力蓄电池组件放电等进行综合管理,避免出现过放电及不均衡现象。动力蓄电池组件使用可靠的高压插接件与高压控制盒相连,其输出的直流电由电机控制器转变为三相交流高压电,驱动电机工作,如图 2-1-30 所示。

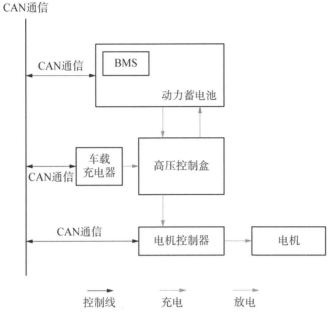

图 2 - 1 - 30　混合动力汽车电源系统工作过程

（四）混合动力汽车动力耦合装置

混合动力电动汽车是将电力驱动系统与燃油驱动系统相结合的车辆,它采用的机电耦合装置可以实现二者之间的相互转换。耦合动力装置的形式不仅决定了混合动力汽车的工作方式,也决定了汽车功率分配的途径,并且对整个汽车的动力性、经济性及汽车的排放性能产生影响。

1. 混合动力汽车动力耦合装置功能

混合动力汽车是燃油动力与电力动力的混合体,它的主要特点是车辆能够随车携带多个动力源,在具体的工作过程中,要求动力源能够根据汽车运行的情况工作,相互补充。根据混合动力汽车的运行方式,可以将其耦合装置(系统)分为纯电动动力驱动、燃油驱动、混合动力驱动三种模式。因此,混合动力车辆的耦合装置(系统)具有如下功能。

（1）汽车动力合成功能

动力耦合装置(系统)的动力合成功能要求能够有效地合成输出多个动力源,以满足汽车的电力驱动与燃油驱动的要求。因为电力动力与燃油动力的特征不同,在动力合成的过程中,各个动力源不能相互干涉,并根据汽车的做功情况,采用不同的驱动技术来输出动力。

（2）动力分解功能

混合动力汽车在汽车行驶的过程中,要能够自行对蓄电池进行充电。在汽车行驶的过程中,需要对动力进行分解,一部分用于对发电机发电,给蓄电池充电;一部分用于驱动车辆行驶。

（3）提高汽车的燃油经济性

耦合装置(系统)能够控制发动机的负载和转速,使汽车能够保持均匀的动力,保证发动机在合理的区域工作,提高汽车的燃油经济性。

2. 混合动力汽车动力耦合装置类型

由于混合动力汽车主要以燃油与电力混合为主,也就是说混合动力汽车的动力源主要有内燃机与电机两种。在一些低速、频繁起停的工程车和公交车上采用的液压混合系统,它们的动力源主要以内燃机与液压马达为主,根据混合动力的形成原理与结构,可以将混合动力耦合装置分为如下几种类型。

(1) 齿轮式机械动力耦合装置

这种混合动力耦合装置主要以齿轮式机械动力耦合为主,一般采用的行星齿轮耦合机构,它主要有两个自由的旋转速度,太阳轮、行星齿轮以及齿圈在工作的过程中,能够以不同的速度旋转,以便于有效地对汽车的动力进行分配与汇聚,实现混合动力的节能效果。例如丰田普锐斯轿车的混合动力系统(THS)是典型的单排行星齿轮式机械动力耦合装置。随着混合动力技术的发展,在单排行星齿轮动力耦合机构的基础上,已经出现了双排双模、三排行星齿轮动力耦合技术,并在很多混合动力汽车上得到了应用。齿轮式机械混合动力耦合装置的系统结构比较复杂,在技术实现上控制难度较大,而且该类混合动力系统受到机械加工工艺与制造精度的限制,以及新材料的研制与控制技术的落后等原因的影响,致使齿轮式机械混合动力耦合技术的应用存在瓶颈。

(2) 电磁式动力耦合装置

这类装置主要采用的是非接触式的动力耦合技术,是运用电磁力对动力系统进行耦合的混合动力系统,根据电磁耦合的工作方式,可以将电磁式动力耦合装置分为串联式电机耦合装置与双转子电机耦合装置。

① 串联式电机耦合装置。串联式电机耦合装置是指发动机输出轴与汽车发电机的转子转轴直接采用串联的方式进行连接,在二者之间也可能通过离合器进行连接,这样汽车的电机与发动机之间采用同轴转矩叠加方式进行动力耦合,即电力驱动与燃油驱动叠加。可以看出,该类混合技术动力系统具有结构紧凑、可靠性高、成本低等优点,在一些中高档的混合动力汽车中经常用串联式电机耦合技术作为驱动技术。

从目前对串联式电机耦合技术的应用来看,轻度、中度的混合动力耦合技术在混合动力汽车耦合系统应用比较广泛,但是,采用轻度与中度混合耦合技术的汽车的燃油经济性不高,这不符合低碳环保的要求,在具体的应用中还不是十分广泛。因此,发展适度重度混合动力耦合电磁式技术是未来混合动力发展的重要方向之一。

② 双转子电机动力耦合系统。双转子电机动力耦合系统主要采用双转子电机进行工作,电机的内部结构比较复杂,在其内部有两个转子与一个定子,这样内转子与外转子就可以形成一个内发电机,而外转子与定子又可以形成一个外电机,这样就形成了双电机进行工作。因此,从这个结构上说,它形成的双电机的结构模式,即双转子的电机动力耦合结构,可以有效地将机械能转换为电能。双转子电机动力耦合技术的优点是系统控制灵活,结构比较紧凑简单,成本造价比较低,相对于其他电机来说,它的功率密度与转矩有了很大的提高,能提高汽车的燃油经济性。尤其是作为多端口机电能量转换装置,为制动能量的收集提供了多样化的选择,采用双转子电机动力耦合技术可以有效地协调系统的内外两个电机协调

工作,采用该技术能够代替混合动力汽车的变速器、起动机与发电机的诸多功能,使得混合动力汽车实现无级变速和多种工作模式的功能,提高整车的安全性与经济性。

（3）液压混合动力耦合系统

液压混合动力耦合系统主要由电力驱动技术、液压传动技术、燃油驱动技术等组件构成,它一般由并联型混合动力耦合技术与混联型液压混合动力耦合技术传动装置构成。它是由液压变量马达、液压变量泵、高压蓄能器等组件构成,该混合动力耦合技术具有良好的制动能量回收、发动驱动等混合驱动的性能。在液压混合动力耦合系统中,液压油是液压混合动力的驱动介质,在耦合系统中起到了十分重要的作用,液压混合动力耦合系统的动力聚合与分配同时通过液压介质的控制来实现。

液压混合动力耦合技术是混合动力汽车的重要发展方向。它的节能性能比较好,该技术结构简单,蓄能的密度高,整车的成本也比较低,在回收制动能量的过程中,没有化学能与机械能的相互转化,这样能够有效地保证蓄电池的电能在制动时不会被损耗。而且蓄电池的功率密度也比较大,制动能量的转换速度比较快,能量的回收率也比较高,能够有效地提高混合动力汽车的燃油经济性,减少尾气的排放量。

3. 典型混合动力汽车动力耦合装置

在混合动力电动汽车上采用的主要是齿轮式机械动力耦合装置,本任务主要介绍这种装置。常见的有两种,分别是平行轴式动力耦合装置和行星齿轮式动力耦合装置。

（1）平行轴式动力耦合装置

平行轴式动力耦合装置主要由壳体、平行轴式齿轮减速机构、主减速器总成和离合器组成,平行轴式齿轮减速机构一般为简单的两轴式,主要由输入轴组件和输出轴组件组成,主减速器总成主要由主减速器和差速器总成组成。如图2-1-31所示,这种耦合装置采用传统的差速器。离合器用于连接或者中断发动机或者驱动电机的动力。

一般左半轴齿轮与右半轴齿轮分别连接发电机与电机,主减速器的主动齿轮固定在发动机的输出轴上,主减速器的从动齿轮与主减速器的主动齿轮啮合连接,且通过十字轴带动行星齿轮,电机连接驱动桥,驱动车轮行驶。

（2）行星齿轮式动力耦合装置

齿轮被视为任何汽车变速器的重要零部件之一,无论是自动变速器还是手动变速器,

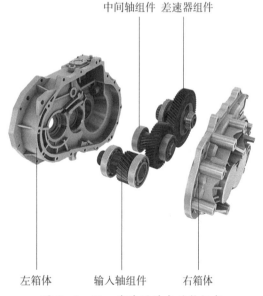

图2-1-31 减速器总成结构组成

齿轮均可用来传输转矩和动力,并改变车辆的速度和方向。行星齿轮动力耦合装置是传输或增大转矩的一种装置。

① 行星齿轮式动力耦合装置组成。行星齿轮式动力耦合装置由单个行星齿轮机构或多

个行星齿轮机构组成,每个行星齿轮机构主要由 1 个太阳轮、1 个齿圈、1 个行星架及支承在行星架上的几个行星齿轮组成,如图 2-1-32 所示。

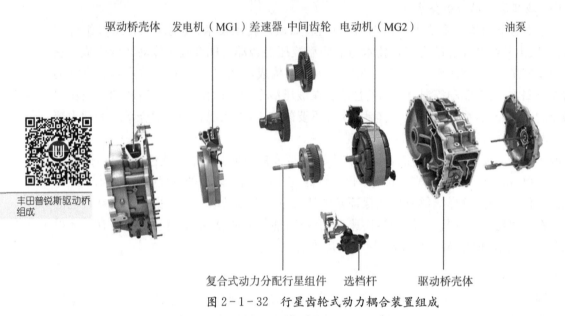

驱动桥壳体　发电机（MG1）差速器 中间齿轮 电动机（MG2）　　　　　油泵

丰田普锐斯驱动桥组成

复合式动力分配行星组件　选档杆　驱动桥壳体

图 2-1-32　行星齿轮式动力耦合装置组成

　　行星齿轮机构中的太阳轮、齿圈及行星架有一个共同的固定轴线,行星齿轮支承在固定于行星架的行星齿轮轴上,并同时与太阳轮和齿圈啮合。当行星齿轮机构运转时,空套在行星架上的行星齿轮轴上的几个行星齿轮一方面可以绕着自己的轴线旋转,另一方面又可以随着行星架一起绕着太阳轮回转,就像天上行星的运动那样,兼有自转和公转两种运动状态。在行星排中,具有固定轴线的太阳轮、齿圈和行星架称为行星排的 3 个基本元件。

　　◇ 太阳轮。与太阳位于太阳系中心一样,太阳轮一般位于齿轮系的中心,其他齿轮围绕其旋转。太阳轮和行星齿轮常啮合,两个外齿轮啮合旋转方向相反。

　　◇ 行星架及行星齿轮。行星齿轮安装在行星架上,并围绕太阳轮旋转,类似于太阳系中行星围绕太阳运转。行星齿轮由行星架的固定轴支承,允许行星齿轮在支承轴上转动。行星齿轮和相邻的太阳轮、齿圈总是处于常啮合状态,通常都采用斜齿轮以提高工作的平稳性。

　　◇ 齿圈。齿圈环绕整个齿轮系,其齿轮在内部直径上切割而出,与行星齿轮处于常啮合状态。

　　② 行星齿轮式动力耦合装置传动方式。每个行星齿轮式动力耦合装置可以有多种力矩传动方式。

　　◇ 减速驱动。在减速驱动的状态下太阳轮在转动,而齿圈被制动。太阳轮驱动围绕固定齿圈内部旋转的行星齿轮。该种运行方式致使行星架也开始旋转,但其速度低于太阳轮。在行星架驱动输出轴的情况下,该配置使齿轮速度大大降低。通过行星齿轮系来减速,可增大转矩并降低相对于输入速度的输出速度。

　　◇ 直接驱动。输出轴以与输入轴相对同样的速度转动时,开始直接驱动。以同样的速度驱动行星齿轮组中任意两种齿轮时,直接驱动起动。该运作方式使齿轮系中的第三种齿轮以同样速度旋转。在直接驱动中,输入轴和输出轴转速相等。

◇ 超速传动。驱动行星齿轮架,制动太阳轮,可实现超速传动。行星齿轮围绕固定太阳轮的外部旋转时,将驱动齿圈轮以同样方向旋转,但是速度要快于行星架。随着齿圈驱动输出轴,该种配置实现超速传动。

◇ 反向驱动。通过制动行星架和驱动太阳轮,可实现反向驱动。该操作导致行星齿轮反向驱动齿圈将速度减慢。而双模式混合动力设备中的行星齿轮式动力耦合装置不需进行反向操作。

二、混合动力汽车动力系统控制原理

混合动力汽车动力系统因动力耦合方式不同,其控制原理也不相同。本任务以串联式混合动力系统、并联式混合动力系统、混联式混合动力系统三种类型为主展开讲解控制原理。

(一)串联式混合动力系统

串联式混合动力系统的结构及驱动方式如图 2-1-33 所示。串联式混合动力系统利用发动机动力发电,从而带动电机驱动车轮。

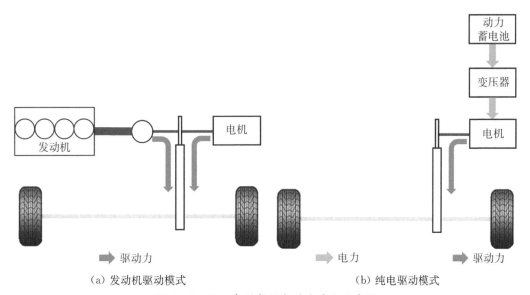

(a) 发动机驱动模式　　　　　　(b) 纯电驱动模式

图 2-1-33　串联式混合动力系统示意图

1. 串联式混合动力系统结构

串联式混合动力汽车主要由电机、发动机、发电机、动力蓄电池、变压器、减速器构成,如图 2-1-33 所示,再辅以底盘、车身和辅助电器等汽车的基本结构。发动机通过进行稳定的运转来带动发电机发电,发电机发出的电经过变压器转换直接向电机供应电力,当电机需求电量较少时,发动机一边给动力蓄电池充电,一边给电机供电。在这种动力系统中,发动机的动力是以串联的方式供应到电机,所以称为"串联式混合动力系统"。

发动机和发电机构成辅助动力单元,发动机输出的驱动力(能)首先通过发电机转化为

电能,转化后的电能一部分用来给动力蓄电池充电,另一部分经由电机和传动装置驱动车轮。在这种结构中,发动机的唯一功能就是用来发电,而驱动车轮的转矩全部来自电机。动力蓄电池实际上起平衡发动机输出功率和电机输入功率的作用。当发电机的发电功率大于电机所需的功率时(如汽车减速滑行、低速行驶或短时停车等工况),控制器控制发电机向动力蓄电池充电;当发电机发出的功率低于电机所需的功率时(如汽车起步、加速、高速行驶、爬坡等工况),动力蓄电池则向电机提供额外的电能。

2. 串联式混合动力系统控制原理

(1) 动力蓄电池驱动控制

串联式混合动力主要利用动力蓄电池来驱动车辆,仅当 SOC(State Of Charge,荷电状态)降低到最小限值时,发动机才起动,发动机在最高效率区以输出恒定功率的方式工作,当 SOC 回升到最大限值时发动机停止运转。

(2) 负荷跟随控制

保持动力蓄电池的 SOC 在规定的范围之内,发动机带动发电机工作并尽可能地供应接近车辆行驶所需的电能,动力蓄电池只起负荷调节装置的作用。

(3) 综合控制

综合控制是集"动力蓄电池驱动控制模式"和"负荷跟随控制模式"的一个折中控制模式。在动力蓄电池的 SOC 较高时,主要用动力蓄电池驱动汽车,相当于纯电动模式;而当动力蓄电池的 SOC 降低到设定的范围内时,发动机带动发电机工作,考虑到发动机的排放和效率,将其输出功率严格限定在一定的变化范围内。如果能预测到汽车行程内的总能量需求,则一旦动力蓄电池中储存了足够的能量,在剩余的行程过程中车辆就可转换为纯电动模式,到了行程终点正好耗尽动力蓄电池所允许放出的电能,这种控制模式也称为最佳串联混合动力模式。

3. 串联式混合动力系统的优点和缺点

(1) 串联式混合动力系统的优点

① 由于发动机与驱动轮没有直接机械连接,因此发动机工作状态不受车辆行驶工况的影响,能运行在其转矩转速特性图上的任何工作点,而且能始终在最佳的工作区域内稳定地工作运行,因此,发动机具有良好的经济性和较低的排放性能。此外,发动机从驱动轮上的机械解耦,使高速发动机能够得到应用,例如燃气轮机发动机或具有缓动态特性的动力机械(如斯特林发动机)。

② 发动机与电机之间无机械连接,整车的结构布置自由度较大,各种驱动系统器件可以放在最适合的位置。

③ 由于电机的功率大,制动能量回收的潜力大,可以提高能量利用效率。

(2) 串联式混合动力系统的缺点

① 发电机将发动机的机械能转变为电能,电机又将电能转变为机械能,而且动力蓄电池在充电和放电过程中也会存在能量损失,因此发动机输出的能量利用率比较低。串联式混合动力系统的发动机能保持在最佳工作区域内稳定运行,这一特点的优越性主要表现在低速、加速等工况,而在汽车中、高速行驶时,由于其电传动效率较低,抵消了发动机效率高的优点。

② 电机是唯一驱动汽车行驶的动力装置,因此电机的功率要足够大。

此外,动力蓄电池一方面要满足汽车行驶中峰值功率的需要,以补充发电机输出功率的不足;另一方面,要满足吸收制动能量的要求,这就需要较大的动力蓄电池容量。所以,电机、动力蓄电池的体积和重量都较大,使得整车重量较大。

由此可知,串联式混合动力汽车更适用于经常在市内低速运行的工况,而不适合高速行驶工况。

(二)并联式混合动力系统

并联式混合动力汽车可以使用电机和发动机两种不同的装置来驱动车轮,这两种装置的动力流向是并联的,所以将这种动力系统称为"并联式混合动力系统"。

1. 并联式混合动力系统结构

并联式混合动力汽车主要由电机、发动机、动力蓄电池、变频器、变速箱、动力耦合装置等组成,如图 2-1-34 所示,再辅以车身辅助电器和底盘其他系统等汽车的基本结构。

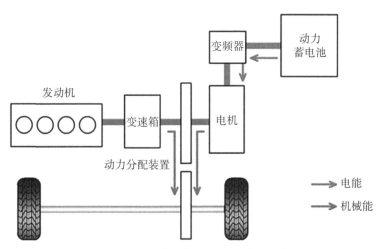

图 2-1-34 并联式混合动力系统示意图

并联式混合动力系统中利用动力蓄电池的电力来驱动电机,因电机在汽车制动时进行制动能量回收,此时电机用作发电机使用。

从结构形式上可以将并联式混合动力系统分为单轴式和双轴式两种。

单轴式并联混合系统如图 2-1-35 所示。单轴式混合动力系统发动机和电机的输出采用了同一根传动轴,这样有利于电机和变速器结构的一体化模块设计。单轴式结构的合成方式为转矩合成,这种结构导致电机和发动机两者的瞬时转速值相同,限制了电机的工作区域。

双轴式并联混合动力系统如图 2-1-36 所示。该结构中有两套机械变速器,内燃机和电机各与一套变速机构相连,然后通过齿轮进行复合。在这种结构中,可以通过调节变速器调节发动机、电机之间的转速关系,使发动机的工况调节变得更灵活。当采用行星差动系统作为动力复合机构时,行星差动复合机构有两个自由度,可以实现两个输入部件的转速复

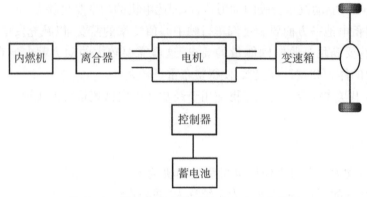

图 2-1-35　单轴式并联混合动力系统结构

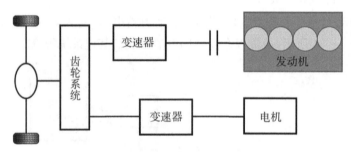

图 2-1-36　双轴式并联混合动力系统结构

合,以确定输出轴的转速,而各个部件间的转矩保持一定的比例关系,这种功率复合形式称为速度复合。双轴式并联混合动力系统结构复杂是一个很大的缺点。

2. 并联式混合动力系统控制原理

并联式混合动力汽车可以采用发动机单独驱动、电机单独驱动或发动机和电机混合驱动三种控制原理。典型的并联式混合动力系统的结构及能量流动路线如图 2-1-37 所示。

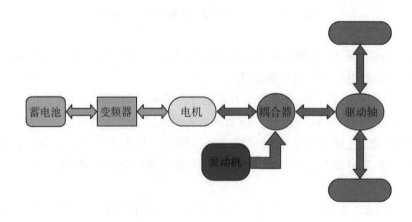

⇔ 电动力传递路线　　⇒ 机械力传递路线

图 2-1-37　并联式混合动力汽车动力流程图

（1）电机单独驱动控制

车辆起动、低速及轻载行驶时，发动机关闭，车辆由电机驱动，为纯电动工况，所以这种模式也称为纯电动工作模式，如图 2-1-38 所示。

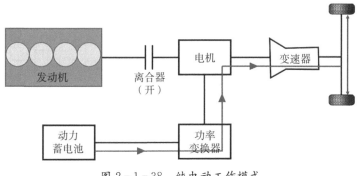

图 2-1-38　纯电动工作模式

（2）混合动力驱动控制

车辆正常行驶、加速及爬坡时，发动机和电机同时工作驱动车辆行驶，如图 2-1-39 所示。

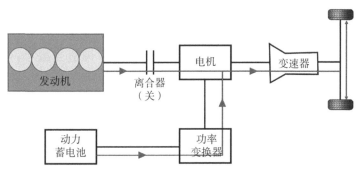

图 2-1-39　混合动力驱动控制工作模式

（3）发动机驱动控制

在车辆行驶过程中，当车载电池组电量过低时，发动机在驱动车辆行驶的同时向动力蓄电池补充充电，如图 2-1-40 所示。

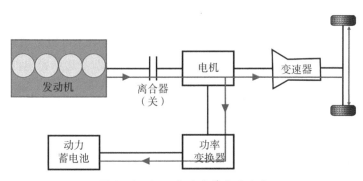

图 2-1-40　向动力蓄电池充电

（4）能量回收工作控制

车辆减速及制动时，电机以发电机模式工作，回收车辆制动能量向动力蓄电池充电，如图 2-1-41 所示。

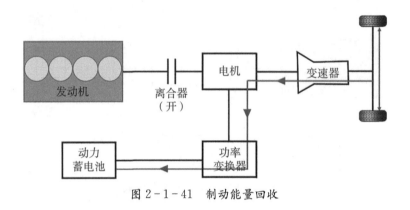

图 2-1-41　制动能量回收

3. 并联式混合动力系统的优点和缺点

① 发动机通过机械传动机构直接驱动汽车，无机械能、电能的转换损失，因此发动机输出能量的利用率相对较高。如果汽车行驶工况能保证发动机在其最佳的工作范围内运行时，并联式混合动力系统的燃油经济性要比串联式混合动力系统的高。

② 当电机仅起功率调峰作用时，电机、发动机的功率可适当减小，电池的容量也可减小。

③ 在繁华的市区低速行驶时，并联式混合动力系统可通过关停发动机，以纯电动方式运行，以实现零排放。但这就需要有功率足够高的电机，所需电池的容量相应也要大。

④ 发动机与电机并联驱动时，还需要动力复合装置，因此，并联驱动系统的传动机构较为复杂。

⑤ 并联式混合动力系统与车轮之间直接机械连接，发动机的运行工况会受车辆行驶工况的影响，所以车辆在行驶工况频繁变化的情况下运行时，发动机有可能不在其最佳工作区域内运行，其油耗和排放指标可能不如串联式混合动力系统。并联式混合动力系统最适合于汽车在中、高速工况下稳定行驶。

（三）混联式混合动力系统

混联式混合动力系统在结构上综合了串联式和并联式的特点。混联式混合动力系统利用电机和发动机这两个动力来驱动车轮，同时电机在行驶当中还可以发电。另外，混联式混合动力汽车上还安装有发电机，发动机驱动时，可以一边行驶，一边给蓄电池充电。

1. 混联式混合动力系统结构

混联式混合动力汽车的动力系统主要由电机、发动机、动力蓄电池、发电机、动力耦合装置、电机控制器等组成，如图 2-1-42 所示，再辅以车身辅助电器和底盘的转向、制动、行驶系统等汽车的基本结构。在混联式混合动力汽车上，电机和发动机都是动力源，可以驱动车轮。动力分离装置将发动机的动力分成两部分，一部分用来直接驱动车轮；另一部分用来发

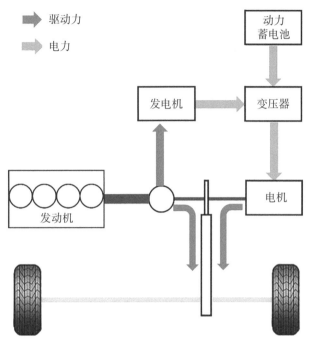

图 2-1-42 混联式混合动力汽车的动力系统组成

电,给电机供应电力和为动力蓄电池充电。一般情况下,发动机是前轮的驱动源,而电机是两个后轮的驱动源。

2. 混联式混合动力系统控制原理

混联式混合动力汽车的发动机产生的功率可以一部分传给驱动车轮,另一部分驱动发电机发电,发出的电能输送给电机和蓄电池,电机产生的驱动力矩通过动力复合(耦合)装置传送给驱动桥。混联式混合动力汽车低速行驶时,驱动系统主要以串联方式工作,混联式混合动力汽车高速稳定行驶时,驱动系统则以并联工作方式为主。

(1)发动机驱动控制

发动机驱动时,发电机(起动机)带动发动机起动后,发动机的动力一方面通过机械传动装置驱动车辆前轮行驶;另一方面带动发电机发电,使发动机保持在最佳效率状态下运行。发动机在起动时,利用电机低速、大转矩的特性,使发动机快速起动,发动机起动时间很短。这种驱动控制适用于动力需求较大和功率要求较高的路段行驶。

(2)驱动电机驱动控制

驱动电机驱动的混联式混合动力汽车,当汽车在城市中或低速行驶时,发动机关闭,驱动电机通过动力复合(耦合)装置驱动,充分发挥电机低转速、大转矩的特性,保持汽车低速稳定地行驶。在换挡或停车(红灯或暂时停车)时,发动机被关闭,驱动电机提供汽车起步所需要的动力。这种驱动控制适用于车速不高、换挡频繁的城市道路。

(3)混合动力驱动控制

混联式混合动力汽车在加速或爬坡时,发动机节气门开度最大,发动机发出最大动力,同时驱动电机也输出最大动力。在动力复合(耦合)装置的协调下,发动机和驱动电机以混合驱动控制共同驱动汽车行驶,此时车辆有最大的驱动功率。

3. 混联式混合动力系统特点

起步和低速段采用纯电动和串联模式,充分利用串联式的优点,可以充分利用车辆对电能输出要求低的时间段,比如等红绿灯、堵车等发动机怠速时段高效率补充储能器电能。发动机在满足相关条件情况下也可以熄火,在经济时速段采用发动机直接驱动模式,没有电能转换损失和传动损失,发动机工作在最佳工作区,效率高;在急加速、爬坡等特殊工况下,采用混合驱动模式,在保证动力性的同时兼顾系统效率。

相比串联式混合动力只能依靠电机驱动车辆行驶,混联式可以通过优化控制策略,使发动机和驱动电机辅助车辆驱动,充分发挥驱动电机低速时大转矩输出和高速时发动机高效率低油耗工作,动力性与并联式混合动力两套驱动系统相比,混联式混合动力系统结构更优化;可以更加灵活地根据工况来调节内燃机的功率输出和电机的运转。

混联式混合动力系统控制策略更灵活,可以实现发动机怠速起停,大大消除城市路况中发动机怠速的排放、噪声及油耗。

混联式混合动力系统可以高效回收减速和制动时的能量,减少传统制动元器件的损耗。节油率比串并联混合动力系统高。

任务小结

本任务讲解了混合动力汽车动力系统的组成及控制原理,其中控制原理按照串联式、并联式和混联式三种不同形式的混合动力系统进行讲解。

混合动力汽车动力系统主要由发动机、电力驱动装置、电能装置、混合动力汽车动力耦合装置组成。其中混合动力汽车的动力系统较独特的是电力驱动装置、电能装置。

混合动力汽车电力驱动装置主要由电机、电机控制器和电驱冷却系统组成。电机是混合动力汽车的一种动力,可以将电能转换为机械能,带动汽车行驶;电机控制器是电机驱动系统的核心,它是驱动电机的控制单元,即控制输出命令来控制驱动电机的工作,电驱冷却系统也称为传动冷却系统,其主要作用是对电力驱动装置(系统)中的主要部件的温度进行调节和控制,保证相关部件的使用寿命。

混合动力汽车的电能装置主要由动力蓄电池、电池管理系统、充电系统、电池冷却系统、低压辅助电源组成。

动力蓄电池是电能装置的核心部件,主要由动力蓄电池模组、动力蓄电池箱、动力蓄电池辅助加热装置和高压维修开关等组成。动力蓄电池模组是混合动力汽车的动力电源,其作用是给驱动电机提供所需的电能,从而带动汽车行驶;动力蓄电池辅助加热装置主要在工作温度较低的情况下给动力蓄电池加热,使其达到正常温度范围,具有良好的工作性能;动力蓄电池箱相当于动力蓄电池的壳体,其主要用于安装动力蓄电池组。高压维修开关用来控制整车高压电的切断,确保高压维修安全。

电池管理系统(Battery Management System, BMS)是电动汽车必备的系统,它承担着动力蓄电池组的全面管理。

充电系统可以为动力蓄电池补充电能,它是给电能装置提供持续且平衡电能的关键部件。它主要由车载充电机、充电口、高压配电装置、电池管理器等组成。

动力蓄电池在充放电过程中会散发热量,为了保证其正常工作,现代混合动力汽车应用较多的冷却系统为水冷式冷却系统,主要由电动水泵、散热器、冷却水管、储液罐等部件组成。

混合汽车动力系统因动力耦合方式不同,其控制原理也不相同。有串联式混合动力系统、并联式混合动力系统、混联式混合动力系统三种类型。其中,串联式混合动力系统是以电力驱动为主要动力源,驱动车辆行驶,在动力蓄电池荷电状态低于限定值时,发动机驱动车辆行驶的同时,通过发电机发电给动力蓄电池充电;并联式混合动力系统的发动机和驱动电机可以同时作为动力源,驱动车辆行驶;混联式混合动力系统根据使用需求,选择串联式混合动力系统或者并联式混合动力系统的控制方式,来控制车辆。

任务练习

一、判断题

1. 蓄动力系统有两个动力源,一个是发动机,另一个是电力驱动装置。　　　　　(　　)
2. 发动机燃料经济性的评判标准是比油耗。　　　　　(　　)
3. 在发动机内,活塞必须经过进气、压缩、排气三个行程将热能转变为机械能。　(　　)
4. 现代汽车采用最多的发动机一般是四冲程、多缸、风冷的发动机。　　　　(　　)
5. 在允许范围内,混合动力汽车的电机应尽可能采用高电压,以减小电机和导线的尺寸,降低电机控制器成本。　　　　　(　　)

二、选择题

1. (　　)的形式不仅决定了混合动力汽车的工作方式,还决定了汽车功率分配的途径。【单选题】
   A. 发动机　　　　　　　　　　　B. 电力驱动装置
   C. 电能装置　　　　　　　　　　D. 动力耦合装置
2. (　　)的功能是实现发动机的工作循环,完成能量转换。【单选题】
   A. 起动系统　　　　　　　　　　B. 进排气系统
   C. 曲柄连杆机构　　　　　　　　D. 配气机构
3. 在(　　)中,气缸内的压力小于外界大气压。【单选题】
   A. 进气行程　　　B. 压缩行程　　　C. 做功行程　　　D. 排气行程
4. 影响混合动力汽车选用发动机的因素有(　　)。【多选题】
   A. 汽车类型　　　　B. 使用条件　　　C. 性能要求　　　D. 驾驶习惯
5. 动力系统由(　　)组成。【多选题】
   A. 发动机　　　　　　　　　　　B. 电力驱动装置
   C. 电能装置　　　　　　　　　　D. 动力耦合装置

三、简答题

1. 请阐述混合动力汽车动力系统的作用。

2. 请简述发动机的工作原理。

任务 2	比亚迪·秦混合动力汽车动力系统构造与检修

任务目标

1. 了解比亚迪·秦混合动力汽车动力系统的组成。
2. 掌握比亚迪·秦混合动力汽车动力系统的工作原理。
3. 掌握比亚迪·秦混合动力汽车动力系统特点。
4. 掌握比亚迪·秦混合动力汽车动力系统主要部件的检修方法。
5. 能按照操作规范完成比亚迪·秦混合动力汽车的拆装及检修。

任务导入

　　一辆比亚迪·秦混合动力汽车送进4S店进行维修，车主反映该车在行驶中突然显示"请检查动力系统"字样，而且动力系统不能切换到"EV"纯电动模式。维修接待人员试车发现该车除了有以上故障现象，制动时也不能回收能量，且充电系统无法充电。经高级维修技师诊断、分析，判断故障为动力系统的电能装置工作异常，需要针对此故障进行维修。现车间调度将任务工单派发至你手中，请学习相关知识，安全规范地完成动力系统检修任务。

比亚迪·秦"动力系统"怎么了？

📖 知识储备

　　比亚迪·秦混合动力汽车是插电式混合动力汽车,它采用了 DM(Duble Mode)二代双模技术,是在比亚迪第一款双模电动车 F3DM 的 DM I 代技术上全面整合,提升关键部件性能的基础上研发而成,可在纯电动(EV)和混动(HEV)两种模式之间进行切换,即比亚迪·秦的动力系统可以纯电动模式或内燃机＋电机的混合动力模式进行驱动,比亚迪·秦混合动力汽车的动力系统是并联式混合动力系统。

一、比亚迪·秦混合动力汽车动力系统组成

　　比亚迪·秦是典型的并联式混合动力汽车,其搭载了比亚迪汽车公司最新的 DM 二代混合动力系统。DM 系统是将汽油发动机和电机结合融为一体,配合动力蓄电池形成由电机和动力蓄电池配合发动机向车辆输出动力的两种驱动模式。比亚迪·秦混合动力汽车同样是由发动机、电力驱动装置(系统)、电能装置、动力耦合装置组成。在比亚迪·秦中电力驱动装置对应的主要部件为:电机、逆变器;电能装置对应的是磷酸铁锂的动力蓄电池、电池管理系统以及低压铁电池;发动机使用的是涡轮增压发动机;在动力耦合装置中使用了 6 速双离合变速器。

比亚迪·秦动力系统组成

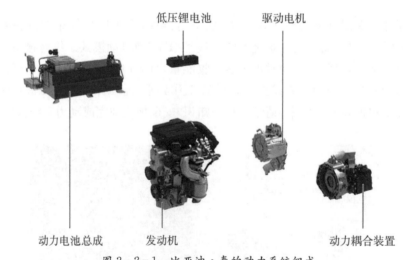

低压锂电池　　　　驱动电机

动力电池总成　　　发动机　　　　　　　　动力耦合装置

图 2-2-1　比亚迪·秦的动力系统组成

(一)发动机

　　混合动力系统的发动机是一种动力源。比亚迪·秦动力系统搭载的是涡轮增压缸内直喷的奥托循环型号为 BYD476ZQA-2 的发动机,采用了废气涡轮增压、缸内直接喷射、液压挺柱、全铝合金机体、进气 VVT 等先进技术,具有升功率大、低油耗、低噪声、低污染、结构紧凑等特点。在各种工况下,这种发动机均可在最佳状态下工作,可以保证其配载的整车具有可

靠的安全性、舒适的驾驶性、最佳的经济性和完美的环保性能。其主要技术参数见表2-2-1。

表2-2-1　BYD476ZQA-2发动机技术参数

比亚迪·秦发动机技术参数	
型号	BYD476ZQA-2
型式	直列四缸、水冷、双顶置凸轮轴、16气门、四冲程、电控燃油喷射发动机
标定功率	113 kW(5 200 r/min)
最大转矩/转速	240 N·m(1 750～3 500 r/min)
缸径×行程/mm	76.5 mm×81.4 mm
发动机排量	1.497 L
压缩比	10∶1
气门结构	齿形链驱动,双顶置凸轮轴、16气门
燃料种类	车用92♯或以上无铅汽油
供油方式	电控燃油缸内直接喷射
点火顺序	1—3—4—2
机油	本司指定认可专用油
尾气排放系统	三元催化转换器
增压	废气涡轮增压
凸轮轴调节	进气VVT
气缸体材质	铝合金

1. 比亚迪·秦混合动力汽车发动机结构特点

比亚迪·秦混合动力系统汽车的发动机主要由曲柄连杆机构、配气机构、润滑系统、冷却系统、燃油系统、进排气系统、点火系统组成,如图2-2-2所示。发动机各部件功用、组成及原理与传统汽车相同,此处不再赘述。

其中比亚迪·秦的混合动力系统的发动机独有的结构特点如下。

（1）铝合金机体组

比亚迪·秦的发动机采用的是铝合金机体组,以减轻重量,实现省油。

（2）涡轮增压发动机

比亚迪·秦搭载涡轮增压发动机。涡轮增压的主要作用是提高发动机进气量,从而提高发动机的功率和转矩,让发动机功

图2-2-2　比亚迪·秦的发动机外观结构

率更大。搭载涡轮增压的发动机,其最大功率与未装增压装置的时候相比可以增加40%甚至更高。另外,采用了增压技术的发动机,能提高燃油经济性和减少尾气排放。

(3)缸内直喷发动机

缸内直喷技术是将喷油器的喷嘴安装于气缸内,直接将燃油喷入气缸内与进气混合。喷射压力得到进一步提高,使燃油雾化更加细致,真正实现了精准地按比例控制喷油并与进气混合,并且消除了缸外喷射的缺点。同时,喷嘴位置、喷雾形状、进气气流控制,以及活塞顶形状等特别的设计,使汽油能够在整个气缸内充分、均匀地混合,从而使燃油充分燃烧,能量转化效率更高。

2. 奥托循环发动机的工作原理

比亚迪·秦的发动机是奥托循环的四冲程发动机,其工作原理和传统意义上的四冲程汽油发动机工作原理一样,这里就不再做详细描述。

(二)动力耦合装置

比亚迪·秦混合动力汽车动力耦合装置作用是传递发动机和电机两种动力,带动驱动轮驱动,主要由变速器和主减速器总成构成。比亚迪·秦的变速器为6速双离合干式变速器(DCT)。主减速器总成与其他传统车辆一样,主要是由主减速器和差速器组成。

1. 6速双离合干式变速器(DCT)

比亚迪·秦采用自主研发的6速双离合干式变速器,换挡时间小于0.2 s,实现了换挡"无缝连接",加速平顺,无顿挫感。加速过程中,双离合变速器将在最佳点位进行换挡,0—100 km/h加速可节省2 s时间,带来超乎想象的加速性能。基于手动和自动的双重优势,双离合变速器的齿轮系统传动效率高,发动机燃油的消耗可降低15%。

双离合变速器综合了手动变速器和自动变速器的优点,在保持高效率的情况下还能提供高舒适性和动力性。双离合变速器采用6档手动变速器作为基型,由两个相互独立的传动机构组成,每个传动机构的结构与手动变速器类似,配备了单片干式离合器。

(1)双离合变速器(DCT)的结构

双离合变速器安装在驱动电机的下方,主要由壳体总成、双离合器、齿轮变速机构、变速器控制系统组成,如图2-2-3所示。双离合变速器(DCT)是把两组离合器片进行集合之后所形成的双离合器组件,同时有一个实心轴及其外部套筒组合而成的双传动轴机构。两组离合器和齿轮变速机构的动作是依靠变速器控制系统进行控制的。双离合变速器在结构上就是两个离合器和一个变速器进行组合而成的,双离合变速器的离合器K1、K2在不同转速时分别与齿轮变速机构接合,从而实现动力传递和变速的目的,离合器K1控制挡位1、3、5档,离合器K2控制2、4、6档和倒档,如图2-2-4所示。

① 双离合器。双离合器位于发动机与变速器之间,是发动机与变速器动力传递的"开关",它是一种既能传递动力,又能切断动力的传动机构。它的主要作用是保证汽车能平稳起步,变速换挡时减轻变速齿轮的冲击载荷并防止传动系统过载。

比亚迪·秦的双离合器由K1和K2两个离合器串行组成,K1离合器的结构如图2-2-5所示。

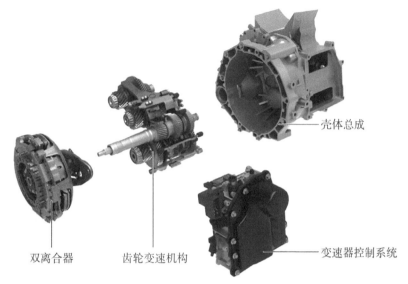

图 2 - 2 - 3 DCT 变速器基本结构

图 2 - 2 - 4 比亚迪·秦双离合器组成

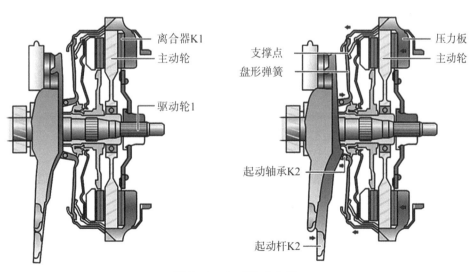

图 2 - 2 - 5 K1 离合器

离合器液压控制器向右推动 K1 起动杆时,膜片弹簧内端被向右推动,盘形弹簧靠在支撑点上,其外端向左拉动,带动压力板将离合器 K1 压紧在主动轮上。发动机的动力就由主动轮经过离合器 K1 传到驱动轮 1 上,再传入双离合变速器。

双离合器 K2 离合器的结构如图 2-2-6 所示。

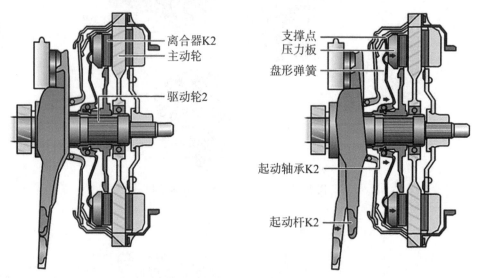

图 2-2-6　K2 离合器

离合器液压控制器向右推动起动杆 K2,膜片弹簧内侧向右移动,膜片弹簧外侧向左压在支撑点上,盘形弹簧中部将压板向右压,将离合器 K2 压紧在主动轮上,此时发动机动力由主动轮经离合器 K2 传到驱动轮 2 上,再传入变速器。

② 齿轮变速机构。齿轮变速机构主要用于协调发动机的转速和车辆的实际行驶速度,以适应经常变化的行驶条件,并使发动机在有利(功率较高而油耗较低)的工况下工作;还能保证发动机在旋转方向不变的前提下使汽车倒退行驶。该机构位于发动机与传动轴(半轴)之间,由变速器壳体进行保护支撑,它主要由齿轮传动机构和变速操纵机构两部分组成,如图 2-2-7 所示。齿轮传动机构主要包含输入轴、输出轴、倒档轴和差速器等部件,主要用于传递发动机的转矩,并改变动力传动比,以匹配车辆的运行速度。变速操纵机构主要包含同步器、换挡拨叉和驻车锁等主要部件。该机构主要用于控制齿轮组件,实现变速器传动比的变换,以达到变速变矩的目的。

③ 变速器控制系统。变速器控制系统是整个自动变速器的核心。它将电动液压控制模块和一个电子控制模块集合成为一个彼此协调工作的系统,如图 2-2-8 所示。电动液压控制模块中的电磁阀相当于控制系统的执行组件,电子控制模块中的传感器相当于控制系统的信号输入装置,电子控制单元 TCU 属于电子控制装置。

（2）双离合变速器（DCT）的工作原理

与手动变速器所不同的是,DCT 中的两副离合器与两根输入轴相连,换挡和离合操作都是通过集成电子和液压组件的机械电子模块来实现的,而不再通过离合器踏板操作。

齿轮变速机构组成

图 2-2-7 齿轮变速机构组成

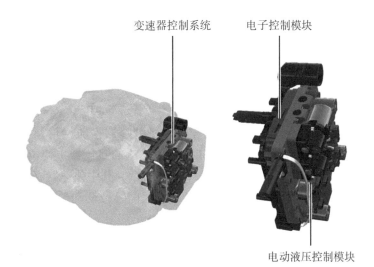

图 2-2-8 双离合自动变速器控制系统组成

　　如图 2-2-9 所示,发动机的输入轴通过缓冲器与两副离合器外片相连。发动机起动后自动挂 1 档。由于离合器 K1 处于分离状态,因而没有转矩传到驱动轮。当离合器 K1 接合时,离合器 K1 的外片逐渐贴合内片并开始通过第 1 档的实心轴、齿轮组和同步器将发动机转矩传递至差速器,最终至驱动轮。同时,由于离合器 K2 此时并不传递转矩,因此第 2 档已被预先选定。从第 1 档换到第 2 档时,由于第 1 档的解除和第 2 档的挂档在同一速度,车辆有足够的前冲力。当离合器 K2 完全接合后,第 3 档已被预先选定,因为此时离合器 K1 没有接合,不传递转矩,挂档原理依次类推。此时驾驶员仅感觉到离合器转换。对快速换挡操作来说,换下一档即意味着与之相连的离合器分离,但此挡位预先选定。通过变速器控制软件的复杂算法,根据驾驶员各自的需要调整换挡类型和换挡速度确保了选定正确挡位。通过设计,双离合变速器中的最大差速小于传统的液力自动离合器,该类离合器操作起来简便快速,与传统的液力自动离合器相比,其舒适感也更高。

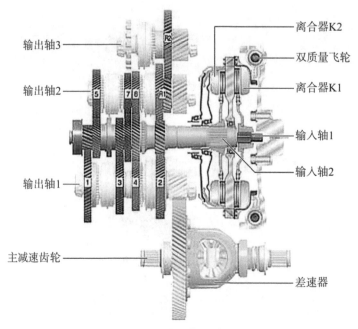

图 2-2-9　比亚迪·秦变速器工作原理

2. 主减速器总成

比亚迪·秦的主减速器总成的主减速器主要由主减速器主动齿轮和主减速器从动齿轮组成,可实现降速增矩的功能。比亚迪·秦主减速器总成的差速器主要由差速器壳体、两个半轴齿轮、两个行星齿轮等部件组成,如图 2-2-10 所示。其中差速器壳体上的驻车锁齿轮属于驻车锁装置的组成部分。差速器能够使左、右(或前、后)驱动轮以不同转速转动,满足汽车转弯时两侧车轮转速不同的需要。

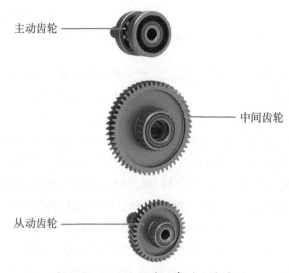

图 2-2-10　比亚迪·秦的主减速器

（三）驱动电机

比亚迪·秦的电机是汽车的动力源之一，向外输出转矩，驱动汽车前进后退；同时也可以作为发电机进行发电，即在滑行、制动过程中以及发动机输出的额外机械能通过电机转化为电能存储。比亚迪·秦混合动力汽车采用的电机是最大转矩 250 N·m 的永磁同步电机，如图 2-2-11 所示。其结构原理与其他永磁同步电机相同，主要由定子、转子及旋转变压器组成。

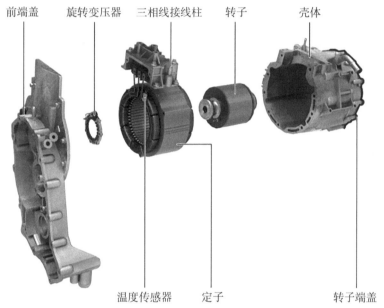

比亚迪·秦驱动电机组成

图 2-2-11 比亚迪秦驱动电机组成

比亚迪·秦电机技术参数见表 2-2-2。

表 2-2-2 比亚迪·秦技术参数

比亚迪·秦 BYD-TYC110A 电机技术参数	
最大输出转矩	250 N·m
最大输出功率	110 kW
额定输出功率	40 kW
最大输出转速	12 000 r/min
散热方式	水冷
电机总重量	47.5 kg（包括后箱体和减速前箱体）
螺纹胶型号	赛特 242
密封胶型号	耐油硅酮密封胶 M-1213 型

（四）动力蓄电池总成

比亚迪·秦动力系统采用的是磷酸铁锂电池（LiFePO$_4$ 电池），全名是磷酸铁锂锂离子电池。比亚迪·秦的动力蓄电池总成主要由 10 个动力蓄电池模组、10 个动力蓄电池信息采集器、动力蓄电池串联线、动力蓄电池支架、动力蓄电池包密封罩、动力蓄电池采样线等组成，如图 2 - 2 - 12 所示。

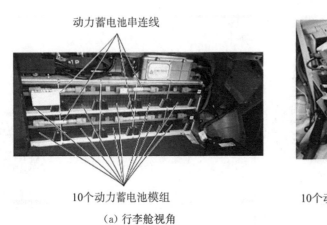

（a）行李舱视角　　　　　　　　（b）后排座椅视角

图 2 - 2 - 12　动力蓄电池系统组成

其中 10 个动力蓄电池模组中各有 14～18 节数量不等的单体蓄电池，总共 152 节蓄电池串联而成，其中上层电池模块有 14 节单体蓄电池，下层电池模块有 18 节单体蓄电池。额定总电压为 528 V，总电量为 13 kW·h，图 2 - 2 - 13 为动力蓄电池模组连接方式。

（五）电池管理系统

比亚迪·秦采用的是分布式电池管理系统，由 1 个电池管理控制器（BMC）和 10 个电池信息采集器（BIC）及 1 套动力蓄电池采样线组成，如图

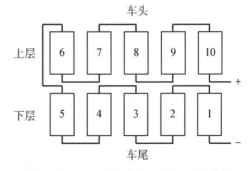

图 2 - 2 - 13　动力蓄电池模组连接方式

2 - 2 - 14 所示。电池管理控制器的主要功能有充放电管理、接触器控制、功率控制、电池异常状态报警和保护、SOC/SOH 计算、自检以及通信功能等；电池信息采集器的主要功能有电池电压采样、温度采样、电池均衡、采样线异常检测等；动力蓄电池采样线的主要功能是连接电池管理控制器和电池信息采集器，实现二者之间的通信及信息交换。

电池管理控制器位于行李舱车身右 C 柱内板后段，如图 2 - 2 - 15 所示。其主要功能是总电压监测、总电流监测、SOC 计算、充放电管理、接触器控制、功率控制、电池异常状态报警和保护、漏电报警、碰撞保护、自检以及通信功能等。

10 个电池信息采集器分别位于动力蓄电池包中每个动力蓄电池模组的前端，如图

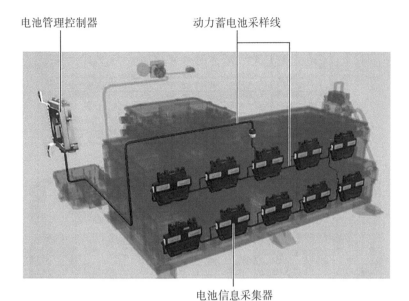

图 2-2-14 比亚迪·秦分布式电池管理系统组成（车内向后看）

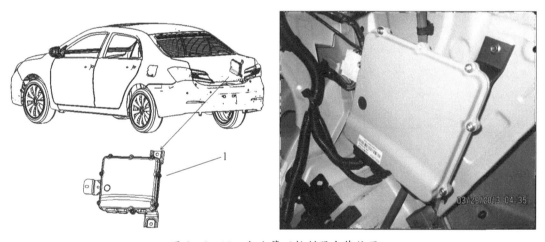

图 2-2-15 电池管理控制器安装位置

2-2-16 所示。其主要功能是电压采样、温度采样、电池均衡、采样线异常检测等。

电池管理系统组成框图如图 2-2-17 所示，由电池信息采集器（BIC）、车载充电器、漏电传感器、高压配电箱、高压互锁监测、碰撞硬线信号、模组内部接触器等部分组成。

（六）低压铁电池

比亚迪·秦低压辅助电源采用的是低压铁电池，安装于车辆的行李舱的动力蓄电池的上方。低压铁电池作为整车电子设备低压电的来源，为保证整车低压系统的正常运行，整车设计应尽量保证低压铁电池不会亏电，故在传统的设计上增加了智能充电系统，保证低压铁电池不会亏电。当需要起动机工作时，铁电池电压会被拖低，为避免影响到整车供电电压正常，需要临时切断 DC/DC 给铁电池的充电回路；此时 DC/DC 单供整车用电设备用电，而铁电池则单独供起动机用电，两放电回路互不影响；最后发动机起动工作后重新接通充电回

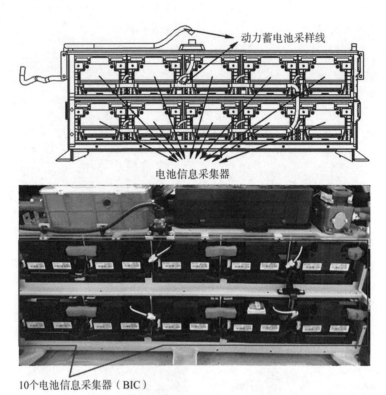

动力蓄电池采样线

电池信息采集器

10个电池信息采集器（BIC）

图 2-2-16   电池信息采集器(BIC)(车尾向前看)

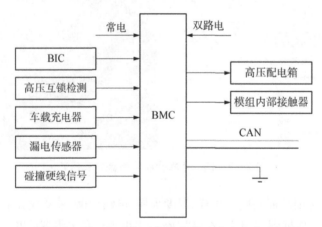

图 2-2-17   比亚迪·秦电池管理系统的系统框图

路,回到最初状态。当发电机和 DC/DC 输出不足时,由铁电池辅助向用电设备供电。铁电池还可以吸收电路中的瞬时过电压,保持汽车电器系统电压的稳定,保护电子组件。铁电池有电压、电流和温度监测功能,存在异常状态会触发故障报警功能,当铁电池故障报警时,仪表上故障指示灯点亮(常亮),同时显示"请检查低压电池系统"。

二、比亚迪·秦混合动力汽车动力系统工作原理

比亚迪·秦动力系统搭载涡轮增压发动机、6 速 DCT 变速器以及 26 A·h 容量的电池

组合,高压系统电压提升至超过 500 V,如图 2-2-18 所示。

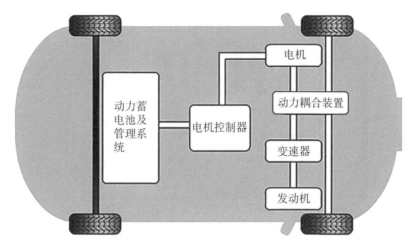

图 2-2-18 比亚迪·秦动力系统组成

1. "EV"纯电动工作模式

与 DM 一代相同,纯电动工作模式下,动力蓄电池提供电能,供电机驱动车辆,可以满足各种工况行驶,如起步、倒车、急速、急加速、匀速行驶等。动力传递路线如图 2-2-19 所示。

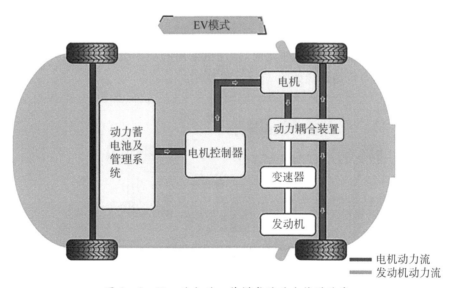

图 2-2-19 纯电动工作模式的动力传递路线

2. "HEV"稳速发电工作模式

当电量不足时,系统从 EV 模式自行切换到 HEV 模式,使用发动机驱动。在车辆以较稳定的速度行驶时,发动机输出的一部分功率会驱动电机进行发电,对动力蓄电池进行充电。动力传递路线如图 2-2-20 所示。

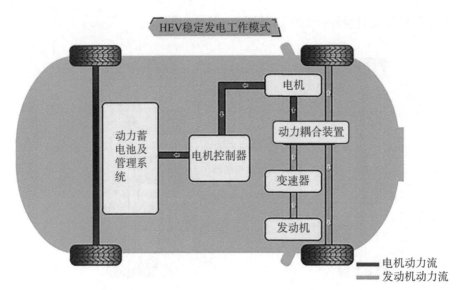

图 2-2-20   稳速发电工作模式下的动力传递路线

3. "HEV" 混合动力工作模式

当用户从 EV 模式切换到 HEV 模式后,有三种工作状态,分别是:低速行驶时,动力蓄电池提供电能,供电机驱动车辆;中速行驶时,由发动机和驱动电机共同驱动车辆行驶;当高速行驶时,由发动机直接驱动车辆行驶。动力传递路线如图 2-2-21 所示。

4. "HEV" 怠速充电模式

当车辆怠速且动力蓄电池电量不足时,发动机输出的功率会驱动电机进行发电,对动力蓄电池进行充电。动力传递路线如图 2-2-22 所示。

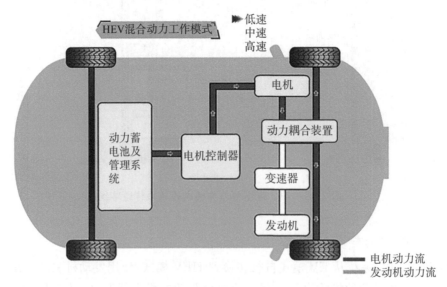

(a) 低速

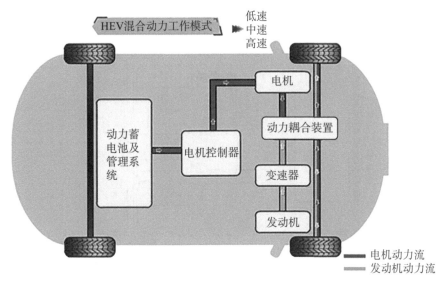

(b) 中速

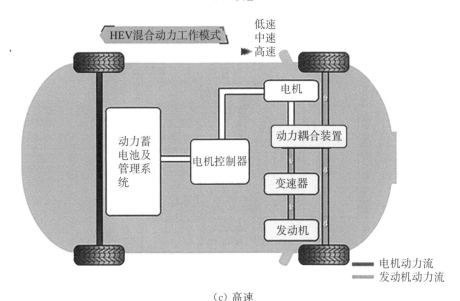

(c) 高速

图 2-2-21　混合动力工作模式下的动力传递路线

5. 能量回馈工作模式

与 DM 一代一样,DM 二代在车辆减速时,电机可将车辆需要降低的动能转化为电能储存在动力蓄电池内,但 DM 二代的回馈效率比 DM 一代更高。动力传递路线如图 2-2-23所示。

三、比亚迪·秦混合动力汽车动力系统特点

比亚迪·秦可以通过外接电源来为动力蓄电池充电,即插电式混合动力。在混动模式下,理论上系统 90% 时间使用纯电动模式(EV 模式),10% 的情况下才会令发动机投入工作,

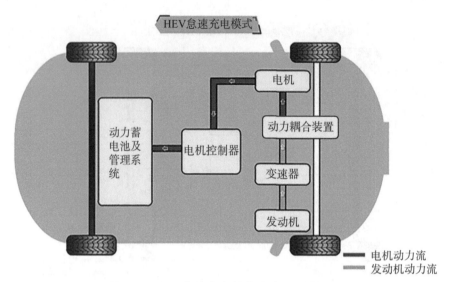

图 2-2-22 怠速充电模式的动力传递路线

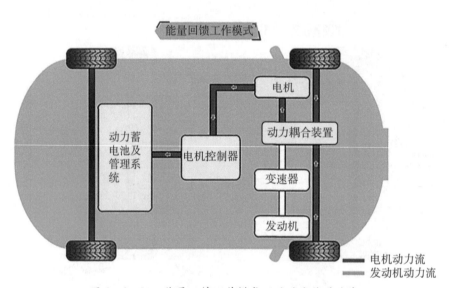

图 2-2-23 能量回馈工作模式下的动力传递路线

可以最大程度降低燃油消耗。比亚迪·秦的驱动系统采用了并联方式,使得即使在电力驱动系统失效的情况下,车辆依靠内燃机的驱动系统仍然能够保持行驶。

比亚迪·秦的主要特点为整车性能对电池依赖小,使用 6 档双离合器变速器(DCT),对发动机工作区域调节能力更强;高转速电机、高电压方案,效率更优;动力性更强,0—100 m/h加速时间为 5.9 s,油耗为 1.6 L/100 km;高压系统即使损坏,车辆仍能正常行驶,因此比亚迪·秦具有"快、省、绿"的特点。

比亚迪·秦使用的电机,最高转速为 12 000 r/min,最大功率 110 kW,最大转矩 200 N·m,具有高转速、大功率的特点。在纯电动模式下,它可以驱动车辆行驶 70 km,最高可达185 km/h 的时速。它同时还作为一台发电机,在车辆减速和制动时回收能量给电池组充电。

在混合动力模式下，比亚迪·秦能爆发出 479 N·m 的总转矩和 217 kW 的总功率，最高车速超过 185 km/h。当电池电量较低或动力需求较大时，整车模式自动或手动切换至 HEV 模式。同时在所有模式中，比亚迪·秦还能进行制动能量回馈，即电机向蓄电池返充电，每 100 km 约回馈 2.5～3 kW·h 电，可多行驶接近 15 km。因此比亚迪·秦的油耗仅为 1.6 L/100 km。

四、比亚迪·秦混合动力汽车动力系统检修

比亚迪·秦动力系统的检测要遵循由易到难、由外到内、由电气部件到机械部件的原则进行，并且一般是利用设备进行的不解体优先。本节主要介绍动力系统中发动机、驱动电机、动力蓄电池及动力耦合装置等主要部件的检测。

（一）发动机的检测

比亚迪·秦发动机的检测主要包括基本检查、诊断仪在线检测等。

1. 发动机基本检查

（1）机油油量检测

比亚迪·秦采用的是电子机油尺，在比亚迪·秦的油底壳处有机油量的传感器测量机油量。通过转向盘上的上下按钮就能找到显示机油标尺。比亚迪·秦最好在每次加油时检查发动机机油油位。为取得准确读数，发动机机油必须在发动机尚未冷却且车辆应在平坦的地面上进行检测。检测方法如下。

① 关闭发动机，等候几分钟以便机油回流到储油盘。如果不这样做，发动机油尺可能无法显示实际的油位。

② 车辆电源打开至 ON 挡，通过电子机油尺检查机油量。若发现发动机机油低于 MIN 标记，旋下发动机油加油口盖，添加发动机机油使液位维持在发动机机油尺的 MAX 标记与 MIN 标记之间的 3/4 处。

③ 等待几分钟后再次检查发动机机油油位，如需要，再加适量的发动机机油。

（2）制动液液位检测

比亚迪·秦更换制动液大约需要 1.5 L，正常情况下，液位应处于储液罐罐壁上的下限（MIN）与上限（MAX）标记之间，如果液位处于或者低于下限（MIN）标记，则需要检查制动系统是否有渗漏以及制动摩擦片是否磨损。

（3）冷却液液位检测

比亚迪·秦冷却液位正常应处于膨胀水箱壁上的下限（MIN）与上限（MAX）标记之间，如果液位处于或者低于下限（MIN）标记则应添加冷却液，使液位上升到上限（MAX）刻度线。检查冷却系统有无泄漏现象。冷却液应始终使用与原厂相同规格的冷却液，无须添加任何混合剂。不同品牌和型号的冷却液不能混合使用。

（4）低压蓄电池检测

① 目测检查蓄电池的外观，有无漏液、变形、裂纹、污迹、腐蚀及螺母松动等现象。

② 万用表调至直流电压 20 V 挡位，红黑表笔分别连接正负极，测得电压值为 12 V 左右。

若测得数值低于标准数值,应补充电能或更换电池。

(5) 线束检查

目视检查发动机相关插接器和线束连接是否正常、松动,有无破损。

2. 发动机在线检测

在混合动力汽车起动以后,连接诊断仪读取发动机的相关数据流,根据数据流分析发动机系统的工况,主要需要读取的数据有:发动机转速、电源电压、进气压力、冷却液温度、实际油压、节气门开度、喷油脉宽、进气流量、进气温度、增压气体温度、爆燃传感器、冷却液温度传感器、低速风扇是否开启、氧传感器信号等数据。

(二) 驱动电机的检测

比亚迪·秦驱动电机的检测主要包括基本检查、诊断仪在线检测、电气元件检测和机械部件检测等。

1. 基本检查

① 检查驱动电机外观是否有破损,各插接器连接是否可靠,线束是否有破损,若发现有破损或者是异常状况应立即停止使用车辆,并将车辆移至厂家指定维修站点。

② 通过闻电机的气味也能判断故障。若发现有特殊的油漆味,说明电机内部温度过高;若发现较重的糊味,则可能是绝缘层被击穿或绕组已烧毁。

2. 在线检测

在汽车起动以后,连接诊断仪读取驱动电机的相关数据流,根据数据流分析驱动电机的工况,主要需要读取的数据有:MCU 使能命令、驱动电机工作模式命令、驱动电机转矩、转速指令、方向命令、MCU 初始化状态、驱动电机当前状态、驱动电机当前工作模式、驱动电机当前旋转方向等数据。

3. 电气检测

驱动电机常见的电气故障有线路连接异常,电机绕组绝缘、短路、断路、断相运行等,可以借助万用表、兆欧表和数字电桥等检测工具进行检测。

(1) 检查驱动电机相关电气连接是否正常

(2) 驱动电机绕组三线母线绝缘性检测

使用兆欧表或绝缘测试仪的 500 V 挡位,测量电机三相绕组引出线与机壳之间的绝缘电阻,当检测值大于 500 Ω/V 或电机整体绝缘电阻大于 20 MΩ 时,表明电机绝缘良好。

(3) 驱动电机定子绕组断路检测

使用万用表的 200 Ω 挡位,测量 2 相绕组 W 和 U 电路之间的电阻,正常情况下标准电阻值应小于 1 Ω,若测量值大于标准值,则说明二相绕组断路损坏;交换绕组以同样方法测量其他绕组(W 和 V、U 和 V)之间的电阻。

(4) 驱动电机三相绕组均衡性检测

使用万用表的 200 Ω 挡位,测量 2 相绕组 W 和 U 电路之间的电阻,以同样方法测量其他绕组(W 和 V、U 和 V)之间的电阻,其三相绕组的两相之间的电阻值的差值在 5% 以内为正常。

（5）电机旋转变压器检测

① 根据电气接口表定义，用万用表欧姆挡检查旋转变压器励磁绕组的电阻值，正常为（10±2）Ω（随温度不同而变化）。

② 根据电气接口表定义，用万用表欧姆挡检查旋转变压器正旋绕组的电阻值，正常为（20±2）Ω（随温度不同而变化）。

③ 根据电气接口表定义，用万用表欧姆挡检查旋转变压器负旋绕组的电阻值，正常为（17±2）Ω（随温度不同而变化）。

若检测数值为无穷大，表示已损坏，需更换旋转变压器。

4. 机械检测

驱动电机常见的机械故障主要有扫膛、振动、轴承过热、损坏等故障。轴承精度不合格及端盖内孔磨损或端盖止口与机壳止口磨损变形，使电机壳、端盖、转子三者不同轴引起扫膛；转子动平衡不好，转轴转子弯曲，端盖、机壳与转子不同轴，紧固件松动等会引起振动；轴承的配合太紧或太松会引起轴承过热而使轴承损坏。在发动机解体情况下，常做的检测有。

（1）轴承轴向和径向圆跳动

用百分表测量转子轴承的径向圆跳动和轴向圆跳动，转子轴承径向圆跳动应小于0.02 mm，转子轴承轴向圆跳动应小于0.05 mm。

（2）测量转子轴弯曲度

用高度游标卡尺等工具测量转轴弯曲度，电机主轴的弯曲度不大于0.01 mm。

（三）动力蓄电池的检测

比亚迪·秦动力蓄电池的检测主要包括基本检查、诊断仪在线检测、动力蓄电池外部电气测量、动力蓄电池解体电压检测等。

1. 动力蓄电池基本检查

检查动力蓄电池外观是否有破损，各插接器连接是否可靠，线束是否有破损，若发现有破损或者是异常状况应立即停止使用车辆，并将车辆移至厂家指定维修站点。

2. 动力蓄电池在线检测（初步诊断）

在汽车起动以后，连接诊断仪读取电源系统的相关数据流，根据数据流分析电源系统的工况，主要需要读取的数据有：动力蓄电池组当前总电压、电池组当前总电流、最低单体蓄电池电压、最高单体蓄电池电压、高压系统、高压互锁和主控制器状态等数据。

3. 动力蓄电池外部电气测量

（1）动力蓄电池绝缘检测

使用兆欧表的1000 V挡位，分别测量动力蓄电池正极输出端子和动力蓄电池负极输出端子与车身搭铁的电阻值，标准绝缘电阻值应大于20 MΩ，若测量值不符合标准值，请进行检修。

（2）动力蓄电池连接线束绝缘检测

使用兆欧表的 1000 V 挡位,分别测量动力蓄电池高压线束的正极端子和动力蓄电池高压线束的负极端子与车身搭铁的电阻值,标准绝缘电阻值应大于 20 MΩ,若测量值不符合标准值,请进行检修。

（3）动力蓄电池高压互锁检测

选用万用表适当的电阻量程,将红黑表笔分别接动力蓄电池互锁两个针脚测量电阻,标准电阻值应小于 0.5 Ω,若测量电阻值不在标准范围内,请进行检修。

（4）动力蓄电池 CAN 网络终端电阻

选用万用表的适当量程,将万用表的红黑表笔接动力蓄电池网络的两个端子测量电阻,标准电阻值应为 120 Ω 左右,若测量电阻值不在标准范围内,请进行检修。

4. 动力蓄电池解体电压检测

（1）整体电压检测

打开动力蓄电池上的箱体,并将动力蓄电池内部接触器盒盖打开,露出动力蓄电池组的正极和负极联条,用万用表的适当量程检测动力蓄电池电压,正常电压值应在 528 V 左右,若不正常需要进一步检测。

（2）模组电压检测

拆下每个模组的正极和负极盖板,选择万用表的合适量程检测电压,正常的电池模组电压有两种,分别为 45 V 左右和 58 V 左右,若不正常需要进一步检测。

（3）模块电压检测

拆下模块的盖板,用万用表的合适量程检测模块电压,电压应为 3.2 V 左右,若不正常,需要更换。

（四）动力耦合装置检测

比亚迪·秦动力耦合装置的检测主要包括基本检查、诊断仪在线检测等。

1. 动力耦合装置基本检查

举升车辆,查看动力耦合装置是否有漏油、裂纹及其他明显损伤,若有应及时更换新的动力耦合装置。

2. 动力耦合装置在线检测

在混合动力汽车起动以后,连接诊断仪读取动力耦合装置的相关数据流,根据数据流分析驱动系统的工况,主要需要读取的数据有:节气门位置、当前挡位、输入轴传感器转速、TCU 计算车速、蓄电池电压、冷却液温度、CAN 发动机转速、主油路供给压力、油泵供给压力、离合器位置、促动器 1 位置、油泵起动占空比等数据。

 **技 能 训 练**

实训 1 比亚迪·秦驱动桥总成拆装

◆ **实训准备**

1. 安全操作规范

① 驱动桥总成拆装任务的实施,先要按照安全操作规范进行高压系统断电、验电等工作。

② 进行高压部件操作时,一定要使用绝缘工具。

③ 严禁违规使用绝缘工具、仪器仪表,注意轻拿轻放,有序操作。

④ 严格遵守实训规程,按照学习工作页、维修手册等资料要求完成实训操作。

2. 实操工具准备

（1）设备准备

2016 款比亚迪·秦混合动力汽车、举升机、承重为 1 000 kg 的移动升降平台、废液回收器、制冷剂回收加注机。

（2）工具准备

① 常用工具：常用拆装套件、水管钳。

② 绝缘工具：绝缘工具套件。

③ 防护装备：车内防护三件套、车外防护三件套。

④ 专用工具：定扭式扭力扳手、指针式扭力扳手。

⑤ 防冻液、棉纱手套、绝缘胶布。

◆ **实训步骤**

1. 前期准备

① 进入车内安装车内防护三件套。

② 操纵驻车制动器。

③ 拉起前机舱盖手柄,打开前机舱盖,安装车外防护三件套。

④ 断开高压维修开关。

A. 打开行李舱,找到低压铁电池负极电缆位置。

B. 拆卸铁电池负极电缆。

a. 使用合适套筒、棘轮扳手、接杆拧松铁电池负极电缆固定螺栓。

b. 取下铁电池负极电缆接线桩,并放至合适位置。

C. 翻起后部座椅靠背,拔掉高压维修开关,并用胶布封住。

◇ 断开维修塞后,需等待 5～10 min,待高压系统剩余电量释放完毕后,才能进行下一步操作。

⑤ 放置举升机顶脚,举升车辆至轮胎离地,检查举升位置是否牢固。
⑥ 使用螺丝刀依次拆卸散热器框架上饰板卡扣,取下散热器框架上饰板。
⑦ 拧松驱动系统冷却液壶盖。
⑧ 举升车辆,将油液收集器推放至车辆下部。
⑨ 拧松散热器下部放水阀,排空冷却系统冷却液后,拧紧放水阀。
⑩ 下降车辆至轮胎着地,拆卸驱动电机控制器与 DC 总成。
⑪ 举升车辆至合适位置,拆卸车辆前部悬架系统。

2. 拆卸驱动桥外部附件

① 使用十字螺丝刀拆卸空气滤清器盖固定螺栓,取下空气滤清器盖,取下空气滤清器。
② 使用十字螺丝刀拆卸空气滤清器底座固定螺栓,拆卸空气滤清器底座。
③ 使用水管钳拆卸发动机冷却系统连接水管卡箍,拆下散热系统水管。
④ 使用制冷剂回收机,回收车辆制冷系统中的制冷剂。
⑤ 使用合适套筒、棘轮扳手拆卸空调高、低压管路连接螺栓,断开高低压连接管路。
⑥ 使用合适套筒、棘轮扳手拆卸电控真空泵支架固定螺栓,取下电动真空泵。
⑦ 断开发动机控制模块的 2 个线束插接器。
⑧ 使用合适套筒、棘轮扳手,拆卸发动机搭铁线束固定螺栓,分离发动机搭铁线束。
⑨ 使用合适套筒、棘轮扳手,拆卸驱动电机搭铁线束固定螺栓,分离驱动电机搭铁线束。
⑩ 断开驱动电机及变速器表面传感器线束插接器。
⑪ 打开发动机舱熔丝盒盖,使用合适套筒、棘轮扳手拆卸起动机正极线束固定螺栓,脱开正极线束。
⑫ 使用合适工具断开发动机供油管及回油管插接器。
⑬ 断开高压 PTC 高压线束插接器,断开 PTC 低压线束插接器。
⑭ 使用合适套筒、棘轮扳手拆卸高压 PTC 支架固定螺栓,取下高压 PTC 总成。
⑮ 断开发动机真空管插接器,断开真空管。

3. 拆卸驱动桥总成

① 进入车内,拆卸转向柱连接器固定螺栓,断开转向柱机械连接。
② 使用合适套筒、棘轮扳手拆卸发动机上部右侧悬置支架总成固定螺栓,脱离上部右侧悬置支架。
③ 使用合适套筒、棘轮扳手拆卸发动机上部左侧悬置支架总成固定螺栓,脱离上部左侧悬置支架。

④ 举升车辆至合适位置。

⑤ 按压锁舌,拆卸转向助力电动机所有线束插接器。

⑥ 使用合适套筒、棘轮扳手拆卸副车架搭铁线固定螺栓,脱离搭铁线。

⑦ 使用合适套筒、棘轮扳手拆卸电动压缩机高、低压管路固定螺栓,脱离制冷系统高、低压管路。

⑧ 使用合适套筒、棘轮扳手拆卸排气管连接法兰固定螺栓,分离排气管连接法兰,并取下排气管。

⑨ 使用合适套筒、棘轮扳手拆卸散热器下护板固定螺栓。

⑩ 使用螺丝刀拆卸散热器下护板固定卡扣,拆下散热器下护板。

⑪ 放入移动升降平台至合适位置。

⑫ 控制升降平台举升至贴近副车架。

⑬ 使用合适套筒、棘轮扳手拆卸两侧副车架后部支架固定螺栓。

⑭ 使用合适套筒、棘轮扳手拆卸副车架 4 颗固定螺栓,取下固定螺栓及副车架后部支架。

⑮ 缓慢下降升降平台,脱离前副车架与车身。

注意事项

◇ 下降过程中需注意动力系统总成是否有部件与车身牵连,有的话需及时停止下降,上升回原位置后进行拆卸。

◇ 下降过程中需注意线束及管路是否对车身存在干涉和牵拉,应及时调整线束及管路位置,以免发生因拉拽导致断裂的情况发生。

⑯ 下降升降平台至最低位置。

⑰ 使用合适套筒、棘轮扳手拆卸副车架上 3 颗悬置支架固定螺栓。

⑱ 使用安全绳捆绑驱动桥总成,检查确保捆绑牢靠。

⑲ 使用吊架轻微吊起驱动桥总成,检查吊装是否安全。

⑳ 缓慢吊起驱动桥总成,上升过程中检查部件是否存在干涉、牵连等情况,若有的话须及时停止,处理完成后才能继续举升。

㉑ 待驱动桥总成完全脱离前副车架后,两人合作抬走前副车架。

㉒ 放下驱动桥总成至平板车合适位置。

4. 安装驱动桥总成

① 缓慢吊起驱动桥总成。

注意事项

◇ 吊起时需检查吊装是否牢靠。

◇ 吊绳位置不能拉拽驱动总成上部部件,以免造成部件损坏。

② 将前副车架放置于升降平板上。

③ 缓慢降下驱动桥总成,至驱动桥总成对接落座于悬置支架上。

注意事项

◇ 下降过程中需注意驱动桥总成不能与前副车架发生干涉,以免造成部件损坏。

◇ 下降过程中需注意调整位置,以便于驱动桥总成落座。

④ 取下安全绳。

⑤ 旋入 3 颗悬置支架固定螺栓,使用合适套筒、棘轮扳手拧紧固定螺栓,并使用定扭扳手紧固至 130 N·m。

⑥ 缓慢升起升降平板至前副车架贴近车身。

注意事项

◇ 上升过程中需注意驱动桥总成不能与车身发生干涉,以免造成部件损坏。

◇ 上升过程中需注意线束及管路位置,以免被夹入驱动桥与车身之间,影响正常安装。

⑦ 对副车架位置进行微调,确认副车架安装孔对准车身螺纹孔。

⑧ 拧入副车架固定螺栓,使用合适套筒、棘轮扳手拧紧副车架固定螺栓,并使用定扭扳手紧固至 130 N·m。

⑨ 使用合适套筒、棘轮扳手安装两侧副车架后部支架固定螺栓,并使用定扭扳手紧固至 60 N·m。

⑩ 降下升降平台并移走。

⑪ 安装散热器下护板,安装散热器下护板固定卡扣。

⑫ 使用合适套筒、棘轮安装散热器下护板固定螺栓。

⑬ 安装排气管,使用合适套筒、棘轮扳手安装排气管连接法兰固定螺栓。

⑭ 安装制冷系高、低压管路,使用合适套筒、棘轮扳手安装电动压缩机高、低压管路固定螺栓。

⑮ 安装搭铁线,使用合适套筒、棘轮扳手安装副车架搭铁线固定螺栓。

⑯ 安装转向助力电动机所有线束插接器,并检查是否安装牢固。

⑰ 降低车辆至合适位置。

⑱ 安装上部左侧悬置支架,使用合适套筒、棘轮扳手安装发动机上部左侧悬置支架总成固定螺栓,并紧固至 60 N·m。

⑲ 安装上部右侧悬置支架,使用合适套筒、棘轮扳手安装发动机上部右悬置支架总成固定螺栓,并紧固至 60 N·m。

⑳ 进入车内安装转向柱机械连接,使用 M10 套筒、棘轮扳手安装转向柱连接器固定螺栓,并紧固至 40 N·m。

5. 安装驱动桥外部附件

① 安装发动机真空管插接器，并检查确认插接紧固。

② 安装高压 PTC 总成，使用合适套筒、棘轮扳手安装高压 PTC 支架固定螺栓。

③ 连接高压 PTC 高压线束插接器，连接 PTC 低压线束插接器。

④ 连接发动机供油管及回油管插接器。

⑤ 安装正极线束，使用合适套筒、棘轮扳手安装起动机正极线束固定螺栓。

⑥ 安装驱动电机及变速器表面传感器线束插接器。

⑦ 连接驱动电机搭铁线束，使用合适套筒、棘轮扳手，安装驱动电机搭铁线束固定螺栓。

⑧ 连接发动机搭铁线束，使用合适套筒、棘轮扳手，安装发动机搭铁线束固定螺栓。

⑨ 连接发动机控制模块的 2 个线束插接器。

⑩ 安装电动真空泵，使用合适套筒、棘轮扳手安装电控真空泵支架固定螺栓。

⑪ 连接高低压连接管路至压缩机上，使用合适套筒、棘轮扳手安装空调压缩机空调高、低压管路连接螺栓。

◇ 安装真空管路需按照厂方要求更换 O 形圈。

⑫ 连接制冷剂回收机高低压接口至车辆空调制冷系统高低压接头，打开制冷剂回收机，设定抽真空时间 15 min。

⑬ 等待抽真空完成后，保压 20 min，检查压力判断系统是否存在泄漏。

◇ 若存在泄漏故障需检查空调高低压接口处是否存在泄漏。

⑭ 查阅维修手册，确认制冷系统制冷剂加注量，加注标准量的制冷剂。

⑮ 安装散热系统水管，使用水管钳安装发动机冷却系统连接水管卡箍。

⑯ 安装空气滤清器底座，使用十字螺丝刀安装空气滤清器底座固定螺栓。

⑰ 放入空气滤清器，合上空气滤清器盖，使用十字螺丝刀安装空气滤清器盖固定螺栓。

⑱ 举升车辆至合适位置，安装车辆前部悬架系统。

⑲ 下降车辆至轮胎着地，安装驱动电机控制器与 DC 总成。

⑳ 加入适量冷却液至驱动冷却系统冷却储液壶。

◇ 加注冷却液时需确认冷却液加注至冷却储液壶 MAX 刻度与 MIN 刻度之间。

◇ 待车辆起动运转后，需观察冷却液液位是否下降，若下降需及时添加至标准。

㉑ 安装散热器框架上饰板,安装散热器框架上饰板卡扣。

6. 整理归位

(1) 安装高压维修开关

① 取下高压维修开关接口处密封胶布。

② 安放高压维修开关到指定位置,并锁止锁销。

(2) 安装汽车后排座椅

① 安装后排座椅靠背总成。

a. 用手将后排座椅靠背放到车上的指定位置。

b. 用手将后排座椅靠背下的平垫圈和固定螺栓放到指定位置。

c. 使用合适套筒、棘轮扳手、短接杆安装后排座椅靠背下的固定螺栓,并使用定扭式扭力扳手紧固至 8 N·m。

② 安装后排座椅座垫。

a. 用手将后排座椅的座垫放到后排座椅靠背上。

b. 安装后排座椅座垫卡扣,使后排座椅座垫固定。

(3) 安装低压铁电池负极电缆

① 安放低压铁电池负极电缆的接线桩。

② 使用合适套筒、棘轮扳手、接杆安装并紧固蓄电池负极电缆固定螺栓,拧紧力矩为 8 N·m。

(4) 打开车门,进入车内,取下车内防护三件套

(5) 安放车轮挡块,确保车辆停靠安全

(6) 整理工具,实训设备归位

实训 2　比亚迪·秦主减速器拆装

◆ **实训准备**

1. 安全操作规范

① 主减速器拆装任务的实施,先要按照安全操作规范进行高压系统断电、验电等工作。

② 进行高压部件操作时,一定要使用绝缘工具。

③ 严禁违规使用绝缘工具、仪器仪表,注意轻拿轻放,有序操作。

④ 严格遵守实训规程,按照学习工作页、维修手册等资料要求完成实训操作。

2. 实操工具准备

(1) 设备准备

2016 款比亚迪·秦混合动力汽车、举升机、承重为 1 000 kg 的移动升降平台、废液回收器。

(2) 工具准备

① 常用工具:常用拆装套件、刮刀。

② 绝缘工具:绝缘工具套件、绝缘手套。

③ 防护装备：车内防护三件套、车外防护三件套。

④ 专用工具：定扭式扭力扳手、指针式扭力扳手、变速器拆装专用工具、变速器油加注工具。

⑤ 其他：防冻液、绝缘胶带、棉纱手套。

◆ **实训步骤**

1. 前期准备

① 进入车内安装车内防护三件套。

② 操纵驻车制动器。

③ 拉起前机舱盖手柄，打开前机舱盖，安装车外防护三件套。

④ 断开高压维修开关

A. 打开行李舱，找到低压铁电池负极电缆位置。

B. 拆卸铁电池负极电缆。

a. 使用合适套筒、棘轮扳手、接杆拧松铁电池负极电缆固定螺栓。

b. 取下铁电池负极电缆接线桩，并放至合适位置。

C. 翻起后部座椅靠背，拔掉高压维修开关，并用胶布封住。

 注意事项

◇ 断开维修塞后，需等待 5～10 min，待高压系统剩余电量释放完毕后，才能进行下一步操作。

⑤ 放置举升机顶脚，举升车辆至轮胎离地，检查举升位置是否牢固。

⑥ 使用螺丝刀依次拆卸散热器框架上饰板卡扣，取下散热器框架上饰板。

⑦ 拧松驱动系统散冷却液壶盖。

⑧ 举升车辆，将油液收集器推放至车辆下部。

⑨ 拧松散热器下部放水阀，排空冷却系统冷却液后，拧紧放水阀。

⑩ 下降车辆至轮胎着地，拆卸驱动电机控制器与 DC 总成。

⑪ 举升车辆至合适位置，拆卸车辆前部悬架系统。

⑫ 拆卸左右两侧半轴。

⑬ 拆卸驱动桥总成。

⑭ 分离发动机和变速器部件。

2. 拆卸主减速器

① 选用油液收集工具，放置在主减速器底部。

② 使用合适套筒、棘轮扳手、接杆预松主减速器壳体底部放油螺栓。

③ 取下减速器壳体底部放油螺栓，并放出主减速器油液。

④ 使用合适套筒、棘轮扳手、接杆安装主减速器壳体底部放油螺栓，并使用定扭扳手紧

固至 20 N·m。

⑤ 使用合适套筒、棘轮扳手、接杆预松主减速器外壳上 13 颗固定螺栓。

⑥ 取下主减速器外壳上 13 颗固定螺栓。

⑦ 使用橡胶锤轻击主减速器外壳表面至其松脱。

⑧ 晃动主减速器外壳至其完全脱离后,取下主减速器外壳。

⑨ 晃动主动齿轮至其脱离壳体后,取出主动齿轮,并妥善放置。

⑩ 取出中间齿轮,并妥善放置。

⑪ 取出从动齿轮,并妥善放置。

⑫ 检查各齿轮表面是否存在异常磨损、高温烧蚀等故障现象。

⑬ 检查主减速器壳体内部是否存在铁屑、积胶等残留物。

⑭ 使用气缸刮刀,清除主减速器壳体接触面多余密封胶。

注意事项

◇ 清除残留密封胶时需注意操作轻柔,不应损坏主减速器壳体密封面造成主减速器漏油情况。

⑮ 使用抹布清洁主减速器壳体内部及接触面。

3. 安装主减速器

① 安装从动齿轮,并转动检查其是否安装于正确位置。

② 安装中间齿轮,并转动检查其是否安装于正确位置。

③ 安装主动齿轮,转动主动齿轮,检查其是否安装正确,所有减速齿轮啮合是否正常,有无卡滞、阻力过大等现象。

④ 在主减速器壳体外侧涂抹密封胶。

注意事项

◇ 涂抹密封胶时,需注意涂抹均匀,涂抹至螺纹孔处时应按照螺纹孔内圈形状进行涂抹。

◇ 密封胶应选用厂家推荐品牌和型号的密封胶。

⑤ 安装主减速器外壳,并使用橡胶锤轻击壳体表面使其置于正确位置。

⑥ 旋入主减速器外壳上 13 颗固定螺栓。

⑦ 使用合适套筒、棘轮扳手、接杆拧紧主减速器外壳上 13 颗固定螺栓,并使用定扭扳手紧固螺栓至 12 N·m。

⑧ 使用合适套筒、棘轮扳手、接杆预松主减速器壳体加油口螺栓。

⑨ 取下主减速器壳体加油口螺栓。

⑩ 使用油液加注器加注主减速器润滑油至润滑油溢出加油口。

⑪ 安装主减速器壳体加油口螺栓。

⑫ 使用合适内六角套筒、棘轮扳手、接杆安装主减速器壳体底部放油螺栓,并使用定扭扳手紧固至 30 N·m。

4. 装复车辆

① 拼合发动机和变速器部件;安装左右两侧半轴。

② 安装驱动桥总成。

③ 举升车辆至合适位置,安装车辆前部悬架系统。

④ 下降车辆至轮胎着地,安装驱动电机控制器与 DC 总成。

⑤ 加入适量冷却液至驱动冷却系统冷却储液壶。

◇ 加注冷却液时需确认冷却液加注至冷却储液壶 MAX 刻度与 MIN 刻度之间。

◇ 待车辆起动运转后,需观察冷却液液位是否下降,若下降需及时添加至标准。

⑥ 安装散热器框架上饰板,安装散热器框架上饰板卡扣。

⑦ 安装高压维修开关。

a. 取下高压维修开关接口处密封胶布。

b. 安放高压维修开关到指定位置,并锁止锁销。

⑧ 安装汽车后排座椅。

A. 安装后排座椅靠背总成。

a. 用手将后排座椅靠背放到车上的指定位置。

b. 用手将后排座椅靠背下的平垫圈和固定螺栓放到指定位置。

c. 使用合适套筒、棘轮扳手、短接杆安装后排座椅靠背下的固定螺栓,并使用定扭式扭力扳手紧固至 8 N·m。

B. 安装后排座椅座垫。

a. 用手将后排座椅的座垫放到后排座椅靠背上。

b. 安装后排座椅座垫卡扣,使后排座椅座垫固定。

⑨ 安装低压铁电池负极电缆。

a. 安放低压铁电池负极电缆的接线桩。

b. 使用合适套筒、棘轮扳手、接杆安装并紧固蓄电池负极电缆固定螺栓,拧紧力矩为 8 N·m。

5. 整理归位

① 确认车辆状况良好无故障,检测操作完成。

② 回收车外三件套。

③ 回收车内三件套。

④ 整理工具,实训设备归位。

实训 3　比亚迪·秦驱动电机总成拆装

◆ 实训准备

1. 安全操作规范

① 驱动电机总成拆装任务的实施,先要按照安全操作规范进行高压系统断电、验电等工作。

② 进行高压部件操作时,一定要使用绝缘工具。

③ 严禁违规使用绝缘工具、仪器仪表,注意轻拿轻放,有序操作。

④ 严格遵守实训规程,按照学习工作页、维修手册等资料要求完成实训操作。

2. 实操工具准备

(1) 设备准备

2016 款比亚迪·秦混合动力汽车、举升机、承重为 1 000 kg 的移动升降平台、废液回收器。

(2) 工具准备

① 常用工具:常用拆装套件。

② 绝缘工具:绝缘工具套件、绝缘手套。

③ 防护装备:车内防护三件套、车外防护三件套。

④ 专用工具:定扭式扭力扳手、指针式扭力扳手、变速器油加注工具。

⑤ 其他:防冻液、绝缘胶带、棉纱手套。

◆ 实训步骤

1. 前期准备

① 进入车内安装车内防护三件套。

② 操纵驻车制动器。

③ 拉起前机舱盖手柄,打开前机舱盖,安装车外防护三件套。

④ 断开高压维修开关。

A. 打开行李舱,找到低压铁电池负极电缆位置。

B. 拆卸铁电池负极电缆。

a. 使用合适套筒、棘轮扳手、接杆拧松铁电池负极电缆固定螺栓。

b. 取下铁电池负极电缆接线桩,并放至合适位置。

C. 翻起后部座椅靠背,拔掉高压维修开关,并用胶布封住。

注意事项

◇ 断开维修塞后,需等待 5～10 min,待高压系统剩余电量释放完毕后,才能进行下一步操作。

⑤ 放置举升机顶脚,举升车辆至轮胎离地,检查举升位置是否牢固。

⑥ 使用螺丝刀依次拆卸散热器框架上饰板卡扣,取下散热器框架上饰板。

⑦ 拧松驱动系统散冷却液壶盖。

⑧ 举升车辆,将油液收集器推放至车辆下部。

⑨ 拧松散热器下部放水阀,排空冷却系统冷却液后,拧紧放水阀。

⑩ 下降车辆至轮胎着地,拆卸驱动电机控制器与 DC 总成。

⑪ 举升车辆至合适位置,拆卸车辆前部悬架系统。

⑫ 拆卸左右两侧半轴。

⑬ 拆卸驱动桥总成。

⑭ 分离发动机和变速器部件。

⑮ 分解差速器。

2. 拆卸驱动电机

① 取出导油板。

② 拆卸高压电缆接线盒盖板。

a. 使用合适套筒、棘轮扳手、接杆预松电机三相高压电缆接线盒盖板的 4 颗固定螺栓。

b. 取下电机三相高压电缆接线盒盖板的 4 颗固定螺栓。

c. 取下电机三相高压电缆接线盒盖板。

③ 拆卸电机三相高压电缆插接件。

a. 使用合适套筒、棘轮扳手、接杆预松电机三相高压电缆的 3 颗固定螺栓。

b. 取下电机三相高压电缆的 3 颗固定螺栓。

c. 使用合适套筒、接杆、棘轮扳手预松三相高压电缆的 2 颗固定螺栓。

d. 取下电机三相高压电缆的 2 颗固定螺栓。

e. 拔出电机三相高压电缆插接件。

④ 拆卸接线盒。

a. 使用合适套筒、棘轮扳手、接杆预松接线座 2 颗固定螺栓。

b. 取下接线座 2 颗固定螺栓。

c. 使用合适套筒、棘轮扳手、接杆预松接线盒 6 颗固定螺栓。

d. 取下接线盒 6 颗固定螺栓。

e. 取下接线盒,并妥善放置。

⑤ 断开旋转变压器信号接线插头。

a. 使用合适套筒、棘轮扳手、接杆预松旋转变压器信号接线插头固定螺栓。

b. 取下旋转变压器信号接线插头固定螺栓。

c. 抽出旋转变压器信号接线插头。

⑥ 断开温度传感器插接件。

a. 断开旋转变压器信号接线内部插接件。

b. 使用合适套筒、棘轮扳手、接杆预松电机前端盖 7 颗固定螺栓。

c. 取下电机前端盖 7 颗固定螺栓。

d. 断开温度传感器插接件。

⑦ 使用橡胶锤轻击电机前端盖至其松动后，取下电机前端盖。

注意事项

◇ 敲击操作时需要频繁更换敲击位置，以避免受力不匀造成前端盖变形。

3. 检查驱动电机

① 目视检查驱动电机定子高压线束外观是否正常，是否存在破裂、绝缘损坏等现象。

② 目视检查驱动电机定子绕组是否捆扎紧固，有无高温烧蚀或者绝缘损坏等故障情况。

③ 目测检查驱动电机转子外观是否正常，有无发生转子扫镗现象。

④ 使用塞尺检测驱动电机转子气隙是否正常。

4. 安装驱动电机

① 连接温度传感器插接件。

② 在电机前端盖均匀涂抹密封胶。

注意事项

◇ 涂抹密封胶时，需注意涂抹均匀，涂抹至螺纹孔处时应按照螺纹孔内圈形状进行涂抹。

◇ 密封胶应选用厂家推荐品牌和型号的密封胶。

③ 安装前端盖。

a. 将电机前端盖放置于安装位置。

b. 安装电机前端盖 7 颗固定螺栓。

c. 使用合适套筒、棘轮扳手、接杆拧紧电机前端盖 7 颗固定螺栓。

d. 使用合适套筒、扭力扳手、接杆紧固电机前端盖 7 颗固定螺栓，拧紧力矩为 $25\,\text{N}\cdot\text{m}$。

注意事项

◇ 需按照对角线次序拧紧电机前端盖固定螺栓。

④ 安装旋转变压器。

a. 连接旋转变压器信号接线内部插接件。

b. 安装旋转变压器信号插头。

c. 安装旋转变压器信号接线插头固定螺栓。

d. 使用合适套筒、棘轮扳手、接杆拧紧旋转变压器信号接线插头固定螺栓。

e. 使用合适套筒、扭力扳手、接杆紧固旋转变压器信号接线插头固定螺栓,拧紧力矩为 12 N·m。

⑤ 安装接线盒。

a. 安装接线座 2 颗固定螺栓。

b. 使用合适套筒、棘轮扳手、接杆拧紧接线座 2 颗固定螺栓。

c. 使用合适套筒、扭力扳手、接杆紧固接线座 2 颗固定螺栓,拧紧力矩为 12 N·m。

d. 在接线盒安装面涂上密封胶。

e. 安装接线盒。

f. 安装接线盒 6 颗固定螺栓。

g. 使用合适套筒、棘轮扳手、接杆拧紧接线盒 6 颗固定螺栓。

h. 使用合适套筒、扭力扳手、接杆紧固接线盒 6 颗固定螺栓,拧紧力矩为 12 N·m。

⑥ 安装三相高压电缆。

a. 安装三相高压电缆。

b. 安装三相高压电缆 2 颗固定螺栓。

c. 使用合适套筒、接杆、棘轮扳手拧紧三相高压电缆的 2 颗固定螺栓。

d. 使用合适套筒、接杆、扭力扳手紧固三相高压电缆的 2 颗固定螺栓,拧紧力矩为 8 N·m。

e. 安装三相高压电缆的 3 颗固定螺栓。

f. 使用合适套筒、棘轮扳手、接杆拧紧三相高压电缆的 3 颗固定螺栓。

g. 使用合适套筒、扭力扳手、接杆紧固三相高压电缆的 3 颗固定螺栓,拧紧力矩为 12 N·m。

h. 在三相高压电缆接线盒盖板连接面涂上固定胶。

i. 安装三相高压电缆接线盒盖板。

j. 安装三相高压电缆接线盒盖板的 4 颗固定螺栓。

k. 使用合适套筒、棘轮扳手、接杆拧紧三相高压电缆接线盒盖板的 4 颗固定螺栓。

l. 使用合适套筒、扭力扳手、接杆紧固三相高压电缆接线盒盖板的 4 颗固定螺栓,拧紧力矩为 12 N·m。

⑦ 安装导油板。

5. 装复车辆

① 安装主减速器。

② 拼合发动机和变速器部件;安装左右两侧半轴。

③ 安装驱动桥总成。

④ 举升车辆至合适位置,安装车辆前部悬架系统。

⑤ 下降车辆至轮胎着地,安装驱动电机控制器与 DC 总成。

⑥ 加入适量冷却液至驱动冷却系统冷却储液壶。

注意事项

◇ 加注冷却液时需确认冷却液加注至冷却储液壶 MAX 刻度与 MIN 刻度之间。

◇ 待车辆起动运转后,需观察冷却液液位是否下降,若下降需及时添加至标准。

⑦ 安装散热器框架上饰板,安装散热器框架上饰板卡扣。

⑧ 安装高压维修开关。

a. 取下高压维修开关接口处密封胶布。

b. 安放高压维修开关到指定位置,并锁止锁销。

⑨ 安装汽车后排座椅。

A. 安装后排座椅靠背总成。

a. 用手将后排座椅靠背放到车上的指定位置。

b. 用手将后排座椅靠背下的平垫圈和固定螺栓放到指定位置。

c. 使用合适套筒、棘轮扳手、短接杆安装后排座椅靠背下的固定螺栓,并使用定扭式扭力扳手紧固至 8 N·m。

B. 安装后排座椅座垫。

a. 用手将后排座椅的座垫放到后排座椅靠背上。

b. 安装后排座椅座垫卡扣,使后排座椅座垫固定。

⑩ 安装低压铁电池负极电缆。

a. 安放低压铁电池负极电缆的接线桩。

b. 使用合适套筒、棘轮扳手、接杆安装并紧固蓄电池负极电缆固定螺栓,拧紧力矩为 8 N·m。

6. 整理归位

① 确认车辆状况良好无故障,检测操作完成。

② 回收车外三件套。

③ 回收车内三件套。

④ 整理工具,实训设备归位。

实训 4 比亚迪·秦驱动电机控制器与 DC 总成拆装

◆ **实训准备**

1. 安全操作规范

① 驱动电机控制器与 DC 总成拆装任务的实施,先要按照安全操作规范进行高压系统断电、验电等工作。

② 严格遵守实训规程,按照指导老师要求完成实训操作。

③ 严禁违规使用绝缘工具、仪器仪表,注意轻拿轻放,有序操作。

④ 需要使用高压绝缘工具拆卸驱动电机控制器与 DC 总成。

⑤ 驱动电机控制器与 DC 总成拆装过程中,操作人员要穿戴好高压防护装备。

2. 实操工具准备

(1)设备准备

2015 款比亚迪·秦混合动力汽车、举升机、冷却液收集器。

（2）工具准备

① 常用工具：常用拆装套件。

② 绝缘工具：绝缘工具套件。

③ 专用工具：定扭式扭力扳手。

④ 防护装备：车内防护三件套、车外防护三件套、绝缘手套。

⑤ 其他：绝缘胶带、棉纱手套、防冻液。

◆ **实训步骤**

1. 前期准备

（1）车辆防护

① 确认车辆停靠位置安全可靠，车轮挡块是否正常。

② 打开车门，进入车内安装车内防护三件套。

③ 确认车辆驻车制动器处于锁止状态。

④ 拉起前机舱盖手柄，打开前机舱盖，安装车外防护三件套。

（2）排放电机控制器冷却液

① 打开冷却液罐盖。

a. 逆时针拧松冷却液罐盖。

b. 取下冷却液罐盖，放到合适位置。

② 安放举升机橡胶垫。

③ 举升车辆至适宜高度，并锁上举升机保险。

④ 放置冷却液收集器至车底合适位置。

⑤ 拆卸冷却散热器水管。

a. 用鲤鱼钳预松冷却散热器水管卡箍。

b. 用手取下冷却散热器水管。

⑥ 排放冷却液。

⑦ 安装冷却散热器水管。

a. 安装冷却散热器水管到规定位置。

b. 用鲤鱼钳紧固冷却散热器水管卡箍。

⑧ 将冷却液收集器从车底取出。

⑨ 打开举升机保险，降下车辆。

（3）断开高压维修开关

① 打开行李舱，找到低压铁电池负极电缆位置。

② 拆卸蓄电池负极电缆

a. 使用合适套筒、棘轮扳手、接杆拧松蓄电池负极电缆固定螺栓。

b. 取下蓄电池负极电缆接线桩，并放至合适位置。

③ 将车辆后排座椅放倒，拔掉高压维修开关，并用胶布封住。

注意事项

◇ 断开维修开关后，需等待5~10 min,待高压系统剩余电量释放完毕后,才能进行下一步操作。

2. 拆卸驱动电机控制器与DC总成

(1) 拆卸电机控制器高压直流输入插接器

① 用手上推电机控制器高压直流输入插接器的锁止机构。

② 用手拔出电机控制器高压直流输入插接器的插头。

(2) 拆卸电机控制器外壳上接线盒的固定螺栓

① 用合适套筒、棘轮扳手、接杆预松电机控制器外壳上接线盒的固定螺栓。

② 用手取下电机控制器外壳上接线盒的固定螺栓。

(3) 拆卸电机控制器三相交流输出插接器

① 用合适套筒、棘轮扳手、接杆预松电机控制器三相交流输出插接器的4颗固定螺栓。

② 取下电机控制器三相交流输出插接器的4颗固定螺栓。

③ 用手断开电机控制器三相交流输出插接器。

(4) 断开电机控制器与冷却散热器之间的进出水管

① 使用鲤鱼钳预松进出水管上的卡箍。

② 用手断开电机控制器进出水管与冷却散热器水管之间的连接。

(5) 拆卸电机控制器底座固定螺栓

① 用合适套筒、棘轮扳手、接杆预松并拆卸电机控制器底座4颗固定螺栓。

② 用手取下电机控制器底座4颗固定螺栓。

(6) 拆卸64 pin 插接器

① 断开电机控制器64 pin插接器锁销。

② 将控制器往左移,断开64 pin低压插接器。

(7) 拆卸电机控制器搭铁线

① 用合适套筒、棘轮扳手、接杆预松并拆卸电机控制器搭铁固定螺栓。

② 取下电机控制器搭铁固定螺栓。

③ 拆卸电机控制器搭铁线。

(8) 拆卸电机控制器DC低压输出线插接器

① 用手断开电机控制器DC低压输出线插接器。

② 将其放置于合适位置。

(9) 用手取出驱动电机控制器与DC总成

3. 安装驱动电机控制器与DC总成

(1) 安装电机控制器与DC总成

用手将电机控制器与DC总成放至安装位置。

（2）连接电机控制器 DC 低压输出线之间的插接器

（3）安装电机控制器搭铁线

① 安放电机控制器搭铁线到相应位置。

② 用合适套筒、棘轮扳手、接杆安装电机控制器搭铁线固定螺栓，并使用扭力扳手紧固至 22 N·m。

（4）安装电机控制器 64 pin 插接器

① 用手连接电机控制器 64 pin 插接器。

② 用手锁止电机控制器 64 pin 插接器锁销。

（5）安装电机控制器底座固定螺栓

① 安放电机控制器 4 颗底座固定螺栓到指定位置。

② 用合适套筒、棘轮扳手、接杆拧紧电机控制器 4 颗底座固定螺栓，并使用扭力扳手紧固至 22 N·m。

（6）安装电机控制器与冷却散热器之间的进出水管

① 用手连接电机控制器进出水管。

② 使用鲤鱼钳固定电机控制器进出水管卡箍。

（7）安装电机控制器三相交流输出插接器

① 安放电机控制器三相交流输出插接器到指定位置。

② 用合适套筒、棘轮扳手、接杆安装电机控制器三相交流输出插接器的 4 颗固定螺栓，并使用扭力扳手紧固至 9 N·m。

（8）安装电机控制器外壳上接线盒固定螺栓

① 安放电机控制器外壳上接线盒固定螺栓到规定位置。

② 用合适套筒、棘轮扳手、接杆拧紧电机控制器外壳上接线盒的固定螺栓，并使用扭力扳手紧固至 8 N·m。

（9）安装电机控制器高压直流输入插接器

① 用手连接电机控制器高压直流输入插接器插头。

② 用手锁紧电机控制器高压直流输入插接器锁止机构，使其固定。

4. 整理归位

（1）安装高压维修开关

① 取下高压维修开关接口处密封胶布。

② 安放高压维修开关到指定位置，并锁止锁销。

③ 调正后排座椅。

（2）安装低压铁电池负极电缆

① 安放低压铁电池负极电缆的接线桩。

② 使用合适套筒、棘轮扳手、接杆安装并紧固蓄电池负极电缆固定螺栓，拧紧力矩为 8 N·m。

（3）添加正确规格冷却液

① 按照冷却要求，选择正确规格的冷却液。

② 放置漏斗至冷却液罐口。

③ 添加冷却液至液位刻度范围内(最高液位和最低液位之间)。

(4) 取下车外防护三件套

(5) 关闭前机舱盖

(6) 打开车门,进入车内,取下车内防护三件套

(7) 撤回举升机橡胶垫,并安放车轮挡块至合适位置

(8) 整理工具,实训设备归位

实训 5   比亚迪·秦动力蓄电池包拆装

◆ 实训准备

1. 安全操作规范

① 动力蓄电池包拆装任务的实施,先要按照安全操作规范进行高压系统断电、验电等工作。

② 进行高压部件操作时,一定要使用绝缘工具。

③ 严格遵守实训规程,按照指导老师要求完成实训操作。

④ 动力蓄电池拆装过程中,操作人员要穿戴好高压防护装备。

2. 实操工具准备

(1) 设备准备

2015 款比亚迪·秦混合动力汽车。

(2) 工具准备

① 常用工具:常用拆装套件。

② 绝缘工具:绝缘工具套件。

③ 专用工具:定扭式扭力扳手。

④ 检测工具:万用表。

⑤ 防护装备:车内防护三件套、绝缘鞋。

⑥ 其他:绝缘胶带。

◆ 实训步骤

1. 前期准备

(1) 车辆防护

① 确认车辆停靠位置安全可靠,车轮挡块是否正常。

② 打开车门,进入车内安装车内防护三件套。

③ 确认车辆驻车制动器处于锁止状态。

(2) 拆卸汽车后排座椅

① 拆卸后排座椅座垫。

a. 用手上拉座垫前端底部的 2 个突出部分,脱开卡座。

b. 用手将座垫拆下。

 注意事项

◇ 座垫骨架容易变形。为了避免衬垫架变形,一定要把手放在两个挂钩旁边。

② 拆卸后排座椅靠背总成。

a. 使用合适套筒、棘轮扳手、短接杆拧松并拆卸后排座椅靠背下的固定螺栓。

b. 用手取下后排座椅靠背下安装的固定螺栓和平垫圈。

c. 用手用力将后排座椅靠背向上提,使后排靠背上挂钩与车身脱离,完成后排座椅靠背的拆卸。

(3)断开高压维修开关

① 打开行李舱,找到低压铁电池负极电缆位置。

② 拆卸铁电池负极电缆。

a. 使用合适套筒、棘轮扳手、接杆拧松铁电池负极电缆固定螺栓。

b. 用手取下铁电池负极电缆接线桩,并放至合适位置。

③ 拔掉高压维修开关,并用胶布封住。

 注意事项

◇ 断开维修开关后,需等待 5~10 min,待高压系统剩余电量释放完毕后,才能进行下一步操作。

2. 拆卸动力蓄电池包

(1)拆卸行李舱内饰护板

① 用撬棒依次拆卸行李舱内饰护板卡扣。

② 用手取出行李舱内饰护板放到指定位置。

(2)拆卸动力蓄电池模组后挡板

① 使用合适套筒、棘轮扳手、短接杆拧松并拆卸动力蓄电池模组后挡板上的 16 颗固定螺栓。

② 用手取下动力蓄电池模组后挡板上的 16 颗固定螺栓。

③ 用手取出动力蓄电池模组后挡板,并放到合适位置。

(3)检测动力蓄电池包正负极输出母线电压

① 万用表校表。

a. 打开万用表,调整到 200 Ω 挡。

b. 将万用表的红、黑表笔对接,查看万用表的数值,若显示电阻值小于 0.5 Ω,则说明万用表正常。

② 将万用表调整到直流 200 V 挡,用万用表的红表笔分别接动力蓄电池包正、负极输出

端子,黑表笔接车身搭铁,测量动力蓄电池包正、负极输出端子与车身搭铁之间的电压。正常值:测得的两个数值都应该为1 V以下。

◇ 若测得的数值大于1 V,说明动力蓄电池漏电,请不要拆卸,需检测漏电原因和位置,排除问题后才能进行下一步操作。

（4）拆卸动力蓄电池模组前挡板

① 使用中号合适套筒、中号棘轮扳手、中号短接杆拧松并拆卸动力蓄电池模组前挡板上的19颗固定螺栓。

② 用手取下动力蓄电池模组前挡板上的19颗固定螺栓。

③ 用手取出动力蓄电池模组前挡板。

（5）拆卸动力蓄电池正负极母线

① 用手打开动力蓄电池负极母线的橡胶保护套。

◇ 戴绝缘手套进行操作。

② 使用中号合适套筒、中号棘轮扳手、中号短接杆拧松并拆卸动力蓄电池负极母线的2颗螺栓。

③ 取出动力蓄电池负极母线。

◇ 用同样的方法拆卸动力蓄电池模组正极母线。

（6）拆卸动力蓄电池模组接触器

① 使用中号合适套筒、中号棘轮扳手、中号短接杆拧松并拆卸一个动力蓄电池模组接触器的2颗固定螺栓。

② 拆卸动力蓄电池模组接触器内部连接线的固定螺栓。

③ 断开动力蓄电池模组接触器内部连接线。

④ 用手取下两个动力蓄电池模组接触器,并放置到合适位置。

◇ 用同样方法拆卸另一个动力蓄电池模组接触器。

（7）拆卸一组动力蓄电池模组

① 拆卸动力蓄电池模组前极桩联条。

a. 用手掀开动力蓄电池前极桩联条固定螺栓的橡胶保护套。

b. 用合适内六角套筒、短棘轮扳手、短接杆预松并拆卸动力蓄电池前极桩联条前 4 颗固定螺栓。

c. 取下动力蓄电池前极桩联条前 4 颗固定螺栓。

d. 取下电池前极桩联条。

◇ 动力蓄电池极桩联条的拆装工具使用的为高压绝缘工具。

② 拆卸动力蓄电池模组后极桩联条

a. 用手掀开动力蓄电池后极桩联条固定螺栓的橡胶保护套。

b. 用合适内六角套筒、短棘轮扳手、短接杆预松并拆卸动力蓄电池后极桩联条前 4 颗固定螺栓。

c. 取下动力蓄电池后极桩联条前 4 颗固定螺栓。

d. 取下电池后极桩联条。

◇ 动力蓄电池极桩联条的拆装工具使用的为高压绝缘工具。

③ 拆卸动力蓄电池模组采样线。

a. 用一字螺丝刀拆下动力蓄电池模组采样线保护盖板。

b. 用手取下电池采样线与电池信息采集器连接的插接器。

◇ 需要对电池采样线与电池信息采集器连接的插接器进行绝缘处理，从而防止产生漏电事故。

④ 拆卸动力蓄电池模组前面固定螺栓。

a. 用合适内六角套筒、棘轮扳手、接杆预松动力蓄电池模组前面 2 颗固定螺栓。

b. 用手取下动力蓄电池模组的前面 2 颗固定螺栓。

⑤ 拆卸动力蓄电池模组后面固定螺栓。

a. 用合适内六角套筒、棘轮扳手、接杆预松动力蓄电池模组后面 2 颗固定螺栓。

b. 取下动力蓄电池模组的后面 2 颗固定螺栓。

⑥ 用手取出动力蓄电池模组。

 注意事项

◇ 用同样的方法拆卸其他9组动力蓄电池模组。

◇ 每组动力蓄电池模组拆卸下来以后要做好相应记号,以免安装时位置混乱。

3. 安装动力蓄电池包

(1) 安装一组动力蓄电池模组

① 将动力蓄电池模组置于电池安装架上的标定位置。

② 安装动力蓄电池模组后面的2颗固定螺栓。

a. 用合适内六角套筒、棘轮扳手、接杆安装动力蓄电池模组后面2颗固定螺栓。

b. 用合适内六角套筒、定扭式扭力扳手、接杆紧固动力蓄电池模组后面2颗固定螺栓,拧紧力矩为20 N·m。

③ 安装动力蓄电池模组前面的2颗固定螺栓。

a. 用合适内六角套筒、棘轮扳手、接杆安装动力蓄电池模组前面2颗固定螺栓。

b. 用合适内六角套筒、定扭式扭力扳手、接杆紧固动力蓄电池模组前面2颗固定螺栓,拧紧力矩为20 N·m。

④ 安装动力蓄电池模组采样线。

a. 用手连接动力蓄电池采样线与电池信息采集器之间的插接器。

b. 用手盖上动力蓄电池模组采样线保护盖板。

 注意事项

◇ 确保低压线束插接器连接可靠。

⑤ 安装动力蓄电池模组后极桩联条。

a. 安放动力蓄电池模组后极桩联条到规定位置。

b. 用手安装电池模组后极桩联条的4颗固定螺栓。

c. 使用合适套筒、棘轮扳手、接杆预紧电池模组后极桩联条后4颗固定螺栓,并使用定扭式扭力扳手紧固至8 N·m。

d. 用手合上电池模组后极桩联条固定螺栓的橡胶保护套。

⑥ 安装动力蓄电池模组前极桩联条

a. 安放动力蓄电池模组前极桩联条到规定位置。

b. 用手安装电池模组前极桩联条的4颗固定螺栓。

c. 使用合适套筒、棘轮扳手、接杆预紧电池模组后极桩联条前4颗固定螺栓,并使用定扭式扭力扳手紧固至8 N·m。

d. 用手合上电池模组前极桩联条固定螺栓的橡胶保护套。

◇ 用同样的方法拆卸其他9组动力蓄电池模组。

◇ 每组动力蓄电池模组拆卸下来以后要做好相应记号，以免安装时位置混乱。

（2）安装动力蓄电池模组接触器

① 用手将一个动力蓄电池模组接触器放到指定的安装位置。

② 用手安装接触器内部连接线，并用固定螺栓固定。

③ 一只手扶住动力蓄电池模组接触器，另一只手旋紧动力蓄电池模组接触器的两颗固定螺栓。

④ 使用中号合适套筒、定扭式扭力扳手、中号短接杆紧固动力蓄电池模组接触器的固定螺栓，拧紧力矩为8N·m。

◇ 用同样的方法安装另一个动力蓄电池模组接触器。

（3）安装动力蓄电池正负极母线

① 安放动力蓄电池正极母线到指定位置。

② 用手安装动力蓄电池正极母线的2颗螺栓并旋紧。

③ 使用中号合适套筒、定扭式扭力扳手、中号短接杆紧固动力蓄电池正极母线的2颗螺栓，拧紧力矩为8N·m。

④ 用手合上动力蓄电池正极母线的橡胶保护套。

◇ 用同样的方法安装动力蓄电池模组负极母线。

（4）安装动力蓄电池模组前挡板

① 安放电池模组前挡板到规定位置。

② 使用合适套筒、棘轮扳手、接杆安装动力蓄电池模组前挡板上的固定螺栓，并使用定扭式扭力扳手紧固至8N·m。

（5）安装动力蓄电池模组后挡板

① 安放电池模组后挡板到规定位置。

② 使用合适套筒、棘轮扳手、接杆安装动力蓄电池模组后挡板上的固定螺栓，并使用定扭式扭力扳手紧固至8N·m。

（6）安装行李舱内饰护板

① 安放行李舱内饰护板到指定安装位置。

② 用手依次安装行李舱内饰护板卡扣。

4. 整理归位

（1）安装高压维修开关

① 取下高压维修开关接口处密封胶布。

② 安放高压维修开关到指定位置，并锁止锁销。

（2）安装汽车后排座椅

① 安装后排座椅靠背总成。

a. 用手将后排座椅靠背放到车上的指定位置。

b. 用手将后排座椅靠背下的平垫圈和固定螺栓放到指定位置。

c. 使用合适套筒、棘轮扳手、短接杆安装后排座椅靠背下的固定螺栓，并使用定扭式扭力扳手紧固至 8 N•m。

② 安装后排座椅座垫。

a. 用手将后排座椅的座垫放到后排座椅靠背上。

b. 安装后排座椅座垫卡扣，使后排座椅座垫固定。

（3）安装低压铁电池负极电缆

① 安放低压铁电池负极电缆的接线桩。

② 使用合适套筒、棘轮扳手、接杆安装并紧固蓄电池负极电缆固定螺栓，拧紧力矩为 8 N•m。

（4）打开车门，进入车内，取下车内防护三件套

（5）安放车轮挡块，确保车辆停靠安全

（6）整理工具，实训设备归位

实训 6　比亚迪·秦动力蓄电池系统检修

◆ 实训准备

1. 安全操作规范

① 动力蓄电池检修任务的实施，先要按照安全操作规范进行高压系统断电工作。

② 进行高压部件操作时，一定要使用绝缘工具。

③ 严禁违规使用绝缘工具、仪器仪表，注意轻拿轻放，有序操作。

④ 严格遵守实训规程，按照学习工作页、维修手册等资料要求完成实训操作。

2. 实操工具准备

（1）设备准备

2016 款比亚迪·秦混合动力汽车。

（2）工具准备

① 常用工具：常用拆装套件。

② 绝缘工具：绝缘工具套件、绝缘手套。

③ 检测工具：数字兆欧表、比亚迪 VDS2000 专用诊断仪套件、万用表。

④ 防护装备：车内防护三件套、车外防护三件套。

⑤ 其他：绝缘胶带、棉纱手套。

◆ **实训步骤**

参考资源

比亚迪·秦动力电池系统检修

动力蓄电池维修塞检查

动力蓄电池检测

动力蓄电池控制单元检查

负极接触器检查

检查漏电传感器

车载充电系统检测

1. 前期准备

① 进入车内安装车内防护三件套。

② 操纵驻车制动器。

③ 拉起前机舱盖手柄，打开前机舱盖，安装车外防护三件套。

2. 电源系统在线检测

① 取出比亚迪 VDS2000 专用诊断仪套件，连接 VCDI 无线诊断接口。

② 打开比亚迪专用诊断仪电源开关，待电源开启后，进入比亚迪·秦诊断系统；并读取车辆 VIN 码，选择读取整车数据。

③ 等待车辆通信完成之后，点击 BMS，进入模块数据读取页面。

④ 读取故障码，记录后清除故障码，然后重新读取故障码。

⑤ 读取动力蓄电池相关数据流，判断动力蓄电池及 BMS 状态。

3. 动力蓄电池维修塞检查

① 断开高压维修开关。

A. 打开行李舱，找到低压铁电池负极电缆位置。

B. 拆卸铁电池负极电缆。

a. 使用 10 mm 套筒、棘轮扳手、接杆拧松铁电池负极电缆固定螺栓。

b. 取下铁电池负极电缆接线桩，并放至合适位置。

C. 翻起后部座椅靠背，拆卸动力蓄电池维修塞，并用胶布封住。

注意事项

◇ 断开维修开关后,需等待5~10 min,待高压系统剩余电量释放完毕后,才能进行下一步操作。

② 检查维修塞,确认其外观良好,绝缘无破损情况。

③ 将万用表挡位调整至200 Ω电阻测试挡。

④ 分别连接万用表红黑表笔至维修塞两端子上,检测维修塞阻值。

注意事项

◇ 测量标准数值: 小于1Ω。

◇ 若测量数值与标准数值不符合,则说明维修塞损坏,需立即更换维修塞。

4. 动力蓄电池电压检测

① 选用万用表,校表确认万用表情况良好。

② 调整万用表挡位至1 000 V直流电压测试挡,如图2-2-24所示。

③ 使用万用表红、黑表笔分别连接上排动力蓄电池模组正极和负极端子,测量动力蓄电池上层电池模组串联电压值,如图2-2-25所示。

注意事项

◇ 测量标准数值: 200~250 V。

◇ 若测量数值与标准数值不符合,则需要对动力蓄电池进行充电操作,待充电完成后,应使用电池测试仪进一步检查动力蓄电池性能。

图2-2-24　选用1 000 V直流电压测试挡

图2-2-25　测量动力蓄电池上层电池模组电压值

④ 以同样方法检查动力蓄电池下层电池模组串联电压值。

 **注意事项**

◇ 测量标准数值：200～250 V。

◇ 若测量数值与标准数值不符合，则需要对动力蓄电池进行充电操作，待充电完成后，应使用电池测试仪进一步检查动力蓄电池性能。

⑤ 连接动力蓄电池维修塞。

⑥ 使用万用表红色表笔连接动力蓄电池总正极端子，黑色表笔连接动力蓄电池总负极端子，检查动力蓄电池总电压值。

 **注意事项**

◇ 测量标准数值：486.4 V。

◇ 若测量数值与标准数值不符合，则需要对动力蓄电池进行充电操作，待充电完成后，应使用电池测试仪进一步检查动力蓄电池性能。

5. 动力蓄电池控制单元检查

① 断开动力蓄电池控制器连接线束插接器。

② 使用 10 mm 套筒、棘轮扳手拆卸动力蓄电池控制单元固定螺栓。

③ 取下动力蓄电池控制单元放置于工作台面上。

④ 检查动力蓄电池外壳是否存在异常情况，是否有锈蚀、污损、破裂等情况，如图 2-2-26 所示。

⑤ 动力蓄电池控制单元电气测量。

a. 使用万用表，选择 200 Ω 电阻测试挡。

b. 使用万用表红、黑表笔分别连接动力蓄电池控制单元 K65 插头的 9 号端子和 22 号端子。检查电池控制单元整车 CAN 网终端电阻值，如图 2-2-27 所示。

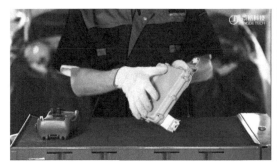

图 2-2-26　检查动力蓄电池外观

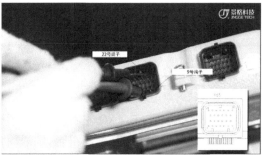

图 2-2-27　检查动力蓄电池控制单元整车 CAN 网终端电阻值

> **注意事项**
>
> ◇ 测量标准数值：120 Ω 左右。
> ◇ 若测量数值与标准数值不符合，则说明动力蓄电池控制单元存在故障。

　　c. 以同样方法测量动力蓄电池控制单元 BMC03 插头的 1 号端子和 8 号端子。检查电池控制单元采集器 CAN 网终端电阻值，如图 2 - 2 - 28 所示。

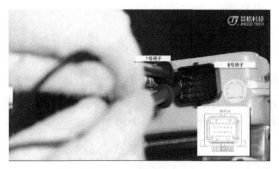

图 2 - 2 - 28　检查动力蓄电池控制单元采集器 CAN
网终端电阻值

> **注意事项**
>
> ◇ 测量标准数值：120 Ω 左右。
> ◇ 若测量数值与标准数值不符合，则说明动力蓄电池控制单元存在故障。

　　⑥ 装复动力蓄电池控制单元。

　　6. 负极接触器检查

　　① 断开负极接触器电缆插接器。

　　② 将万用表调节至 20 kΩ 电阻测试挡。

　　③ 用万用表红黑表笔分别连接插接器 1 号端子和 2 号端子，检测负极接触器电阻值。

> **注意事项**
>
> ◇ 测量标准数值：5.4 kΩ 左右。
> ◇ 若测量数值与标准数值不符合，则说明负极接触器断路损坏。

　　④ 装复负极接触器。

7. 检查漏电传感器

① 目视检查漏电传感器外观是否正常,有无发生破损、腐蚀等情况。

② 按压锁舌,拔下漏电传感器 K56 线束插接器。

③ 调整万用表挡位至 20 V 直流电压测试挡。

④ 按下点火开关。

⑤ 使用万用表红表笔连接 K56 插接器 4 号端子,黑表笔连接车身搭铁,检查漏电传感器供电电压是否正常。

◇ 测量标准数值:11～14 V。

◇ 若测量数值与标准数值不符合,则说明漏电传感器供电异常,需要进一步检查供电线束及电池管理器。

⑥ 按下点火开关。

⑦ 调整万用表挡位至 200 Ω 电阻测试挡。

⑧ 使用万用表红表笔连接 K56 接插器 3 号端子,黑表笔连接车身搭铁,检查漏电传感器搭铁电路是否正常。

◇ 测量标准数值:小于 1 Ω。

◇ 若测量数值与标准数值不符合,则说明漏电传感器搭铁线路异常,需要进一步检测搭铁线束及电池管理器。

8. 整理归位

① 检测操作完成,装复车辆。

② 回收车外三件套。

③ 回收车内三件套。

④ 整理工具,实训设备归位。

🚗 任务小结

本任务讲解了比亚迪·秦混合动力汽车动力系统的组成、工作原理及检修方法。

比亚迪·秦是典型的并联式混合动力汽车,其动力系统由发动机、动力耦合装置、汽车驱动电机、动力蓄电池组成,具体组成部件为:阿特金森循环(5ZR‐FXE)发动机总成、混合动力驱动桥总成、HV 蓄电池组件、低压辅助蓄电池、变频器总成等。

在比亚迪·秦中电力驱动装置对应的主要部件为：电机、逆变器；电能装置对应的是磷酸铁锂的动力蓄电池、电池管理系统以及低压铁电池；发动机使用的是涡轮增压发动机；在动力耦合装置中使用了 6 速双离合变速器。

比亚迪·秦混合动力汽车采用的电机是最大转矩为 250 N·m 的永磁同步电机，其结构原理与其他永磁同步电机相同，主要由定子、转子及旋转变压器组成。

比亚迪·秦采用的是分布式电池管理系统，由 1 个电池管理控制器 (BMC) 和 10 个电池信息采集器 (BIC) 及 1 套动力蓄电池采样线组成。电池管理控制器的主要功能有充放电管理、接触器控制、功率控制、电池异常状态报警和保护、SOC/SOH 计算、自检以及通信功能等；电池信息采集器的主要功能有电池电压采样、温度采样、电池均衡、采样线异常检测等；动力蓄电池采样线的主要功能是连接电池管理控制器和电池信息采集器，实现二者之间的通信及信息交换。

比亚迪·秦混合动力汽车动力系统有多种工作模式，工作模式包括"EV"纯电动工作模式、"HEV"稳速发电工作模式、"HEV"混合动力工作模式、"HEV"燃油驱动工作模式、能量回馈工作模式。

比亚迪·秦可以通过外接电源来为动力蓄电池充电，即插电式混合动力。在混动模式下，理论上系统 90% 使用纯电动模式 (EV 模式)，10% 的情况下才会令发动机投入工作，可以最大限度降低燃油消耗。比亚迪·秦的驱动系统采用了并联方式，使得即使在电力驱动系统失效的情况下，车辆依靠内燃机的驱动系统仍然能够保持行驶。

比亚迪·秦动力系统的检测要遵循由易到难、由外到内、由电气部件到机械部件的原则进行，并且一般是利用设备进行的不解体优先。本检测内容包括：发动机、驱动电机、动力蓄电池及动力耦合装置等主要部件的检测。

任务练习

一、判断题

1. 比亚迪·秦双离合变速器中的离合器 K1 控制挡位 2、4、6，离合器 K2 控制挡位 1、3、5。
（　　）

2. 当比亚迪·秦汽车电量不足或高压系统故障时，可单独使用发动机驱动，实现高压系统的独立。（　　）

3. 检查比亚迪·秦的发动机机油时，要确保机油完全冷却且车辆停在平坦的地面上。
（　　）

4. 比亚迪·秦动力耦合装置在线检测需要读取的数据有节气门位置、当前挡位、蓄电池电压、冷却液温度、油泵起动占空比等。（　　）

5. 比亚迪·秦动力系统检测要遵循的原则是由易到难，由外到内，由电气部件到机械部件。
（　　）

二、选择题

1. ( )的作用是协调发动机的转速和车辆的实际行驶速度,以适应经常变化的行驶条件。【单选题】

   A. 双离合变速器　　　B. 变速齿轮机构　　　C. 变速器控制系统　　D. 主减速器

2. ( )是整个自动变速器的核心。【单选题】

   A. 双离合变速器　　　B. 变速齿轮机构　　　C. 变速器控制系统　　D. 主减速器

3. 比亚迪·秦动力系统采用的是( )。【单选题】

   A. 铅酸蓄电池　　　　B. 磷酸铁锂电池　　　C. 钠氯化镍蓄电池　　D. 燃料电池

4. 以下( )是电池管理控制器的主要功能。【单选题】

   A. 充放电管理　　　　B. 电池电压采样　　　C. 温度采样　　　　　D. 电池均衡

5. 比亚迪·秦驱动电机的检测内容包括( )。【多选题】

   A. 基本检查　　　　　B. 在线检测　　　　　C. 电气元件检测　　　D. 机械部件检测

三、简答题

1. 请简述比亚迪·秦混合动力汽车动力系统的特点。

2. 请简述比亚迪·秦混合动力汽车动力系统的检修内容。

任务 3　荣威 E550 混合动力汽车动力系统构造与检修

任务目标

1. 了解荣威 E550 混合动力汽车动力系统的组成特点。
2. 掌握荣威 E550 混合动力汽车动力系统的工作原理。
3. 掌握荣威 E550 混合动力汽车动力系统主要部件的检修方法。
4. 能按照操作规范完成荣威 E550 混合动力汽车的拆装及检修。

任务导入

　　一辆 2016 年生产的荣威 E550 混合动力汽车送进 4S 店进行维修,车主反映该车行驶约 6 万 km,当汽车行驶过程中,仪表板上有时会显示混动系统故障,且踩加速踏板没反应。维修接待人员试车发现,当混合动力汽车在电驱动模式下高速行驶时,故障指示灯亮,显示混动系统故障,同时车辆行驶速度被限制在 20 km/h 左右时踩加速踏板无反应。经高级维修技师再次实车诊断、分析,将故障原因指向混合动力汽车的智能电驱变速器,需要针对此故障进行维修。现车间调度将任务工单派发至你手中,请学习相关知识,安全规范地完成荣威 E550 动力系统检修任务。

荣威 E550"动力系统"怎么了?

 **知识储备**

荣威E550是一种插电式混合动力汽车,它由一台1.5 L汽油发动机、ISG起动发电一体机以及TM牵引电机三大部分以及两套离合器共同构成。荣威E550的混合动力的输出是一套电驱变速器(Electrical Drive Unit,EDU),它集成了电机与变速器两部分,可以提供经济模式(E)、普通模式(N)、山地模式(M)三种驾驶模式。同时,电驱变速器(EDU)可以实现三个动力输出单元之间的串/并联混合驱动和油/纯电驱动模式之间的切换,从而使发动机尽可能工作在热效率最高的区间内。

一、荣威E550混合动力汽车动力系统组成

荣威E550采用的是典型的全混型混联式混合动力系统,它以电驱变速器EDU为核心,配以传统汽油发动机、ISG电机、TM电机三个动力源和能量/功率平衡型纳米磷酸铁锂电池,并具备外接充电功能。一般,混联式混合动力汽车主要由电机、发动机、动力蓄电池、发电机、动力耦合装置、电机控制器等组成。荣威E550混合动力汽车的动力系统中的两个电机和动力耦合装置等集合组成电驱变速器(EDU),而两个电机控制器和DC/DC转换器集合组成了电力电子箱(Power Electronic Box,PED)。所以,荣威E550混合动力汽车的动力系统由发动机、电驱变速器(EDU)、电力电子箱(PED)、动力蓄电池、车载充电器、冷却系统及低压电源等组成,如图2-3-1所示。

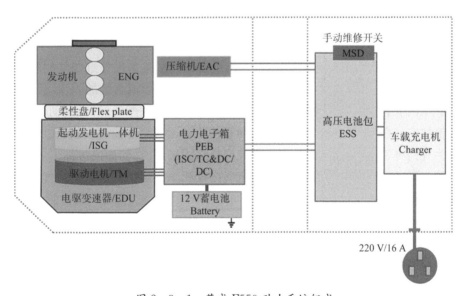

图2-3-1 荣威E550动力系统组成

(一)发动机

荣威550混合动力汽车采用的是NSE 1.5 L汽油发动机,其最大功率109马力,最大转

矩 135 N·m。NSE 发动机为直列 4 缸、16 气门、双顶置凸轮轴结构、正时链传动、电子控制多点燃油喷射系统。该发动机位于车辆的前机舱内,与电机连接,如图 2-3-2 所示。

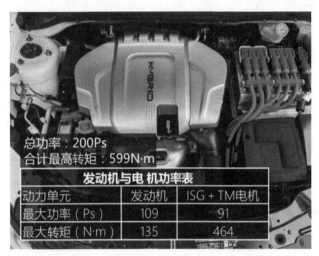

图 2-3-2　荣威 550 混合动力汽车发动机位置

1. NSE 发动机组成

NSE 发动机主要由曲柄连杆机构、配气机构、燃油供给系统、冷却系统、润滑系统、点火系统、进排气系统、起动系统组成。其结构及原理与其他发动机类似,此处不再赘述。同时 NSE 发动机也有自己独有的特点,具体内容如下。

（1）气缸盖特点

气缸盖为铸铝材料,通过 10 个高强度螺栓穿过多层缸垫与铸铁缸体连接,另有 3 个高强度螺栓直接与铸铁缸体连接,整体强度大,结构可靠。气缸盖采用每缸四气门结构,火花塞布置在燃烧室中心,由于采用顶置式气门机构,燃烧室内将形成强劲的涡流,使混合气分布均匀,有利于火焰的传播,以改善燃烧情况,从而提高发动机的燃油经济性、动力性和排放性能。机械挺柱安装在每个气门顶部,由凸轮轴直接驱动。气门杆油封压装在缸盖油封座上,同时可作为气门弹簧座,支撑气门弹簧。排气门是除积炭型的,侧面经过加工的气门杆可清除气门导管末端及燃烧室中的积炭,从而防止气门咬死。多层结构金属材质气缸垫,缸口部位使用压圈结构,加强了缸口处的密封,采用局部橡胶涂层工艺,保证密封性能。

（2）凸轮轴特点

凸轮轴前轴承盖处有四条油道:一条进油道,一条回油道和两条工作油道。机油通过油道进入机油控制电磁阀。进气凸轮轴尾端装配有凸轮轴信号轮,为凸轮轴位置传感器提供信号。凸轮轴上有正时销孔,用于装配时控制凸轮轴正时相位。在进气凸轮轴的传动端上安装有调相器,用螺栓将其固定。调相器的主要零件使用粉末冶金制成。由正时链驱动的外壳体(定子)通过凸轮轴端部固定的五个叶片以液压的方式与内转子连接。当发动机不运行时,一个弹性载荷的销子将调相器的两半锁止在一起;当发动机运行时以液压方式松开,以保证平稳起动。在前端凸轮轴承盖上安装有一个机油控制阀,并用一个 O 形圈密封和一个螺栓固定。控制阀是一个四通的比例阀,包括一个进油口、一个回油口和两个与调相器工作室相连的油道。

(3)气缸体特点

气缸体采用常用铸铁材料 HT250,整体强度大,不易变形。通过缸孔珩磨形成缸套。为保证缸体的散热效果,相邻两缸间加工有 Y 形水道。铝合金热膨胀活塞装有半浮动式活塞销,发动机冷机时该活塞销会偏向止推侧,以减少"活塞撞击",并且在连杆小头端采用过盈配合。每个活塞装有两道气环和一道油环。锻钢连杆具有"H"形截面的构造。连杆的大头端在曲轴颈的轴瓦上运动。连杆采用锻造+(结合)裂解工艺。曲轴具有 4 个平衡块,由 5 个轴承支撑。通过中央主轴瓦顶部的止推垫片控制端浮动。轴瓦的径向间隙是可选的,由两个不同等级的轴瓦控制。主轴瓦上半部分中提供的油槽通过曲轴中的油孔向连杆大头轴瓦供油。

(4)下曲轴箱特点

下曲轴箱总成包括下曲轴箱、机油泵总成、机油集滤器、机油滤清器。铝制下曲轴箱的形状设计成适合积蓄机油集滤器周围的机油的形状,机油泵和机油集滤器组合后装配到下曲轴箱底部,机油通过有滤网的机油集滤器,经过机油泵的加压,再通过机油滤清器。干净无杂质的机油通过机体的主油道分配到主轴承和缸盖,用于润滑曲轴、连杆和凸轮轴等零件。下曲轴箱和机体结合面处使用涂胶密封,使用螺栓固定,放油螺栓位于下曲轴箱左侧(发动机前端面方向)。

(5)发动机特点

附件为曲轴带轮通过的单条传动带驱动水泵。

(6)曲轴箱通风

通风系统通过进气系统的真空度将窜入曲轴箱内的废气重新引入进气系统引入气缸内燃烧掉,减少空气污染。曲轴箱内的油气通过凸轮轴盖罩里的机油分离装置进行油气分离,机油流回曲轴箱内。

2. 发动机原理

NSE 发动机是四冲程汽油发动机,其做功原理与传统发动机一样。润滑系统是全流式过滤、强制供油系统。机油是由机油泵通过机油集滤器从油底壳内吸上来,机油集滤器具有滤网,可以防止杂质进入机油泵。带有限压阀的机油泵由曲轴通过传动链驱动。当机油压力达到一定压力时,限压阀会打开,多余的机油回流到机油泵的进油一侧,使油压维持在一定的工作压力范围内,保证发动机运转正常。从机油泵出油口流出的机油进入全流式机油滤清器。全流式机油滤清器直接安装在油底壳上,机油滤清器装有旁通阀,当滤芯发生阻塞时,该阀打开,保证机油通畅,但需要尽快更换机油滤清器。随后,机油进入主油道,然后通过交叉油路直接润滑主轴瓦,曲轴上的交叉油路可以把机油从主轴瓦输送到连杆大头轴瓦。气缸盖有两个侧油道与机体的主油道连接,机油进入侧油道后进入 2 个标准长度的横油道,向每个机械挺柱和凸轮轴轴径供给机油,在横油道后端装有机油压力开关和机油温度传感器,分别监控机油压力和机油温度。曲轴飞溅起的机油润滑缸壁,由活塞冠部下侧收集的机油润滑连杆小头端,并通过油路使机油从连杆小头端进入到活塞销。发动机管理系统

(ECM)用来控制发动机工作的各个方面。系统从各种传感器接收输入，利用它们确定输出，包括传送给燃烧室的燃油量、点火时间和供气控制等。NS 发动机使用两种 ECM，BOSCH ME 7.9.7 和 BOSCH ME 17.8.8。这是连续型、多点燃油喷射系统，由 ECM 控制，并采用结合电子节流控制的速度/密度原理。发动机管理系统的控制的目的是：提高动力性、降低油耗、减少排气污染。荣威 E550 发动机技术参数见表 2-3-1。

表 2-3-1 荣威 E550 发动机技术参数

荣威 E550 发动机技术参数	
型式	1.5 L、直列 4 缸、自然吸气、可变进气凸轮正时
额定功率/转速	80 kW(6 000 r/min)
最大转矩/转速	135 N·m(/4 500 r/min)
缸径×行程	75 mm×84.8 mm
发动机排量	1.498 L
压缩比	10.5∶1
气门结构	齿形链驱动，双顶置凸轮轴、16 气门
燃料种类	车用 92♯或以上无铅汽油
供油方式	电控燃油缸内直接喷射
点火顺序	1—3—4—2
机油	本司指定认可专用油
尾气排放系统	三元催化转换器
增压	废气涡轮增压
气缸体材质	铝合金

（二）智能电驱变速器

荣威 E550 的智能电驱变速器(Electric Driver Unit，EDU)位于机舱左侧，如图 2-3-3 所示。整个动力总成通过四个悬置分别固定于副车架和纵梁上。智能电驱变速器的作用是将发动机、TM 电机、ISG 电机的动力进行传递和分配，使驾驶员能快速、安静、平稳地进行挡位切换和速度匹配，实现近 DCT 的驾驶感受。

1. 智能电驱变速器(EDU)的组成

荣威 E550 动力系统的智能电驱变速器(EDU)集成了两个电机、两个离合器和一个齿轮变速机构，等于把汽车的动力单元和传动单元都集成在一起，所以智能电驱变速器(EDU)主要由 TM 电机、ISG 电机、C1 离合器、C2 离合器、齿轮变速机构、液压控制模块等组成，如图 2-3-4 所示。发动机侧的是常开 C1 离合器，而 TM 电机侧的是常闭 C2 离合器，可实现发动机、TM 电机和 1SC 电机三个动力输出的任意组合，及时消除了拖拽的动力损失，大大

智能电驱变速器位置及组成

图 2-3-3　荣威 550 智能电驱变速器位置

提高了汽车的驱动效率。荣威 E550 混合动力汽车上的两个电机都在这个变速器中，整个单元重量大约为 115 kg，体积较小，位于发动机的右侧。

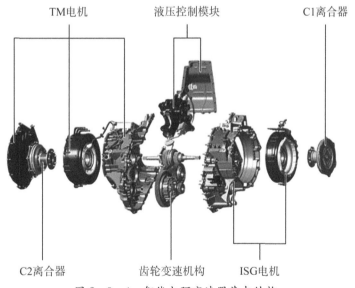

图 2-3-4　智能电驱变速器基本结构

（1）TM 电机

TM 电机是一种扁平电机，与其他电机组成原理相同，只是在结构和外形尺寸的比例上有所不同。一般电机为了减小其转动惯量，大部分做成细长圆柱形。而直流力矩电机为了能在相同的体积和电枢电压下产生比较大的转矩和低的转速，一般做成圆盘状，电枢长度和直径之比一般为 0.2 左右；从结构合理性来考虑，一般做成永磁多极的。为了减少转矩和转速的波动，选取较多的槽数、换向片数和串联导体数。它具有高耦合刚度、高线性度、高转矩惯量比，在短时间内可以输出峰值转矩，能在低速甚至堵转状况下连续运行，同时也可以达到节省空间的目的。其具体参数见表 2-3-2。

表 2-3-2　TM 电机技术参数

项目	参数	
	EDU(A123 电池)	EDU(LG 电池)
持续功率/峰值功率	26 kW/44 kW	30 kW/60 kW
额定转矩/峰值转矩	83 N·m/317 N·m	147 N·m/318 N·m
额定转速/峰值转速	3 000 r/min/7 000 r/min	2 000 r/min/7 000 r/min
最大输入转矩	约 317 N·m	约 318 N·m
最高输入转速	7 000 r/min	

（2）ISG 电机

ISG 电机是作为发电机及制动回收能量的装置,在车辆起动时作为起动机使用。直接集成在发动机主轴上。ISG 电机也是一种单轴并联中度混合式电机,采用发动机和电机转矩叠加方式进行动力混合,发动机与电机和变速器相关联,按照不同的行驶工况要求,发动机的转矩与电机的转矩在变速器前进行多种形式的复合以实现最优的驱动效率,以发动机为整车主动力源,电机系统起"补峰平谷"作用。在加速时,电机助力,弥补发动机低速转矩低的不足,在减速和制动时实施利用能量回收,使电机发电并储存于动力蓄电池中。在停车时发动机关闭,消除油耗高、排放差的怠速状态;起动时电机则瞬时起动发动机进入工作状态,ISG 系统结构简单、紧凑、重量轻,可以大幅度改善燃油经济性、降低排放。其技术参数见表 2-3-3。

表 2-3-3　ISG 电机技术参数

项目	参数	
	EDU(A123 电池)	EDU(LG 电池)
持续功率/峰值功率	14 kW/23 kW	16 kM/32 kW
额定转矩/峰值转矩	53 N·m/147 N·m	79 N·m/150 N·m
额定转速/峰值转速	2 500 r/min/6 000 r/min	2 000 r/min/6 000 r/min
最大输入转矩	约 147 N·m	约 150 N·m
最高输入转速	6 000 r/min	

（3）双离合器

双离合器也就是 C1 离合器和 C2 离合器,发动机侧的是常开 C1 离合器,而 TM 电机侧的是常闭 C2 离合器,可实现发动机、TM 电机和 1SC 电机三个动力输出的任意组合,及时消除了拖拽的动力损失,大大提高了汽车的驱动效率。

（4）齿轮变速机构

齿轮变速机构主要用于协调发动机的转速和车辆的实际行驶速度,以适应经常变化的行驶条件,并使发动机在有利(功率较高而油耗较低)的工况下工作;还能保证发动机在旋转方向不变的前提下使汽车倒退行驶。该机构位于发动机与传动轴(半轴)之间,由变速器壳体进行保护支撑,它主要由齿轮传动机构和变速操纵机构两部分组成。齿轮传动机构主要包含输入轴、输出轴、倒档轴和差速器等部件,主要用于传递发动机的转矩,并改变动力传动比,以匹配车辆的运行速度。变速操纵机构主要包含同步器、换挡拨叉和驻车锁等主要部件。该机构主要用于控制齿轮组件,实现变速器传动比的变换,以达到变速变矩的目的。

(5)液压控制模块

液压控制模块主要由电子泵总成、压力调节阀、油路、油管、电磁控制阀等组成,用于调节主线(换挡控制)油路压力和控制分离离合器的启闭电磁控制阀。电子泵总成的进口浸没于变速器油箱的油液内,电子泵总成的出口与主油路连通,用于泵送油液至主线油路内;主线压力调节阀的油液入口通过第一油管与主线油路连通,主线压力调节阀的油液输出口与泄压油管连通;电磁控制阀的油液入口通过第二油管与主线油路连通,电磁控制阀的油液输出口与分离离合器内控制油路的输入端连通,以使得分离离合器的启闭与电磁控制阀上油液输出口的油压相关联。

2. 智能电驱变速器(EDU)组成

智能电驱变速器(EDU)跟发动机和电池等部件的连接关系如图 2-3-5 所示,EDU 布置在发动机的右侧,发动机跟 ISG 电机相连并通过 C1 离合器连接中间的齿轮组,中间是两挡齿轮组,再往右则是 C2 离合器和 TM 电机。同时由于连接发动机的 C1 离合器是设定为常开,而连接主电机 TM 的 C2 离合器设定是常闭,可见该系统在多数电力充足的情况下都是倾向于以电机驱动为主,在电量低或者需要大转矩的时候,才会需要发动机介入,这样的设计更接近电动车,减少发动机介入有利于降低油耗。

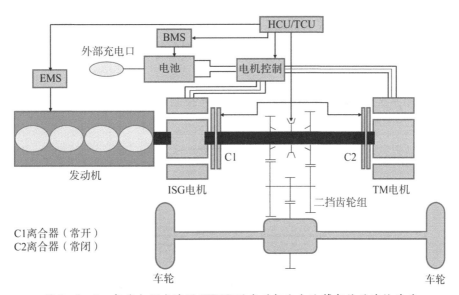

图 2-3-5 智能电驱变速器(EDU)跟发动机和电池等部件的连接关系

纯电模式下 TM 电机通过 C2 离合器将动力传递至输入轴,再经由同步器啮合的挡位将动力通过差速器传递到车轮,当车速达到 40~60 km/h 时,HCU/TCU 等 TM 电机限转矩输出,通过控制液压模块将 C2 离合器分离,并迅速地控制拨叉进行换挡,换挡结束后释放 C2 离合器并恢复 TM 电机的动力输出。

（三）电力电子箱（Power Electronic Box，PEB）

电力电子箱位于发动机舱左后侧位置,外观如图 2-3-6 所示,其具有高度集成化、良好的 NVH（Noise、Vibration、Harshness）性能、高绝缘性在线监测功能、高压连接监测功能和先进的 IP67 防尘防水等级。其技术参数见表 2-3-4。

图 2-3-6　电力电子箱外观

表 2-3-4　电力电子箱技术参数

特性	指标
全负荷工作电压	230～350 V
TM/ISG 最大电流	340 A/150 A
DC/DC 输出电压	12～16 V
DC/DC 峰值输出功率	2.5 kW
防护等级	IP67

电力电子箱是控制 TM 电机和 ISG 电机的电器组件,在高速 CAN 上与 HCU、IPK、BCM、BMS、PMU、EPB 等控制器通信。软件接收 HCU 的转矩命令以控制 ISG 电机和 TM 电机,同时电力电子箱控制器带有自诊断功能,确保系统安全运行。

1. 电力电子箱（PEB）组成

电力电子箱系统内部集成以下主要部件：TM 控制器、ISG 控制器、逆变器、DC/DC 转换器,如图 2-3-7 所示。

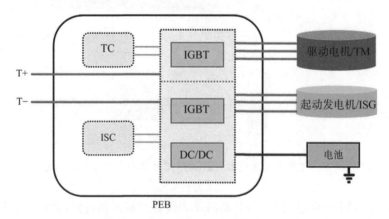

图 2-3-7　电力电子箱内部结构示意图

（1）TM 电机控制器

将直流高压电转换为交流电，根据 HCU 的信号，对 TM 电机进行高精度与高效能的转矩以及速度调节。

（2）ISG 电机控制器

将直流高压电转换为交流电，根据 HCU 的信号，对 ISG 电机进行高精度与高效能的转矩以及速度调节。

（3）直流转换（DC/DC）

将直流高压电转换成直流低压电，为低压 12 V 蓄电池和低压电器供电。

2. 电力电子箱控制

（1）低压电源管理单元（PMU）

当点火钥匙在 KL15 位置时，PMU 将通过 HCU 给电力电子箱发送一个目标电压。电力电子箱通过 HCU 向 PMU 返回状态值；当点火钥匙在关闭位置时，PEB 将断开高压系统与低压系统的连接。

（2）仪表显示（IPK）

PEB 将实时向 IPK 发送电机与逆变器温度信号，当温度超过限值时仪表将点亮报警灯。

（3）自动空调（ATC）

① PEB 接收来自 ATC 的冷却液温度信号，控制传动系统冷却泵。当点火钥匙在 KL15 位置，高压上电，高压电池包温度上升到界定温度时，水泵将会开始工作。

② 冷却液温度传感器安装在靠近电力电子箱的冷却液入口处。

③ 冷却液的温度应该控制在 65℃以下，最佳工作温度范围为 55℃以下，当冷却液温度超过 85℃时，电力电子箱将停止工作。

（4）电池管理系统（BMS）

① PEB 根据 BMS 传递的参数信号为电池提供保护，这些参数信息包括最大充电电流、最大放电电流、最大峰值电压、最小峰值电压。

② 当 BMS 断开 HV 的连接时，PEB 会释放电容中的电量。

（5）混动控制单元（HCU）

① HCU 会检测计算 TM 和 ISG 电机所需的转矩，并将此转矩信号发给 PEB，使 PEB 能够通过对 TM 和 ISG 电机输出转矩的控制驱动车辆。

② HCU 同时会检测计算 TM 和 ISG 电机所需的转速，并将此转速信号发给 PEB，使 PEB 能够通过对 TM 和 ISG 电机转速的控制驱动车辆。

③ PEB 从 HCU 接收设定的电压信号，由此精确控制 DC/DC 转换，从而为低压用电器提供适宜电压，或为蓄电池充电。

3. 电力电子箱冷却

电力电子箱（PEB）和智能电驱变速器（EDU）共用一个冷却系统，统称为传动系统（PEB/EDU）冷却系统。

（1）传动系统（PEB/EDU）冷却系统组成

传动系统（PEB/EDU）冷却系统主要由冷却泵、温度传感器、PEB、EDU 和传动系统

(PEB/EDU)低温散热器等组成。根据 PEB 和 EDU 部件的温度,PEB 模块管理传动系统(PEB/EDU)冷却泵的开启和关闭。

(2)传动系统(PEB/EDU)冷却系统控制

① 传动系统(PEB/EDU)冷却泵控制。

传动系统(PEB/EDU)冷却泵开启条件:PEB 和 EDU 中的部件的温度,有一个高于阈值。

传动系统(PEB/EDU)冷却泵关闭条件:PEB 和 EDU 中的部件的温度,全部低于阈值。

② 传动系统(PEB/EDU)冷却温度控制。

传动系统(PEB/EDU)通过冷却液温度传感器接收信号,经由 HCU 通过高速 CAN 将信号发动给 ECM,ECM 控制冷却风扇,从而来控制传动系统(PEB/EDU)的温度。

③ 传动系统(PEB/EDU)冷却液温度警告。

传动系统(PEB/EDU)冷却液温度传感器将信号传给 HCU,HCU 经过高速 CAN 传给BCM,BCM 通过中速 CAN 将信号传给 IPK。

(3)传动系统(PEB/EDU)冷却系统工作过程

当传动系统(PEB/EDU)部件温度较低时,传动系统(PEB/EDU)冷却泵没有运转,冷却液没有循环起来。当传动系统(PEB/EDU)部件温度升高时,冷却泵运转,冷却液在 PEB、传统系统(PEB/EDU)膨胀水箱、EDU、传统系统(PEB/EDU)冷却液泵、传动系统(PEB/EDU)低温散热器之间循环。由热膨胀产生压力的变化通过传动系统(PEB/EDU)冷却系统膨胀水箱平衡。

(四)动力蓄电池总成

荣威 E550 动力系统采用的是磷酸铁锂电池($LiFePO_4$ 电池),全名是磷酸铁锂锂离子电池。

1. 动力蓄电池组成

荣威 E550 动力蓄电池总成主要由电池模块、电池管理控制器、监控及均衡板(MBB)/电芯监测模块(CMU)、高压电力分配单元、高低压线束及连接、冷却系统、外壳等组成,如图 2-3-8 所示。

荣威 E550 动力电
池组成

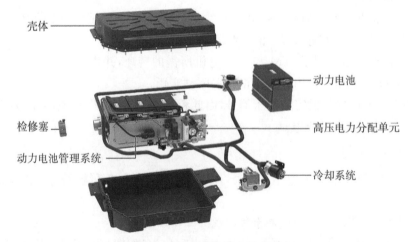

图 2-3-8 动力蓄电池组成

（1）动力蓄电池

荣威 E550 根据供应商的不同,采用 A123 电芯和 LG 电芯两种类型的动力蓄电池,两种电池结构和电芯模块数量不同。其中,采用 A123 电芯的动力蓄电池包含 M1 - M4 共 4 个电芯模块;采用 LG 电芯的动力蓄电池包含 M1 - M3 共 3 个电芯模块。

（2）电池管理控制器(BMS)

电池管理控制器(BMS)用来汇总内部控制器采集的电池信息,通过一定的控制策略,向整车控制器提供电池运行状态的信息,响应整车高压回路通断命令,实现对电池的充放电和热管理。

（3）监控及均衡板(MBB)/电芯监测模块(CMU)

监控及均衡板(MBB)MBB 适用于采用 A123 电芯的高压电池包,采集电芯电压、温度信息并通过 CAN 上传至 BMS。当电芯电压超过一定的范围时,实现电芯电压均衡控制。电芯监测模块(CMU)适用于采用 LG 电芯的高压电池包,采集电芯电压、温度信息并通过 CAN 上传至电池管理控制器(BMS)。

（4）高压电力分配单元(EDS Module)

高压电力分配单元(EDS Module)可以通过不同高压继电器的通断,实现各个高压回路的通断。

（5）冷却系统

荣威 E550 动力蓄电池的冷却系统主要由热交换器、电池冷却泵、冷却水壶和管路组成,如图 2 - 3 - 9 所示。其中电池冷却器(Chiller)是电池冷却系统的一个关键部件,它负责将冷却电池的冷却液降温。电池冷却器分别包括以下组件:电池冷却器芯体、电池冷却器膨胀阀、电池冷却器支架、制冷剂进排气管,冷却液进出硬管、冷却器支架防振垫、O 形圈和安装螺栓。荣威 E550 动力蓄电池的冷却系统除了依靠系统自身的电池冷却泵、冷却水壶和管路进行冷却,还可以通过热交换器与汽车控制制冷系统配合冷却,以达到最佳的冷却效果。

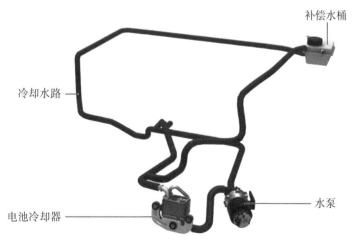

荣威 E550 动力电池冷却系统组成

图 2 - 3 - 9　动力蓄电池冷却系统位置及组成

① 电池冷却控制。高压电池包中包含了多个电池温度传感器,电池温度传感器将信号传给 BMS,BMS 控制电池冷却泵的开启与关闭。当最高电池温度大于 36℃时,电池冷却泵开启;当最高电池温度小于 33℃时,电池冷却泵关闭。

② 电池冷却温度控制。当最高电池温度大于等于 32℃并且电池冷却泵开启时,自动空调控制器会开启电池冷却。当最高电池温度小于等于 28℃或者电池冷却泵关闭,或者电池冷却液温度小于等于 10℃时,自动空调控制器会关闭电池冷却。电池冷却器膨胀阀电磁阀开启 5 s 后开启压缩机;压缩机关闭 5 s 后电池冷却器膨胀阀电磁阀关闭。如果乘客舱和电池冷却不能同时满足,系统会优先满足电池冷却。

2. 动力蓄电池技术参数及特点

荣威 E550 的插电混合动力汽车动力蓄电池技术参数见表 2-3-5。

表 2-3-5　动力蓄电池技术参数

特性	指标
寿命初始的总能量/kW·h	11.8
寿命初始的总容量/A·h	40
工作温度范围/℃	−30～60
额定电压/V	290～310
重量/kg	150
尺寸/mm	1082×682×311

动力蓄电池系统具有以下特点:
① 方形结构有利于提高空间利用率。
② 结构比例适用于大部分纯电动和混合动力车型。
③ 大表面设计有利于传递热量,适用于风冷和液冷系统。
④ 正极材料具有高能量密度、高热稳定性(高安全性)、长寿命等特点。
⑤ 正负电极片同在单体蓄电池上部,有利于组装和集成。

二、荣威 E550 混合动力汽车动力系统工作原理

荣威 E550 在电驱变速器的支持下,拥有 8 种驱动模式,包括纯电驱动模式、串联驱动模式、怠速充电模式、行车充电模式、并联驱动模式、发动机驱动模式及能量回收模式,再加上最后一种外接充电模式。电脑会自动匹配当前驾驶情况和剩余电量从而进行切换,自动匹配合适的驱动模式。

1. 纯电驱动模式

当电池电量许可,且车辆转矩需求适中情况下进入纯电驱动模式。C1 离合器断开,C2 离合器闭合。TM 电机工作驱动汽车,ISG 电机和发动机不参与工作,EDU 可以通过电池带

动 TM 电机,实现纯电驱动的前进档和倒档,如图 2 - 3 - 10 所示。纯电驱动工况续驶 60 km,最高时速 130 km/h。

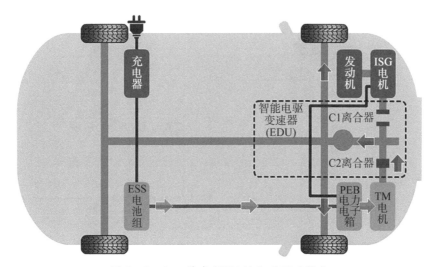

图 2 - 3 - 10 荣威 E550 纯电动驱动模式

2. 串联驱动模式

当电池电量较低,且转矩需求较低的情况下进入串联驱动模式。此时,C1 离合器断开,C2 离合器闭合。发动机带动 ISG 发电,并把电能提供给 TM 电机,TM 电机通过所选挡位(一挡或二挡)驱动车辆,不足或者多余电量将由电池平衡,如图 2 - 3 - 11 所示。

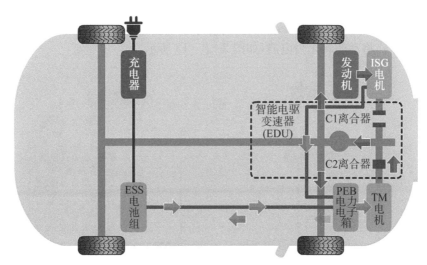

图 2 - 3 - 11 荣威 E550 串联驱动模式

3. 并联驱动模式

当 TM 电机起动并使得车辆达到一定速度后,根据驾驶员意愿和混动系统状态,HCU

决定何时由 ISG 起动发动机。当曲轴和主轴都达到同步速度后,离合器 C1 和 C2 闭合。之后,HCU 根据驾驶员意愿及电池状态,以及最佳的燃油经济性来决定发动机、ISG 电机和 TM 电机的输出,相应地驱动车辆或者制动,如图 2-3-12 所示。

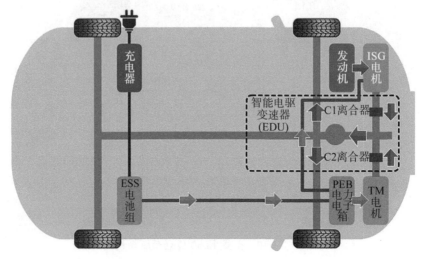

图 2-3-12　荣威 E550 并联驱动模式

4. 能量回收模式

动力系统能量回收是指利用后轮转动反向驱动电机对电池进行充电。荣威 E550 的能量回收有滑行(全减速)能量回收和制动能量回收。

(1) 全减速制动回收模式

当车辆滑行和踩制动踏板情况下进入动能回收时,C1、C2 均闭合,发动机不参与工作,两个电机一起工作将动能转化为电能,如图 2-3-13 所示。

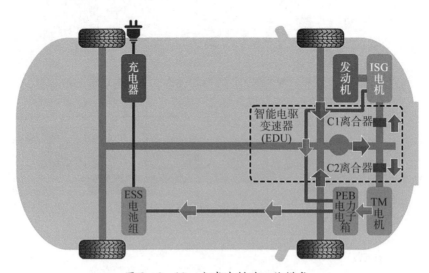

图 2-3-13　全减速制动回收模式

（2）制动回收模式

当车辆滑行和踩制动踏板情况下进入动能回收时，C1 离合器断开，C2 离合器闭合。仅 TM 电机负责发电，制动同时将动能转化为电能，如图 2-3-14 所示。

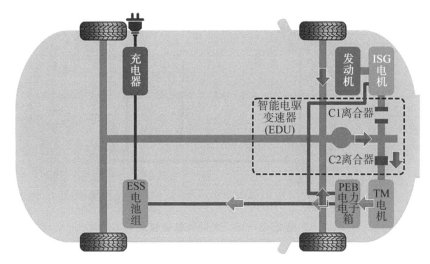

图 2-3-14　制动回收模式

5. 行车充电模式

当行驶过程中电池电量较低，转矩需求不高时，进入行车充电模式。C1 闭合 C2 断开，TM 电机工作，发动机工作同时驱动 ISG 发电，补充动力蓄电池电量，如图 2-3-15 所示。

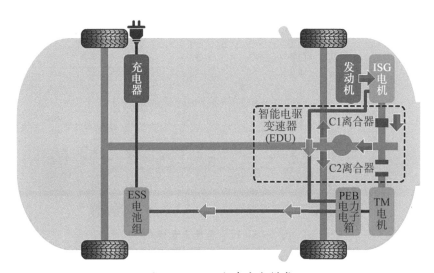

图 2-3-15　行车充电模式

6. 发动机驱动模式

当行车中车速与转矩需求在同一范围内时，C1 闭合 C2 断开，发动机直接工作驱动车辆，如图 2 - 3 - 16 所示。

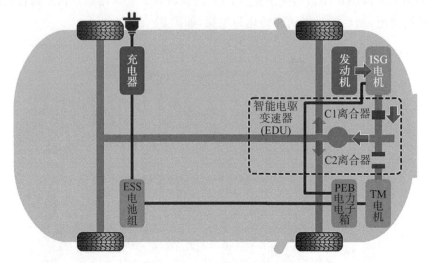

图 2 - 3 - 16   发动机驱动模式

7. 怠速充电模式

当车辆处于静止状态，电池电量较低时，C1 断开 C2 闭合。发动机工作通过 ISG 电机为电池充电，如图 2 - 3 - 17 所示。

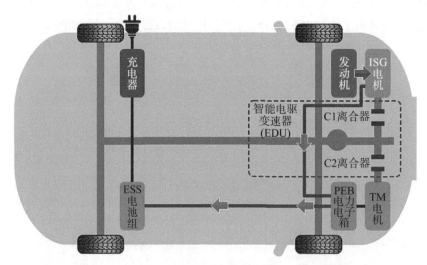

图 2 - 3 - 17   怠速充电模式

8. 驻坡模式

在挡位处于 D 位并且没有踩加速踏板的情况下，为了防止车辆在坡道上溜车，荣威 E550 的混合动力系统具备与传统车相当的驻坡功能，同时车辆也可以在坡道上缓慢爬行。

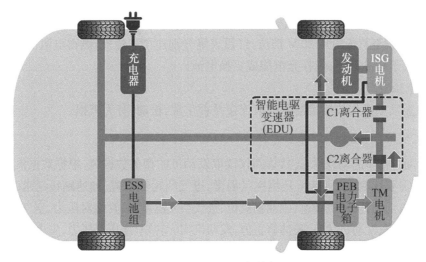

图 2-3-18 驻坡模式

三、荣威 E550 混合动力汽车动力系统检修

荣威 E550 动力系统的检测要遵循由易到难、由外到内、由电气部件到机械部件的原则进行,并且一般是利用设备进行的不解体优先。本节主要介绍动力系统中发动机、驱动电机、动力蓄电池及动力耦合装置等主要部件的检测。

(一)发动机的检测

荣威 E550 发动机的检测主要包括基本检查、诊断仪在线检测等。

1. 发动机基本检查

(1)机油检查

① 机油液位检测。打开发动机舱盖,拉出油尺,擦干净,然后重新插回去,在平稳后拔出机油标尺,检查油量,油量应在"F"与"L"中间,若发现油量靠近或在"L"位置,应补充机油量达到"F"位置,但不能过量。

② 机油质量检查。检查发动机机油是否变质、进水,轻微变色。

(2)制动液液位检测

荣威 E550 更换制动液大约需要 1.5 L,正常情况下,液位应处于储液罐罐壁上的下限(MIN)与上限(MAX)标记之间,如果液位处于或者低于下限(MIN)标记,则需要检查制动系统是否有渗漏以及制动摩擦片是否磨损。

(3)冷却液液位检测

荣威 E550 冷却液位正常应处于储液罐罐壁上的下限(MIN)与上限(MAX)标记之间,如果液位处于或者低于下限(MIN)标记则应添加冷却液,使液位上升到上限(MAX)刻度线。检查冷却系统有无泄漏现象。冷却液应始终使用与原厂相同规格的冷却液。无须添加任何混合剂。不同品牌和型号的冷却液不能混合使用。

（4）低压蓄电池检测

① 目测检查蓄电池的外观，有无漏液、变形、裂纹、污迹、腐蚀及螺母松动等现象。

② 万用表调至直流电压 20 V 挡位，红黑表笔分别连接正负极，测得电阻值为 12 V 左右。若测得数值低于标准数值，应补充电能或更换电池。

（5）线束检查

目视检查发动机相关插接器和线束连接是否正常、松动，有无破损。

2. 发动机在线检测

在混合动力汽车起动以后，连接诊断仪读取发动机的相关数据流，根据数据流分析发动机的工况，主要需要读取的数据有：环境空气温度、进气凸轮轴位置、加速踏板请求、发动机冷却液温度、发动机油温、发动机转速、燃油箱液位、进气空气温度、歧管绝对压力、空气流量、节气门角度、蓄电池电压、发动机状态、喷油修正值、发动机实际转矩、增压器压力、失火数据等数据。

（二）驱动电机的检测

荣威 E550 驱动电机的检测主要包括基本检查、诊断仪在线检测、电气元件检测和机械部件检测等。

1. 基本检查

① 检查驱动电机外观是否有破损，各插接器连接是否可靠，线束是否有破损，若发现有破损或者是异常状况应立即停止使用车辆，并将车辆移至厂家指定维修站点。

② 通过闻电机的气味也能判断故障。若发现有特殊的油漆味，说明电机内部温度过高，若发现较重的糊味，则可能是绝缘层被击穿或绕组已烧毁。

2. 在线检测

在汽车起动以后，连接诊断仪读取电机驱动系统的相关数据流，根据数据流分析电机驱动系统的工况，主要需要读取的数据有：ISG 逆变器温度、ISG 电机温度、ISG 转子温度、牵引电机逆变器温度、牵引电机温度、牵引电机转子温度、ISG 工作模式、ISG 电机转速、ISG 电机工作转矩、ISG 电机输出转矩、牵引电机模式、牵引电机输出转矩、换挡机构位置、加速踏板位置监测、插电式混合系统状态、ISG 转矩请求、ISG 转速设置点、牵引电机转速、ISG 模式请求、ISG 模式控制、ISG 速度控制、ISG 转矩控制等数据。

3. 电气检测

驱动电机常见的电气故障有线路连接异常、电机绕组绝缘、短路、断路、断相运行等，可以借助万用表、兆欧表和数字电桥等检测工具进行检测。

（1）检查电机驱动系统相关电气连接是否正常

（2）驱动电机绕组三线母线绝缘性检测

使用兆欧表或绝缘测试仪的 500 V 挡位，测量电机三相绕组引出线与机壳之间的绝缘电阻，当检测值大于 500 Q/V 或电机整体绝缘电阻大于 20 MΩ，表明电机绝缘良好。

（3）驱动电机定子绕组断路检测

使用万用表的 200 Ω 挡位，测量 2 相绕组 W 和 U 电路之间的电阻，正常情况下标准电阻值应小于 1Ω,若测量值大于标准值,则说明二组绕组断路损坏;交换绕组以同样方法测量其他绕组(W 和 V、U 和 V)之间的电阻。

（4）驱动电机三相绕组均衡性检测

使用万用表的 200Ω 挡位,测量 2 相绕组 W 和 U 电路之间的电阻,以同样方法测量其他绕组(W 和 V、U 和 V)之间的电阻,其三相绕组的两相之间的电阻值的差值在 5% 以内为正常。

（5）电机旋转变压器检测

① 根据电气接口表定义,用万用表欧姆挡检查旋转变压器励磁绕组的电阻值,正常为 (12±2)Ω(随温度不同而变化)。

② 根据电气接口表定义,用万用表欧姆挡检查旋转变压器正旋绕组的电阻值,正常为 (22±2)Ω(随温度不同而变化)。

③ 根据电气接口表定义,用万用表欧姆挡检查旋转变压器负旋绕组的电阻值,正常为 (19±2)Ω(随温度不同而变化)。

若检测数值为无穷大,表示已损坏,需更换旋转变压器。

4. 机械检测

驱动电机常见的机械故障主要有扫膛、振动、轴承过热、损坏等故障。轴承精度不合格及端盖内孔磨损或端盖止口与机壳止口磨损变形,使电机壳、端盖、转子三者不同轴引起扫膛;转子动平衡不好、转轴转子弯曲,端盖、机壳与转子不同轴,紧固件松动等会引起振动;轴承的配合太紧或太松会引起轴承过热而使轴承损坏。在发动机解体情况下,常做的检测有:

（1）轴承轴向和径向圆跳动量

用百分表测量转子轴承的径向圆跳动和轴向圆跳动量,转子轴承径向圆跳动小于 0.02 mm,转子轴承轴向圆跳动小于 0.05 mm。

（2）测量转子轴弯曲度

用高度游标卡尺等工具测量转轴的弯曲度,电机主轴的弯曲度误差不大于 0.01 mm。

（三）动力蓄电池的检测

荣威 E550 动力蓄电池的检测主要包括基本检查、诊断仪在线检测、动力蓄电池外部电气测量、动力蓄电池解体电压检测等。

1. 动力蓄电池基本检查

检查动力蓄电池外观是否有破损,各插接器连接是否可靠,线束是否有破损,若发现有破损或者是异常状况应立即停止使用车辆,并将车辆移至厂家指定维修站点。

2. 动力蓄电池在线检测（初步诊断）

在汽车起动以后,连接诊断仪读取电源系统的相关数据流,根据数据流分析电源系统的工况,主要需要读取的数据有:高压电池 SOC、高压电池电压、实体单体蓄电池的最高温度、高压电池冷却水泵状态、高压电池冷却温度、实际单体蓄电池的最高温度和高压 HVIL 关闭、高压电池输出电流、高压电池主接触器状态等数据。

3. 动力蓄电池外部电气测量

(1) 动力电池绝缘检测

使用兆欧表的 1000 V 挡位,分别测量动力蓄电池正极输出端子和动力蓄电池负极输出端子与车身搭铁的电阻值,标准绝缘电阻值应大于 20 MΩ,若测量值不符合标准值,请进行检修。

(2) 动力蓄电池连接线束绝缘检测

使用兆欧表的 1000 V 挡位,分别测量动力蓄电池高压线束的正极端子和动力蓄电池高压线束的负极端子与车身搭铁的电阻值,标准绝缘电阻值应大于 20 MΩ,若测量值不符合标准值,请进行检修。

(3) 动力蓄电池高压互锁检测

选用万用表适当的电阻量程,将红黑表笔分别接动力蓄电池互锁两个针脚测量电阻,标准电阻值应小于 0.5 Ω,若测量电阻值不在标准范围内,请进行检修。

(4) 动力蓄电池 CAN 网络终端电阻的检测

选用万用表的适当量程,将万用表的红黑表笔接动力蓄电池网络的两个端子测量电阻,标准电阻值应为 120 Ω 左右,若测量电阻值不在标准范围内,请进行检修。

4. 动力蓄电池解体电压检测

(1) 整体电压检测

打开动力蓄电池上的箱体,并将动力蓄电池内部接触器盒盖打开,露出动力蓄电池组的正极和负极联条,用万用表的适当量程检测动力蓄电池电压,若是 A123 电芯,正常电压值应在 297 V 左右;若是 LG 电芯,正常电压值应在 355 V 左右,若数值不正常需要进一步检测。

(2) 模组电压检测

拆下每个模组的正极和负极盖板,选择万用表的合适量程检测电压,A123 电芯正常的电池模组电压为 74.25 V 左右,LG 电芯正常的电池模组电压为 118.33 V 左右,若不正常需要进一步检测。

(3) 模块电压检测

拆下模块的盖板,用万用表的合适量程检测模块电压,电压应为 3.2 V 或 3.7 V 左右,若不正常,需要更换。

(四) 动力耦合装置检测

荣威 E550 动力耦合装置的检测主要包括基本检查、诊断仪在线检测等。

1. 动力耦合装置基本检查

举升车辆,查看动力耦合装置是否有漏油、裂纹及其他明显损伤,若有应及时更换新的动力耦合装置。

2. 动力耦合装置在线检测

在混合动力汽车起动以后,连接诊断仪读取动力耦合装置的相关数据流,根据数据流分析电机驱动系统的工况,主要需要读取的数据有:离合器啮合点压力、TCM 模式控制、请求

EDU 油泵状态、实际挡位状态、空挡位置偏移、EDU 离合器电流、EDU 换挡流量控制阀电流、EDU 换挡压力控制阀电流、EDU 安全控制阀电流、离合器执行电流、换挡机构位置、EDU 输入轴转速、EDU 输入轴转矩等数据。

实训 1　荣威 E550 动力驱动桥拆装

1. 安全操作规范

① 动力驱动桥拆装任务的实施,先要按照安全操作规范进行高压系统断电、验电等工作。

② 进行高压部件操作时,一定要使用绝缘工具。

③ 严禁违规使用绝缘工具、仪器仪表,注意轻拿轻放,有序操作。

④ 严格遵守实训规程,按照指导手册、实训指导书、维修手册等资料要求完成实训操作。

2. 实操工具准备

（1）设备准备

2016 款荣威 E550 混合动力汽车、举升机、油液收集器、承重为 1 000 kg 的移动升降平台、制冷剂回收加注一体机。

（2）工具准备

① 常用工具:常用拆装套件、水管钳。

② 绝缘工具:绝缘工具套件、绝缘手套。

③ 专用工具:定扭式扭力扳手、指针式扭力扳手、高压维修保护盖。

④ 防护装备:车内防护三件套、车外防护三件套。

⑤ 其他:防冻液、棉纱手套、绝缘胶带。

◆ **实训步骤**

1. 前期准备

（1）车辆防护

① 进入车内安装车内防护三件套,如图 2-3-19 所示。

② 启动驻车制动器。

③ 拉起前机舱盖手柄,打开前机舱盖,安装车外防护三件套,如图 2-3-20 所示。

（2）放置举升机顶脚至举升位置,轻微升起举升机至顶脚接触车身,检查顶升位置是否

正确

图 2-3-19　安装车内三件套

图 2-3-20　安装车外四件套

（3）使用手脱开发动机装饰盖卡扣，取下发动机装饰盖
（4）断开高压维修塞
① 确认车辆点火开关处于关闭状态。
② 使用合适套筒、棘轮扳手拆卸低压蓄电池负极电缆。

注意事项

◇ 断开低压蓄电池负极电缆，需等待 10 min，等相关电容元件放电完成后，才可以进行高压系统相关操作。

③ 举升车辆至合适位置，在靠近右后轮一侧拆下高压维修塞，使用高压维修塞替代保护盖 TEL00022 盖住高压维修塞安装处。
（5）拆卸空气滤清器总成
① 使用十字螺丝刀拆卸空气滤清器盒盖固定螺栓，分离空气滤清器盒盖。
② 取下空气滤清器并妥善放置。
③ 使用一字螺丝刀拆卸空气滤清器上部进气管卡箍，分离进气管，取下空气滤清器盖。
④ 使用十字螺丝刀拆卸空气滤清器底部固定螺栓，取下空气滤清器底部。
（6）排空发动机及电驱系统冷却液
① 拧开发动机冷却系统储液壶盖，拧开电驱系统储液壶盖。
② 举升车辆至合适位置。
③ 使用十字螺丝刀拆卸散热器下部装饰板固定螺栓。
④ 取下散热器下部装饰板。
⑤ 将油液收集器推至车辆底部合适位置。
⑥ 拧下驱动系统散热器排水螺栓，排出冷却液。
⑦ 待冷却液排空后安装驱动系统散热器排水螺栓。
（7）拆卸电动空调压缩机
① 将制冷剂回收机推至车前合适位置。
② 连接制冷剂回收机高、低压管路接头至车辆上。
③ 使用制冷剂回收机回收车辆制冷剂，完成后断开制冷剂回收机高、低压管路接头。

④ 使用合适套筒、棘轮扳手拆卸电动压缩机高、低压管路固定螺栓。

⑤ 取下电动压缩机高、低压管路。

⑥ 断开电动压缩机高压电缆插接器。

⑦ 使用合适套筒、棘轮扳手拆卸电动压缩机固定螺栓,取下电动压缩机。

⑧ 使用合适套筒、棘轮扳手拆卸电动压缩机后支架总成固定螺栓,取下电动压缩机后支架总成及撑杆。

(8) 拆卸低压蓄电池托盘支架

① 使用合适套筒、棘轮扳手拆卸低压蓄电池正极电缆。

② 使用合适套筒、棘轮扳手拆卸低压蓄电池固定螺栓。

③ 取下低压蓄电池固定支架。

④ 使用合适套筒、棘轮扳手拆卸低压蓄电池托盘支架固定螺栓。

⑤ 取下低压蓄电池托盘支架。

(9) 拆卸车辆电力电子箱

2. 拆卸驱动桥总成外部附件

(1) 拆卸驱动系统冷却水泵

① 使用水管钳拆卸驱动冷却系统冷却管路卡箍。

② 断开驱动冷却系统冷却管路。

③ 使用合适套筒、棘轮扳手拆卸驱动冷却系统冷却水泵固定螺栓,取下冷却水泵并妥善放置。

(2) 断开发动机燃油供给系统管路

① 使用合适工具拆卸发动机供油管路及回油管路。

◇ 断开发动机供油管路前需对燃油系统执行泄压程序。

◇ 操作时需佩戴护目镜,以避免燃油飞溅至眼中。

② 按压卡扣锁舌,拆卸炭罐连接管路。

(3) 拆卸电子真空泵

① 拆卸发动机真空管路插接器。

② 拆卸制动真空助力器真空管路插接器。

③ 使用合适套筒、棘轮扳手,拆卸电子真空泵支架固定螺栓,取下电子真空泵并妥善放置。

(4) 断开发动机 ECU 上 2 个线束连接器

(5) 断开发动机搭铁线

① 使用合适套筒、棘轮扳手拆卸发动机搭铁线固定螺栓。

② 脱离发动机搭铁线束。

（6）使用合适扳手拆卸变速器顶部换挡拨杆拉索固定螺栓，脱开换挡拨杆拉索

（7）断开电驱动变速器 EDU 线束插接器

（8）使用合适套筒、棘轮扳手拆卸副车架搭铁固定螺栓，拆卸副车架搭铁点

（9）排空发动机机油

① 将油液收集器放置于合适位置。

② 使用合适套筒、棘轮扳手拆卸发动机放油螺栓，排空发动机机油。

③ 待油液排净后，使用合适套筒、棘轮扳手装复发动机放油螺栓，并紧固至 25 N·m。

（10）排空变速器油

① 使用合适内六角套筒、棘轮扳手，拆卸变速器放油螺栓，排空变速器润滑油。

② 待油液排净后，使用合适内六角套筒、棘轮扳手装复变速器放油螺栓，并紧固至 25 N·m。

（11）使用合适套筒、棘轮扳手拆卸发动机排气管固定螺栓，取下排气管

（12）断开转向助力电动机所有线束插接器

3. 拆卸前副车架总成

① 拆卸转向柱连接件

a. 降下车辆至合适高度，进入车内。

b. 使用合适工具固定转向盘。

c. 使用 M12 套筒、棘轮扳手拆卸转向柱连接件固定螺栓。

d. 脱开转向柱连接件。

② 举升车辆至车轮离地。拆卸左右两个驱动轮，并放置于指定位置。

③ 再次举升车辆至合适高度。

④ 拆下盘式制动器总成。拆下防尘罩、开口销、开槽螺母、锥形弹簧。使用合适工具，拆下中部零件。

⑤ 从半轴上拆下轮毂及制动盘总成。并拆下制动盘罩。

⑥ 使用合适工具，拆下连接半轴与差速器的弹簧销。

⑦ 从转向横拉杆端头的球头销上拆下开口销及开槽螺母。

⑧ 从转向节臂拆下转向横拉杆端头的球头销。

⑨ 从驱动桥壳体处拆下横向连接杆的球头销。

⑩ 使用拆卸工具，将左右两根半轴从驱动桥总成上拆下。

⑪ 将移动式升降平板车推至车底合适位置。

⑫ 升高平板至平板与副车架底部接触。

⑬ 使用合适套筒、接杆、棘轮扳手拆卸 3 颗发动机悬置固定螺栓。

⑭ 使用合适套筒、接杆、棘轮扳手拆卸电驱装置悬置顶部固定螺母。

⑮ 使用合适套筒、接杆、棘轮扳手拆卸电驱装置悬置 2 颗固定螺栓。

⑯ 使用合适套筒、接杆、棘轮扳手拆卸前副车架后部 4 颗副车架支架固定螺栓。

⑰ 使用合适套筒、接杆、棘轮扳手拆卸前副车架 4 颗固定螺栓。

◇ 发动机悬置固定螺栓、电驱装置悬置固定螺栓、前副车架固定螺栓为一次性塑性螺栓,拆卸后需及时抛弃,安装时需使用符合零件编号的悬置固定螺栓。

⑱ 缓慢降低升降平台,分离前副车架总成与车身。

⑲ 将驱动桥总成从副车架上取下。

4. 安装前副车架总成

① 将驱动桥总成和副车架组装在一起。

② 将前副车架总成推至车底合适位置。

③ 缓慢升高升降平台,将副车架总成升高并贴近车身。

◇ 上升过程中需要密切注意混合驱动桥总成部件是否与车身发生干涉,有无线束、管路被压在车身与副车架之间。若发生异常现象应及时停止上升,并重新下降后,解决异常问题后才能继续操作。

④ 安装副车架后部支架,并旋入前副车架 4 颗固定螺栓。

⑤ 使用合适套筒、接杆、棘轮扳手,安装前副车架 4 颗固定螺栓,并使用定扭扳手紧固至 (115 ± 5)N·m。

⑥ 使用合适套筒、接杆、棘轮扳手,安装副车架后部支架固定螺栓,并使用定扭扳手紧固至 (100 ± 10)N·m。

⑦ 举升车辆,推走移动升降平台,降下车辆至合适位置。

⑧ 使用工具,将左右两根半轴安装到驱动桥总成上。

⑨ 安装驱动桥壳体处横向连接杆的球头销。

⑩ 将转向节臂和转向横拉杆端头的球头销组装在一起。

⑪ 安装转向横拉杆端头的球头销上开口销及开槽螺母。

⑫ 安装半轴上两端轮毂及制动盘总成。并安装制动盘罩。

⑬ 安装盘式制动器总成。安装防尘罩、开口销、开槽螺母、锥形弹簧。

⑭ 从半轴上安装轮毂及制动盘总成,并安装制动盘罩。

⑮ 使用合适套筒、接杆、棘轮扳手安装电驱装置悬置 2 颗固定螺栓,并使用定扭扳手紧固至 (100 ± 10)N·m。

⑯ 使用合适套筒、接杆、棘轮扳手安装电驱装置悬置顶部固定螺帽,并使用定扭扳手紧固至 (100 ± 10)N·m。

⑰ 使用合适套筒、接杆、棘轮扳手,拆卸 3 颗发动机悬置固定螺栓,并使用定扭扳手紧固至 (100 ± 10)N·m。

⑱ 安装转向柱连接件。

a. 降下车辆至合适高度,进入车内。

b. 安装转向柱连接件。

c. 使用 M12 套筒、棘轮扳手安装转向柱连接件固定螺栓,并使用定扭扳手紧固至(25±5)N·m。

d. 拆卸固定转向盘工具。

⑲ 安装两前悬架部件。

⑳ 下降车辆至合适位置,安装左右两个驱动轮。

5. 安装驱动桥总成外部附件

① 举升车辆至合适位置。

② 安装转向助力电动机所有线束插接器。

③ 安装排气管至正确位置,使用合适套筒、棘轮扳手,安装发动机排气管固定螺栓,并使用定扭扳手紧固至(25±5)N·m。

④ 加注变速器油。

a. 使用合适内六角套筒、棘轮扳手,拆卸变速器加油螺栓。

b. 使用油液加注器从加油孔加注变速器油至油液溢出加注孔。

c. 使用合适内六角套筒、棘轮扳手,安装变速器加油螺栓,并使用定扭扳手紧固至(25±5)N·m。

⑤ 安装副车架搭铁线。使用合适套筒、棘轮扳手,安装副车架搭铁线固定螺栓,并紧固至(15±5)N·m。

⑥ 连接电驱动变速器 EDU 线束插接器。

⑦ 安装换挡拨杆拉索。使用 10 mm 扳手安装变速器顶部换挡拨杆拉索固定螺栓。

⑧ 安装发动机搭铁线。

a. 安装发动机搭铁线束。

b. 使用合适套筒、棘轮扳手,安装发动机搭铁线固定螺栓,并紧固至(15±5)N·m。

⑨ 连接发动机 ECU2 个线束插接器。

⑩ 安装电子真空泵。

a. 将电子真空泵放置于安装位置,使用合适套筒、棘轮扳手,安装电子真空泵支架固定螺栓,并使用定扭扳手紧固至(25±5)N·m。

b. 安装制动真空助力器真空管路插接器。

c. 安装发动机真空管路插接器。

⑪ 安装发动机燃油供给系统管路插接器,安装炭罐连接管路。

⑫ 安装驱动系统冷却水泵。

a. 安装冷却水泵,使用合适套筒、棘轮扳手,安装驱动冷却系统冷却水泵固定螺栓,并使用定扭扳手紧固至(20±5)N·m。

b. 连接驱动冷却系统冷却管路。

c. 使用水管钳安装驱动冷却系统冷却管路卡箍至正确位置。

6. 装复车辆其余附件

① 安装电力电子箱。

② 安装低压蓄电池托盘支架。

a. 安装低压蓄电池托盘支架。

b. 使用合适套筒、棘轮扳手安装低压蓄电池托盘支架固定螺栓,并使用定扭扳手紧固至(15±5)N·m。

c. 安装低压蓄电池固定支架。

d. 使用合适套筒、棘轮扳手安装低压蓄电池固定螺栓,并使用定扭扳手紧固至(10±5)N·m。

e. 使用合适套筒、棘轮扳手安装低压蓄电池正极电缆,并使用定扭扳手紧固至7N·m。

③ 安装电动空调压缩机。

a. 安装电动压缩机后支架总成及撑杆,使用合适套筒、棘轮扳手安装电动压缩机后支架总成固定螺栓,并使用定扭扳手紧固至(80±5)N·m。

b. 安装电动压缩机,使用合适套筒、棘轮扳手安装电动压缩机固定螺栓,并使用定扭扳手紧固至(60±5)N·m。

c. 安装电动压缩机高压电缆插接器。

d. 安装电动压缩机高、低压管路。

e. 使用合适套筒、棘轮扳手,安装电动压缩机高、低压管路固定螺栓,并使用定扭扳手紧固至7N·m。

f. 将制冷剂回收机推至车前合适位置。

g. 连接制冷剂回收机高、低压管路接头至车辆上。

h. 使用制冷剂回收机回收车辆制冷剂;进行抽真空作业维持15 min;进行保压检查维持20 min。

i. 充注制冷剂,完成后断开制冷剂回收机高、低压管路接头。

④ 降下车辆至合适位置。

⑤ 拧开发动机冷却系统储液壶盖,拧开电驱系统储液壶盖。

⑥ 加注冷却液至发动机冷却系统及电驱冷却系统中。

⑦ 安装空气滤清器总成。

a. 安装空气滤清器底座,使用十字螺丝刀安装空气滤清器底部固定螺栓。

b. 安装空气滤清器。

c. 安装空气滤清器盖,安装进气管,使用一字螺丝刀安装空气滤清器上部进气管卡箍。

d. 安装空气滤清器盒盖,使用十字螺丝刀安装空气滤清器盒盖固定螺栓。

⑧ 安装高压维修开关。

⑨ 使用合适套筒、棘轮扳手安装低压蓄电池负极电缆,并使用定扭扳手紧固至7N·m。

⑩ 安装发动机装饰盖,安装发动机装饰盖卡扣。

7. 整理归位

① 确认车辆状况良好无故障,检测操作完成。

② 取下车外三件套。

③ 取下车内三件套。

④ 整理工具,实训设备归位。

实训 2 荣威 E550 发动机与电驱变速器总成分离与组装

◆ **实训准备**

1. 安全操作规范

① 拆装任务的实施,先要按照安全操作规范进行高压系统断电、验电等工作。

② 进行高压部件操作时,一定要使用绝缘工具。

③ 严禁违规使用绝缘工具、仪器仪表,注意轻拿轻放,有序操作。

④ 严格遵守实训规程,按照学习工作页、维修手册等资料要求完成实训操作。

2. 实操工具准备

(1) 设备准备

2016 款荣威 E550 混合动力汽车、举升机、油液收集器、承重为 1 000 kg 的移动升降平台、制冷回收加油机、吊架。

(2) 工具准备

① 常用工具:常用拆装套件、水管钳。

② 绝缘工具:绝缘工具套件、绝缘手套。

③ 专用工具:定扭式扭力扳手、高压维修塞保护盖、变速器油加注工具。

④ 防护装备:车内防护三件套、车外防护三件套。

⑤ 其他:防冻液、棉纱手套、绝缘胶带。

◆ **实训步骤**

1. 前期准备

① 车辆防护。

a. 进入车内安装车内防护三件套。

b. 启动驻车制动器。

c. 拉起前机舱盖手柄,打开前机舱盖,安装车外防护三件套。

② 放置举升机顶脚至举升位置,轻微升起举升机至顶脚接触车身,检查顶升位置是否正确。

③ 用手脱开发动机装饰盖卡扣,取下发动机装饰盖。

④ 断开高压维修塞。

a. 确认车辆点火开关处于关闭状态。

b. 使用合适套筒、棘轮扳手拆卸低压蓄电池负极电缆。

◇ 断开低压蓄电池负极电缆,需等待 10 min,等相关电容元件放电完成后,才可以进行高压系统相关操作。

c. 举升车辆至合适位置,在靠近右后轮一侧拆下高压维修塞,使用高压维修塞替代保护盖 TEL00022 盖住高压维修塞安装处。

⑤ 拆卸空气滤清器总成。

⑥ 排空发动机及电驱系统冷却液。

⑦ 拆卸电动空调压缩机。

⑧ 拆卸低压蓄电池及托盘支架。

⑨ 拆卸车辆电力电子箱。

⑩ 拆卸车辆混动驱动桥总成。

2. 拆卸电驱变速器

① 拆卸电驱变速器悬置。

a. 使用合适套筒、接杆、棘轮扳手拆卸电驱装置下部前悬置 3 颗固定螺栓。

b. 使用合适套筒、接杆、棘轮扳手拆卸电驱装置下部后悬置 3 颗固定螺栓。

② 使用安全绳捆绑混合驱动桥总成,并检查是否固定牢靠。

③ 使用吊架吊装混合驱动桥。

④ 缓慢升起吊臂,检查混合驱动桥总成上升过程中是否与前副车架发生干涉。

⑤ 完全脱离混合驱动桥总成后,将混合驱动桥总成放置于工作台上。

⑥ 排空电驱变速器油。

a. 在变速器下部放置油液收集器。

b. 清洁放油螺栓周围区域,使用合适内六角套筒、棘轮扳手,拆卸变速器下部放油螺栓。

c. 待变速器油流净后,使用合适内六角套筒、棘轮扳手,装复放油螺栓,并使用定扭扳手紧固螺栓至(35±5)N・m。

⑦ 使用安全绳捆绑混动驱动系统变速器及驱动电机部分,使用吊架吊装变速驱动装置。

⑧ 缓慢升起吊架臂至安全绳绷紧。

⑨ 拆卸发动机维修孔防尘套。

◇ 拆卸发动机维修孔防尘套前应清洁维修孔周围的污浊,以避免污浊物进入密封处。

素养规范

◇ 发动机维修孔防尘套为一次性耗材,拆卸后需及时丢弃,安装时需使用新件。

⑩ 使用合适套筒、棘轮扳手拆卸 6 颗电驱变速器柔性盘固定螺栓。
⑪ 使用合适套筒、棘轮扳手拆卸 6 颗电驱变速器固定螺栓。
⑫ 使用合适套筒、棘轮扳手拆卸电驱变速器定位螺栓。

注意事项

◇ 电驱变速器定位螺栓由于螺栓长度不同,应与电驱变速器固定螺栓分开放置。

素养规范

◇ 电驱变速器定位螺栓为一次性耗材,拆卸后需及时丢弃,安装时需使用新件。

⑬ 两人合作操作,一人控制吊臂缓慢上升,另一人扶住电驱变速器壳体。电驱变速器部分被吊升后会脱离发动机壳体。

注意事项

◇ 若无法正常脱离,可在吊升过程中轻微晃动变速器,以便于正常脱离。

⑭ 吊起变速器及驱动电机部分后,移动吊架,将其放置于工作台面上。

3. 安装电驱变速器

① 清洁电驱变速器结合面。
② 捆绑安全绳至电驱变速器总成上,确认捆绑牢固。
③ 使用吊架吊起电驱变速器。
④ 将电驱变速器移动至发动机侧边。
⑤ 两人合作操作,一人控制吊臂缓慢下降,另一人扶住变速器壳体在下降过程中调整变速器位置,使电驱变速器柔性盘对准发动机飞轮。
⑥ 推动电驱变速器壳体,并晃动变速器调整位置,使其平稳与发动机合拢。
⑦ 拧入电驱变速器定位螺栓,使用合适套筒、棘轮扳手预紧并使用定扭扳手紧固至 (80 ± 10)N・m。
⑧ 使用合适套筒、棘轮扳手,安装 6 颗电驱变速器固定螺栓,并使用定扭扳手紧固至

(80±10)N•m。

⑨ 使用合适套筒、棘轮扳手,安装 6 颗电驱变速器柔性盘固定螺栓,并使用定扭扳手紧固至(80±10)N•m。

⑩ 清洁加注口周围区域。

⑪ 使用合适内六角套筒、棘轮扳手,拧松电驱变速器中部加油孔螺栓。

⑫ 使用 TPT00059 在温度为 20～40℃下将指定的电驱变速器油通过加油口加注到变速器中,直至规定值。

◇ 因电驱变速器的特殊性,加注专用工具应单独使用,不能与其他车型混用。

⑬ 将新的垫片安装到加油螺栓上,旋入加油螺栓至加注口。

⑭ 使用合适内六角套筒、定扭扳手,紧固加油孔螺栓到(35±5)N•m。

⑮ 使用安全绳捆绑混合驱动桥总成,并检查是否固定牢靠。

⑯ 使用吊架吊装混合驱动桥。

⑰ 将前副车架放置于移动式升降平板上。

⑱ 平稳升高吊架吊臂,移动混合驱动桥总成至副车架上方。

⑲ 缓慢降下吊臂,检查混合驱动桥总成下降过程中是否与前副车架发生干涉。

◇ 若下降过程中与前副车架发生干涉,需及时停止下降,重新上升调整安装位置后,才能再次下降。

⑳ 当混合驱动桥总成落到安装位置时,轻微调整混合驱动桥总成位置使其安装孔对准螺纹孔。

㉑ 旋入电驱装置下部后悬置 3 颗固定螺栓;旋入电驱装置下部前悬置 3 颗固定螺栓。

㉒ 使用合适套筒、接杆、棘轮扳手旋紧电驱装置下部后悬置 3 颗固定螺栓,并使用定扭扳手紧固至(60±5)N•m。

㉓ 使用合适套筒、接杆、棘轮扳手旋紧电驱装置下部前悬置 3 颗固定螺栓,并使用定扭扳手紧固至(60±5)N•m。

4. 装复车辆及其附件

① 安装混动驱动桥总成。

② 安装电力电子箱。

③ 安装低压蓄电池托盘支架。

a. 安装低压蓄电池托盘支架。

b. 使用合适套筒、棘轮扳手安装低压蓄电池托盘支架固定螺栓，并使用定扭扳手紧固至 (15 ± 5) N·m。

c. 安装低压蓄电池固定支架。

d. 使用合适套筒、棘轮扳手安装低压蓄电池固定螺栓，并使用定扭扳手紧固至 (10 ± 5) N·m。

e. 使用合适套筒、棘轮扳手安装低压蓄电池正极电缆，并使用定扭扳手紧固至 7 N·m。

④ 安装电动空调压缩机。

a. 安装电动压缩机后支架总成及撑杆，使用合适套筒、棘轮扳手安装电动压缩机后支架总成固定螺栓，并使用定扭扳手紧固至 (80 ± 5) N·m。

b. 安装电动压缩机，使用合适套筒、棘轮扳手安装电动压缩机固定螺栓，并使用定扭扳手紧固至 (60 ± 5) N·m。

c. 安装电动压缩机高压电缆插接器。

d. 安装电动压缩机高、低压管路。

e. 使用合适套筒、棘轮扳手，安装电动压缩机高、低压管路固定螺栓，并使用定扭扳手紧固至 7 N·m。

f. 将制冷剂回收机推至车前合适位置。

g. 连接制冷剂回收机高、低压管路接头至车辆上。

h. 使用制冷剂回收机回收车辆制冷剂；进行抽真空作业维持 15 min；进行保压检查维持 20 min。

i. 充注制冷剂，完成后断开制冷剂回收机高、低压管路接头。

⑤ 降下车辆至合适位置。

⑥ 拧开发动机冷却系统储液壶盖，拧开电驱系统储液壶盖。

⑦ 加注冷却液至发动机冷却系统及电驱冷却系统中。

⑧ 安装空气滤清器总成。

a. 安装空气滤清器底座，使用十字螺丝刀安装空气滤清器底部固定螺栓。

b. 安装空气滤清器。

c. 安装空气滤清器盖，安装进气管，使用一字螺丝刀安装空气滤清器上部进气管卡箍。

d. 安装空气滤清器盒盖，使用十字螺丝刀安装空气滤清器盒盖固定螺栓。

⑨ 安装高压维修开关。

⑩ 使用合适套筒、棘轮扳手安装低压蓄电池负极电缆，并使用定扭扳手紧固至 7 N·m。

⑪ 安装发动机装饰盖，安装发动机装饰盖卡扣。

5. 整理归位

① 确认车辆状况良好无故障，检测操作完成。

② 取下车外三件套。

③ 取下车内三件套。

④ 整理工具，实训设备归位。

实训 3 　荣威 E550 动力蓄电池拆装

◆ 实训准备

1. 安全操作规范

① 动力蓄电池拆装任务的实施,先要按照安全操作规范进行高压系统断电、验电等工作。

② 进行高压部件操作时,一定要使用绝缘工具。

③ 严禁违规使用绝缘工具、仪器仪表,注意轻拿轻放,有序操作。

④ 严格遵守实训规程,按照学习工作页、维修手册等资料要求完成实训操作。

2. 实操工具准备

(1)设备准备

2015 款荣威 E550 混合动力汽车、举升机、承重为 1 000 kg 升降平台、冷却液回收器。

(2)工具准备

① 常用工具:世达 100 件工具套装、水管钳。

② 绝缘工具:世达 68 件绝缘工具套件、绝缘手套。

③ 防护装备:车外三件套、车内三件套。

④ 专用工具:定扭式扭力扳手、高压维修保护盖。

⑤ 其他:防冻液。

(3)个人防护

工作服、手套。

◆ 实训步骤

参考资源

荣威 E550 动力电池拆装

 前期准备 　 拆卸动力电池 　 安装动力电池 　 整理工位

1. 前期准备

(1)穿好防护装备

穿好工作服和工作手套。

（2）车辆防护

① 目测车辆正确停至工位。

② 进入车内安装车内防护三件套。

③ 放置举升机顶脚，并调整举升位置。

④ 拉起前机舱盖手柄，打开前机舱盖，安装车外防护三件套。

2. 拆卸动力蓄电池

（1）车辆高压断电

① 拧松 12 V 蓄电池负极电缆固定螺母，断开蓄电池负极电缆。

② 举升车辆至合适位置。

③ 打开锁止保险，断开安全维修塞。

注意事项

◇ 断开维修塞后，需等待 10 min，待高压系统剩余电量释放完毕后，才能进行下一步操作。

（2）拆卸动力蓄电池相关连接件

① 按压锁舌，断开充电高压线束。

② 断开充电线束。

③ 断开动力蓄电池控制线束。

④ 打开锁止保险，断开动力蓄电池与电力电子箱高压线束。

⑤ 断开空调压缩机高压线束。

（3）拆卸动力蓄电池

① 将千斤顶移动至车辆下方，并将其举升至动力蓄电池下平面。

注意事项

◇ 操作千斤顶时，注意千斤顶托举的位置，防止零部件挤压变形。

② 使用套筒、接杆和棘轮扳手拧松动力蓄电池固定螺栓。

③ 使用套筒、接杆和棘轮扳手拧松另一侧动力蓄电池固定螺栓。

④ 使用鲤鱼钳移除动力蓄电池冷却水管卡箍，之后移除另一根水管卡箍。

⑤ 将回收盆置于冷却水管下方。

⑥ 依次断开冷却液水管排放冷却液。

⑦ 缓慢降下千斤顶，放下动力蓄电池。

3. 安装动力蓄电池

（1）动力蓄电池及其附件基本检查

① 目测检查新的动力蓄电池外观无破损。

② 检查线束插接器端子无腐蚀。

（2）安装动力蓄电池

① 将动力蓄电池放至千斤顶上。

② 缓慢升起千斤顶，直至水管与动力蓄电池齐平。

③ 安装两根冷却水管，将两根水管卡箍复位，确保卡箍连接可靠。

（3）安装动力蓄电池相关连接件

① 连接空调压缩机高压线束，锁止保险，确保线束连接可靠。

② 连接动力蓄电池与电力电子箱高压线束，确保线束连接可靠。

③ 旋入动力蓄电池两侧固定螺栓。

④ 紧固螺栓至规定力矩，标准力矩 100 N · m。

⑤ 连接充电控制线束。

⑥ 连接车载充电高压线束。

⑦ 连接动力蓄电池控制线束。

⑧ 安装高压安全维修塞，锁止保险，确保线束连接可靠。

⑨ 复原 12 V 蓄电池负极电缆，旋紧固定螺母。

4. 整理工位

① 确认车辆状况良好无故障，检测操作完成。

② 回收车外三件套。

③ 回收车内三件套。

④ 整理工具，实训设备归位。

实训 4　荣威 E550 动力蓄电池系统检测

◆ **实训准备**

1. 安全操作规范

① 动力蓄电池系统检测任务的实施，先要按照安全操作规范进行高压系统断电、验电等工作。

② 要严格按照安全规范，切断高压维修开关。

③ 进行高压部件操作时，一定要使用绝缘工具。

④ 严禁违规使用绝缘工具、仪器仪表，注意轻拿轻放，有序操作。

⑤ 严格遵守实训规程，按照学习工作页、维修手册等资料要求完成实训操作。

2. 实操工具准备

（1）设备准备

2016 款荣威 E550 混合动力汽车。

（2）工具准备

① 常用工具：常用拆装套件。

② 绝缘工具：绝缘工具套件。

③ 防护装备：车内防护三件套、车外防护三件套、高压绝缘手套。

④ 专用工具：定扭式扭力扳手、高压维修塞保护盖。

⑤ 检测设备：电子兆欧表、万用表、诊断仪。

◆ 实训步骤

1. 前期准备

① 进入车内安装车内防护三件套。

② 启动驻车制动器。

③ 拉起前机舱盖手柄，打开前机舱盖，安装车外防护三件套。

2. 动力蓄电池系统在线检测

① 进入车辆，起动车辆发现车辆无法正常上电，且仪表显示动力系统故障和动力蓄电池切断指示灯点亮。

② 取出诊断仪，连接车辆诊断接口。

③ 打开诊断仪电源开关，待电源开启后，进入荣威 E550 诊断界面，读取车辆 VIN 码，等待车辆建立通信。

④ 等待车辆通信完成之后，点击动力蓄电池系统，进入模块数据读取页面。

⑤ 读取动力蓄电池系统故障码，记录后清除故障码，然后重新读取故障码。

⑥ 读取动力蓄电池系统各相关数据流，判断动力蓄电池状态。

a. 读取动力蓄电池正负极母线接触器状态。

b. 读取各单体电芯电压值。

c. 读取动力蓄电池总电压值。

d. 读取动力蓄电池 SOC 值，并读取电池剩余循环寿命。

e. 读取动力蓄电池温度数据值。

f. 读取动力蓄电池绝缘电阻值。

3. 断开高压维修塞

① 确认车辆点火开关处于关闭状态。

② 使用合适套筒、棘轮扳手拆卸低压蓄电池负极电缆。

注意事项

◇ 断开低压蓄电池负极电缆，需等待 10 min，等相关电容元件放电完成后，才可以进行高压系统相关操作。

③ 举升车辆至合适位置,在靠近右后轮一侧拆下高压维修塞,使用高压维修塞替代保护盖 TEL00022 盖住高压维修塞安装处。

4. 动力蓄电池外观检测

① 目视检查动力蓄电池外观是否正常,有无外壳破损情况。
② 目视检查动力蓄电池外部电缆线束是否正常,有无外观破损情况。
③ 目视检查动力蓄电池支架是否正常,有无外伤、变形、腐蚀等情况。

5. 动力蓄电池绝缘检测

① 松开高压电缆保险器,按压锁舌,断开动力蓄电池正负极母线插接器。
② 选用万用表,调节至直流 2 000 V 电压测试挡,使用红色表笔连接正极电缆端子,黑色表笔连接负极电缆端子,检测动力蓄电池是否存在残留电量。

◇ 测量标准数值应小于 1 V。
◇ 若存在电压数值则需等待 15 min 后,再次检测。

③ 选用电子兆欧表,选择 1 000 V 测试挡,使用红色表笔连接动力蓄电池正极端子,黑色表笔连接车身搭铁点,检测动力蓄电池绝缘电阻值是否正常。
④ 使用红色表笔连接动力蓄电池负极端子,黑色表笔连接车身搭铁点,检测动力蓄电池绝缘电阻值是否正常。

◇ 测量标准数值应大于 20 MΩ。
◇ 若测量数值低于标准数值,则说明动力蓄电池存在绝缘故障,需进一步检修。

⑤ 装复动力蓄电池高压电缆和低压电缆。
⑥ 装复高压维修开关。
⑦ 安装低压蓄电池负极电缆。

6. 整理归位

① 确认车辆状况良好无故障,检测操作完成。
② 回收车外三件套。
③ 回收车内三件套。
④ 整理工具,实训设备归位。

实训 5 荣威 E550 动力蓄电池包检测

◆ **实训准备**

1. 安全操作规范

① 要严格按照安全规范,切断高压电。

② 进行高压部件操作时,一定要使用绝缘工具。

③ 严禁违规使用绝缘工具、仪器仪表,注意轻拿轻放,有序操作。

④ 严格遵守实训规程,按照学习工作页、维修手册等资料要求完成实训操作。

2. 实操工具准备

(1) 设备准备

荣威 E550 动力电池包、工作台。

(2) 工具准备

① 常用工具:150 件工具套装。

② 绝缘工具:68 件绝缘工具套装。

③ 检测设备:万用表。

◆ **实训步骤**

参考资源

荣威 E550 动力电池包检测

| 个人防护 | 设备准备 | 工具准备 | 前期准备 | 动力电池包检修 | 整理归位 |

1. 前期准备

穿戴好防护装备。

2. 拆卸动力蓄电池包上盖

(1) 拆卸动力蓄电池包上盖固定螺栓

① 使用 4 mm 内六角旋具套筒、接杆、棘轮扳手、组合工具配合 10 mm 扳手预松动力蓄电池包上盖 26 颗固定螺栓。

② 用手取下动力蓄电池包上盖固定螺栓，并妥善放置。

（2）拆卸动力蓄电池包上盖定位螺栓

① 使用 3 mm 内六角旋具套筒、接杆、棘轮扳手组合工具拆卸动力蓄电池包上盖的 6 颗定位螺栓。

② 用手取下固定螺栓，并妥善放置。

（3）打开动力蓄电池包上盖，取下电池包保温材料

3. 动力蓄电池包基本检查

（1）动力蓄电池基本检查

① 配戴高压绝缘手套。

② 目视检查动力蓄电池管理器、电力分配单元、高压线束是否有异常。

③ 目视检查高压连接端子、搭铁线、冷却管路接口是否存在异常情况。

（2）高压维修塞检查

① 目视检查高压维修塞外观是否有破损。

② 检查锁扣装置是否有卡滞现象。

③ 高压维修塞电阻检测。

a. 万用表校表，将万用表调至电阻测试挡，对接红黑表笔，标准值应小于 0.5 Ω。

b. 使用万用表测量高压维修塞高压端子之间电阻值，标准值应小于 0.5 Ω。

c. 使用万用表测量高压维修塞互锁端子之间电阻值，标准值应小于 0.5 Ω。

◇ 若测量数值超出标准数值，则说明高压维修塞损坏，需及时更换。

（3）动力蓄电池互锁回路检测

① 安装高压维修塞。

② 红色表笔连接动力蓄电池低压插接器 6 号端子，黑色表笔连接动力蓄电池低压插接器 9 号端子；检测动力蓄电池互锁回路电阻值，标准值应小于 0.5 Ω。

◇ 若测量数值超出标准数值，则说明动力蓄电池互锁系统存在故障，需进一步检修。

4. 动力蓄电池模组检测

（1）动力蓄电池总电压检测

① 选用万用表，调整挡位至直流电压测试挡。

② 红色表笔连接动力蓄电池正极输出端子，黑色表笔连接动力蓄电池负极输出端子。

③ 检测动力蓄电池总电压值，实际测量值为 306.5 V。其标准值为 307 V 左右。

注意事项

◇ 若测量值远低于标准值,则说明动力蓄电池存在故障或电量不足,需对动力蓄电池充电后再次检测。

(2) 动力蓄电池模组电压检测

① 使用万用表红色表笔连接第一组动力蓄电池模组正极端子,黑色表笔连接第一组动力蓄电池模组负极端子。

② 检测第一组动力蓄电池模组电压值,实际测量值为 76.6 V。其标准值为 76 V 左右。

注意事项

◇ 若测量值远低于标准值,则说明动力蓄电池存在故障或电量不足,需对动力蓄电池充电后再次检测。

③ 按照此方法检测其余三组动力蓄电池模组电压值。

5. 动力蓄电池单体电芯检测

(1) 电池模组相关附件拆卸

① 拆卸电池模组固定螺栓。

a. 使用 15 mm 套筒、接杆、棘轮扳手、组合工具,预松电池模组 16 颗固定螺栓。

b. 使用 15 mm 套筒、接杆组合工具拆卸电池模组 16 颗固定螺栓。

c. 用手取出 16 颗固定螺栓。

② 打开动力蓄电池模组的保护塑料纸。

③ 拆卸电池模组上盖固定螺栓。

a. 使用 T15 内花键套筒、接杆、棘轮扳手、组合工具,拆卸动力蓄电池模组上盖的 8 颗固定螺栓。

b. 用手取下电池模组上盖固定螺栓。

④ 轻轻晃动取下动力蓄电池模组上盖。

(2) 单体电芯电压检测

① 将万用表调至直流电压测试挡。

② 红黑表笔分别连接单体电芯正负极端子。

③ 检测单体电芯电压值,实际测量值为 3.3 V。其标准值为 3.2 V 左右。

注意事项

◇ 若单体电芯测量值远低于标准值,则说明该单体电芯存在异常故障,需要及时处理。

④ 以同样方法检测其他单体电芯电压值。

（3）电池模组相关附件安装

① 安装动力蓄电池模组上盖。

② 安装动力蓄电池模组上盖固定螺栓。

a. 使用 T15 内花键套筒、接杆、组合工具，旋入动力蓄电池模组上盖的 8 颗固定螺栓。

b. 使用 T15 内花键套筒、接杆、棘轮扳手、组合工具，紧固动力蓄电池模组上盖的 8 颗固定螺栓。

③ 安装动力蓄电池模组保护塑料纸。

④ 安装动力蓄电池模组固定支架的 16 颗螺栓。

a. 使用 15 mm 套筒、接杆、组合工具，旋入电池模组固定支架的 16 颗螺栓。

b. 使用 15 mm 套筒、接杆、棘轮扳手、组合工具，拧紧电池模组固定支架的 16 颗螺栓。

c. 使用 15 mm 套筒、接杆、定扭式扭力扳手、组合工具，紧固电池模组固定支架的 16 颗螺栓至 40 N·m。

6. 安装动力蓄电池包上盖

（1）目视检查动力蓄电池隔热垫是否有破损

（2）安装动力蓄电池保温材料

（3）安装动力蓄电池包上盖，并确认动力蓄电池包上盖安装到位

（4）安装动力蓄电池包上盖固定螺栓

① 手动装入动力蓄电池包上盖 26 颗固定螺栓。

② 使用 4 mm 内六角旋具套筒、接杆、棘轮扳手、组合工具，配合 10 mm 扳手拧紧动力蓄电池包上盖 26 颗固定螺栓。

③ 使用 4 mm 内六角旋具套筒、接杆、定扭式扭力扳手、组合工具紧固动力蓄电池包上盖固定螺栓至 10 N·m。

（5）安装动力蓄电池包上盖定位螺栓

① 使用 3 mm 六角旋具套筒、接杆、组合工具，旋入动力蓄电池包上盖 6 颗定位螺栓。

② 使用 3 mm 六角旋具套筒、接杆、棘轮扳手、组合工具，紧固动力蓄电池包上盖 6 颗定位螺栓。

7. 整理归位

整理工具，清理场地。

实训6　荣威 E550 驱动电机检测

◆ **实训准备**

1. 安全操作规范

① 严禁违规使用绝缘工具、仪器仪表，注意轻拿轻放，有序操作。

② 严格遵守实训规程,按照指导老师要求完成实训操作。

③ 为保证教学安全性,严禁在车辆行驶的条件下进行任何测试。

④ 严禁长时间针对辅助蓄电池进行放电操作,可采用其他低压电源设备替代。

⑤ 若仪器仪表出现故障问题,请立即停止一切操作,严禁私自拆卸修复。

2. 实操工具准备

（1）设备准备

2016 款荣威 E550 混合动力汽车。

（2）工具准备

① 常用工具:常用拆装套件。

② 绝缘工具:绝缘工具套件、绝缘手套。

③ 防护装备:车内防护三件套、车外防护三件套。

④ 检测设备:电子兆欧表、数字电桥、诊断仪。

⑤ 专用工具:高压维修塞保护盖。

⑥ 其他:棉纱手套。

◆　实训步骤

1. 前期准备

① 进入车内安装车内防护三件套。

② 启动驻车制动器。

③ 拉起前机舱盖手柄,打开前机舱盖,安装车外防护三件套。

2. 驱动电机系统在线检测

① 进入车辆,起动车辆,发现车辆无法正常上电,且仪表显示动力系统故障。

② 取出诊断仪套件,连接 VCDI 无线诊断接口。

③ 打开诊断仪电源开关,待电源开启后,进入荣威 E550 诊断系统;并读取车辆 VIN 码,选择读取整车数据。

④ 等待车辆通信完成之后,点击电驱系统,进入模块数据读取页面。

⑤ 读取电驱系统故障码,记录后清除故障码,然后重新读取故障码。

⑥ 读取驱动电机相关数据流,判断驱动电机状态。

3. 断开高压维修塞

① 确认车辆点火开关处于关闭状态。

② 使用合适套筒、棘轮扳手拆卸低压蓄电池负极电缆。

注意事项

◇ 断开低压蓄电池负极电缆,需等待 10 min,等相关电容元件放电完成后,才可以进行高压系统相关操作。

③ 举升车辆至合适位置,在靠近右后轮一侧拆下高压维修塞,使用高压维修塞替代保护盖 TEL00022 盖住高压维修塞安装处。

4. 检测驱动电机

(1) 打开保险器,按压插接器锁舌,断开 ISG 电机三相线束插接器

(2) 打开保险器,按压插接器锁舌,断开 TM 电机三相线束插接器

(3) 检测 ISG 电机绝缘情况

① 检查电机三相电缆外观是否良好,有无外伤或绝缘老化现象。

② 选用电子兆欧表,将测试挡位调节至 1000 V 测试挡,使用红色表笔连接 U 相电缆端子,黑色表笔连接车身搭铁点,检测 ISG 电机 U 相绕组绝缘情况。

③ 使用红色表笔连接 V 相电缆端子,黑色表笔连接车身搭铁点,检测 ISG 电机 V 相绕组绝缘情况。

④ 使用红色表笔连接 W 相电缆端子,黑色表笔连接车身搭铁点,检测 ISG 电机 W 相绕组绝缘情况。

◇ 测量标准数值应大于 20 MΩ。
◇ 若测量数值与标准数值不符合,则说明驱动电机存在绝缘故障,需进一步检修。

(4) 检测 TM 电机绝缘情况

① 检查电机三相电缆外观是否良好,有无外伤或绝缘老化现象。

② 选用电子兆欧表,将测试挡位调节至 1000 V 测试挡,使用红色表笔连接 U 相电缆端子,黑色表笔连接车身搭铁点,检测 TM 电机 U 相绕组绝缘情况。

③ 使用红色表笔连接 V 相电缆端子,黑色表笔连接车身搭铁点,检测 TM 电机 V 相绕组绝缘情况。

④ 使用红色表笔连接 W 相电缆端子,黑色表笔连接车身搭铁点,检测 TM 电机 W 相绕组绝缘情况。

◇ 测量标准数值应大于 20 MΩ。
◇ 若测量数值与标准数值不符合,则说明驱动电机存在绝缘故障,需进一步检修。

(5) 检测 ISG 电机定子绕组电阻、电感值

① 选用数字电桥,将测试挡位调节至电阻测试挡,使用红色表笔连接 U 相电缆端子,黑色表笔连接 V 相电缆端子,检测 ISG 电机 U－V 相绕组电阻值,并记录。

② 以同样方法交换红黑表笔检测 V－W、U－W 相绕组电阻值。

注 意 事 项

◇ 三相绕组电阻值,会随温度的不同,而在 0.2～1.2Ω 之间变化。
◇ 三相绕组的电阻值应该是相近的,若三相阻值差距较大则说明驱动电机定子绕组存在故障。

③ 将数字电桥挡位调节至电感测试挡,检测 ISG 电机 U-V 相绕组电感值,并记录。

a. 使用数字电桥电感测试挡测量电感,使用红色表笔连接 U 相接线柱,黑色表笔连接 V 相接线柱,检测 U-V 相绕组电感值完成检测后记录数值:1.38 H;

b. 以同样方法交换红黑表笔检测 V-W 相。阻值:1.055 3 mH、U-W 相绕组,阻值 1.055 3 mH。

注 意 事 项

◇ 三相绕组检测结果值对比相差应不大于5%。若测量数值与标准数值不符合,则说明驱动电机定子绕组存在故障,需要更换定子绕组总成。

5. 检测旋转变压器

(1) 检查 ISG 电机旋转变压器电阻值

① 选用万用表,将测试挡位调节至电阻测试挡,使用红色表笔连接 ED001-21 端子,黑色表笔连接 ED001-27 端子,检测 ISG 电机旋转变压器励磁绕组电阻值,并记录。

注 意 事 项

◇ 旋转变压器励磁绕组电阻值检测结果应为(12±2)Ω。
◇ 若测量数值与标准数值不符合,则说明驱动电机旋转变压器存在故障,需进一步检修。

② 使用红色表笔连接 ED001-19 端子,黑色表笔连接 ED001-20 端子,检测 ISG 电机旋转变压器正弦绕组电阻值,并记录。

注 意 事 项

◇ 旋转变压器正弦绕组电阻值检测结果应为(22±2)Ω。
◇ 若测量数值与标准数值不符合,则说明驱动电机旋转变压器存在故障,需进一步检修。

③ 使用红色表笔连接 ED001-25 端子,黑色表笔连接 ED001-26 端子,检测 ISG 电机旋转变压器余弦绕组电阻值,并记录。

 注意事项

◇ 旋转变压器余弦绕组电阻值检测结果应为(19±2)Ω。
◇ 若测量数值与标准数值不符合,则说明驱动电机旋转变压器存在故障,需进一步检修。

(2) 检查 TM 电机旋转变压器电阻值

① 选用万用表,将测试挡位调节至电阻测试挡,使用红色表笔连接 ED001-3 端子,黑色表笔连接 ED001-15 端子,检测 TM 电机旋转变压器励磁绕组电阻值,并记录。

 注意事项

◇ 旋转变压器励磁绕组电阻值检测结果应为(12±2)Ω。
◇ 若测量数值与标准数值不符合,则说明驱动电机旋转变压器存在故障,需进一步检修。

② 使用红色表笔连接 ED001-1 端子,黑色表笔连接 ED001-2 端子,检测 TM 电机旋转变压器正弦绕组电阻值,并记录。

 注意事项

◇ 旋转变压器正弦绕组电阻值检测结果应为(22±2)Ω。
◇ 若测量数值与标准数值不符合,则说明驱动电机旋转变压器存在故障,需进一步检修。

③ 使用红色表笔连接 ED001-13 端子,黑色表笔连接 ED001-14 端子,检测 TM 电机旋转变压器余弦绕组电阻值,并记录。

 注意事项

◇ 旋转变压器余弦绕组电阻值检测结果应为(19±2)Ω。
◇ 若测量数值与标准数值不符合,则说明驱动电机旋转变压器存在故障,需进一步检修。

(3) 安装 ISG 电机的三相电缆插接器

（4）安装 TM 电机三相电缆插接器

（5）装复高压维修塞

（6）安装低压蓄电池负极电缆

6. 整理归位

① 确认车辆状况良好无故障，检测操作完成。

② 取下车内三件套件。

③ 取下车内三件套件。

④ 整理工具，实训设备归位。

任务小结

本任务讲解了荣威 E550 混合动力汽车动力系统的组成、工作原理及检修方法。

荣威 E550 采用的是典型的全混型混联式混合动力系统，它以电驱动变速器（EDU）为核心，配以传统汽油发动机、ISG 电机、TM 电机三个动力源和能量/功率平衡型纳米磷酸铁锂电池，并具备外接充电功能。一般，混联式混合动力汽车主要由电机、发动机、动力蓄电池、发电机、动力耦合装置、电机控制器等组成。荣威 E550 混合动力汽车的动力系统中的两个电机和动力耦合装置等集合组成电驱变速器（EDU），而两个电机控制器和 DC/DC 转换器集合组成了电力电子箱（Power Electronic Box, PED）。所以，荣威 E550 混合动力汽车的动力系统由发动机、电驱变速器（EDU）、电力电子箱（PED）、动力蓄电池、车载充电器、冷却系统及低压电源等组成。

荣威 E550 动力系统的智能电驱变速器（EDU），集成了两个电机、两个离合器和一个齿轮变速机构，等于把汽车的动力单元和传动单元都集成在一起，所以智能电驱变速器（EDU）主要由 TM 电机、ISG 电机、C1 离合器、C2 离合器、齿轮变速机构、液压控制模块等组成。

电力电子箱是控制 TM 电机和 ISG 电机的电器组件，在高速 CAN 上与 HCU、IPK、BCM、BMS、PMU、EPB 等控制器通信。软件接收 HCU 的转矩命令以控制 ISG 电机和 TM 电机，同时电力电子箱控制器带有自诊断功能，确保系统安全运行。其内部集成 TM 控制器、ISG 控制器、逆变器、DC/DC 转换器等部件。

荣威 E550 动力系统的检测要遵循由易到难、由外到内、由电气部件到机械部件的原则进行，并且一般是利用设备进行的不解体优先。主要检测部件包括发动机、驱动电机、动力蓄电池及动力耦合装置等主要部件的检测。

任务练习

一、判断题

1. 荣威 E550 的电驱变速器由两个电机和动力耦合装置集合而成。　　　　　（　　）

2. 荣威 E550 的电力电子箱由电机控制器和 DC/DC 转换器集合而成。　　　　（　　）

3. 荣威 E550 的 TM 电机集合在变速器中,ISG 电机独立在外,它们皆位于发动机右侧。

                                                          (　　)

4. ISG 电机具有高耦合刚度、高线性度、高转矩惯量比的特点,能够在短时间内输出峰值转矩,在低速甚至堵转状况下连续运行。   (　　)

5. 荣威 E550 的常开 C2 离合器位于发动侧,常闭 C1 离合器位于 TM 电机侧。   (　　)

二、选择题

1. (　　)是作为发电机及制动回收能量的装置,在车辆起动时作为起动机使用。【单选题】
   A. 液压模块　　　　　B. ISG 电机　　　　　C. TM 电机　　　　　D. 双离合器
2. 荣威 E550 动力系统采用的是(　　)。【单选题】
   A. 铅酸蓄电池　　　B. 磷酸铁锂电池　　　C. 钠氯化镍蓄电池　　D. 燃料电池
3. 电芯监测模块适用于采用(　　)的高压电池包,采集电芯电压、温度信息并通过 CAN 上传至电池管理控制器。【单选题】
   A. LG 电芯　　　　　B. A123 电芯　　　　　C. 聚合物电芯　　　　D. 18650 电芯
4. (　　)是电池冷却系统的一个关键部件,负责将冷却电池的冷却液降温。【单选题】
   A. 冷却水壶　　　　　B. 电池冷却泵　　　　C. 冷却管路　　　　　D. 电池冷却液
5. 下曲轴箱由(　　)组成。【多选题】
   A. 下曲轴箱　　　　　B. 机油泵总成　　　　C. 机油集滤器　　　　D. 机油滤清器

三、简答题

1. 请简述电池冷却温度控制的控制原理。

2. 请说出荣威 E550 动力蓄电池系统的特点。

项目三 混合动力汽车控制系统构造与检修

项目概述

　　混合动力汽车控制系统是混合动力汽车的核心，犹如大脑对人的作用一样至关重要。它控制车辆的运行状态，并根据控制逻辑进行能源分配和工作协调，从而保证发动机、电机及辅助电器在适当的时刻工作，以充分发挥各种动力和部件的优势，使汽车整体获得最佳运行状态。混合动力汽车控制系统的性能直接影响混合动力整车的动力性、节能性和环保性、舒适性和安全性。

　　本项目详细讲述混合动力汽车控制系统的各组成、工作原理及检修方法。

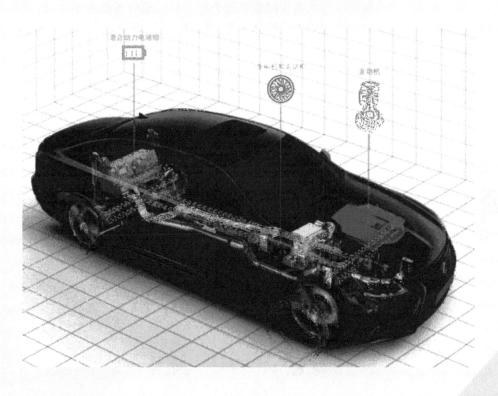

任务 1　混合动力汽车控制系统构造与原理

任务目标

1. 了解混合动力汽车整车控制系统的组成。
2. 掌握混合动力汽车整车控制系统控制内容和策略。
3. 掌握混合动力汽车整车控制系统的工作原理。

任务导入

某课间活动，小刘和小李就有关混合动力汽车控制系统基本组成与原理的问题进行讨论。小刘说混合动力汽车控制系统并不包含发动机控制模块，因为发动机系统应作为一个独立运行的系统。而小李提出反对意见，认为发动机控制模块应属于混合动力汽车控制系统的一部分，就像电池控制模块与电池管理系统的关系一样。请你根据所学知识，判断哪一位同学说的是正确的，并以合理的理由说服另一方。

混合动力汽车控制
系统如何区分？

 知识储备

控制系统是混合动力汽车的神经中枢。在混合动力汽车上普遍地采用以计算机为核心的现代计算机技术和自动控制技术,各种智能控制系统包括自适应控制技术、模糊控制技术等技术实现混合动力汽车的控制。混合动力汽车控制系统通过合理规划整车在具体行驶工况中的不同动作,使整车能量高效合理地流动,且整车经济性、动力性、排放等各项指标达到最佳结合点。

一、混合动力汽车控制系统控制要求

混合动力电动汽车与传统内燃机汽车和纯电动汽车不同,它一般至少有两种车载能量源。如何利用两种能量源的特性互补,实现整车性能的改善和提高,这就需要对控制系统提出相应的控制要求。

① 使混合动力汽车的动力性能能够达到或优于内燃机汽车的水平,逐步实现混合动力汽车的实用化。

② 最大限度地发挥了电机驱动的辅助作用,使混合动力汽车的燃油消耗量尽量降低,实现发动机的节能化。

③ 在环保方面,达到"超低污染"的环保标准。

④ 在混合动力汽车上实现多能源动力控制,混合动力汽车关键的控制技术,是对内燃机驱动系统和对电机驱动系统实现双重控制。发动机与电机的动力系统应进行最有效的组合并实现最佳匹配,发动机和驱动系统、电机和驱动系统都能具有高效率,能够回收再生制动能量,延长混合动力汽车的续驶里程,改进混合动力汽车的节能性。

⑤ 在操纵装置和操纵方法上继承或沿用内燃机汽车主要的操纵装置和操纵方法,以符合驾驶人的操作习惯,使操作简单化和规范化。在整车控制系统中,采用全自动、机电一体化控制系统,达到安全、可靠、节能、环保和灵活的目的。

混合动力汽车一般是内燃机汽车的替代和延伸,继承和沿用了很大一部分内燃机汽车的传动系统,保留了人们已经习惯的内燃机汽车的操纵装置,包括加速踏板、制动踏板、离合器、自动变速器的操纵装置等。由这些操纵装置发出控制信号,通过以计算机为核心的中央控制器和各种控制模块,向内燃机的驱动系统或电机驱动系统发出单独驱动指令或混合驱动指令,来获得不同的驱动模式,按照驾驶员的意图,实现混合动力汽车的起动、行驶、加速、爬坡、减速和制动时的驱动模式转换的控制。

混合动力汽车的动力系统是它的动力源,它可以在驾驶员的操纵下,将发动机和驱动电机产生的动力传递给驱动车轮,带动汽车行驶。

二、混合动力汽车控制系统组成

为了达到混合动力汽车的控制要求,混合动力系统要实现数据交换、信息传递、故障诊

断、安全监控、驾驶员意图解析、发动机和电机能量协调管理、车身电器等辅助系统的控制等功能,从而实现混合动力汽车的动力性、安全性、舒适性和节能环保的控制目标。混合动力汽车控制系统主要由整车控制单元(VCU)、混合动力控制单元(HV ECU)、发动机控制单元(ECU)、电机控制器(MCU)、车载充电机、电池管理器(BMS)、高压电缆、驾驶员操纵传感器、数据总线、漏电监测装置、高压互锁系统、低压辅助电源、DC/DC 转换器以及电器辅助系统等组成,如图 3-1-1 所示。混合动力汽车的控制系统按实现的功能可分为能量管理系统、驾驶员信息传递系统、信息通信系统、安全故障管理系统和辅助系统。混合动力汽车控制系统组成部件分别属于不同的功能系统。

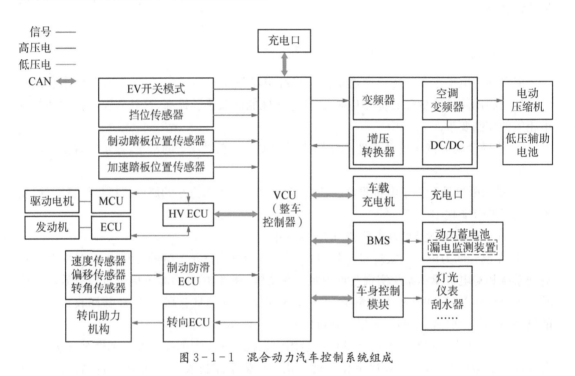

图 3-1-1　混合动力汽车控制系统组成

（一）能量管理系统

混合动力汽车控制系统中的能量管理系统相当于混合动力汽车动力系统的控制和管理部分,其可以实现对动力蓄电池上下电控制、整车热集成管理控制、车辆行驶方向控制、整车功率控制、能量回收控制以及车辆充电控制等,其主要由整车控制单元(VCU)、混合动力控制单元(HV ECU)、发动机控制单元(PCU)、电机控制器、车载充电机、电池管理器和高压电缆等组成。

1. 整车控制单元（VCU）

混合动力汽车的整车控制单元即为整车控制器,是整车控制系统的核心控制部件。整车控制器可以接收加速踏板位置传感器、制动踏板位置传感器、挡位传感器、模式开关信号等驾驶员操纵信号及其他信号,做出分析处理,控制相应的各个动力总成子系统,如电力驱动系统、电能装置、内燃机等的工作。整车控制器与 HV ECU 和 BMS 通信,向电机控制器和电池管理器发出相应的控制指令,从而控制动力系统的工作。混合动力汽车整车控制器通过采集驾驶员驾驶信号和车辆状态,通过 CAN 总线对网络信息进行管理、调度、分析和运算,针对车型的不同配置,进行相应的能量管理和动力控制。

(1) 整车控制器组成

在混合动力汽车整车控制系统中,各种整车控制器硬件组成都大同小异,主要由印制电路板、壳体、线束插接座和固定螺栓等构成,印制电路板一般都是封装在铝制金属壳体内部,并通过线束插接件与整车线束相连接,如图 3-1-2 所示。

整车控制器中的印制电路板较为复杂,虽然不同制造公司开发研制的硬件电路结构各有不同,但是硬件电路的组成及基本原理类似。典型的整车控制器硬件系统主要由:电源模块、数据采集模块(模拟量输入模块和数字量输入模块)、存储模块、CAN 通信模块、微控制器模块、功率驱动及保护模块、输出模块和显示模块等组成,如图 3-1-3 所示。

图 3-1-2　整车控制器组成外观图

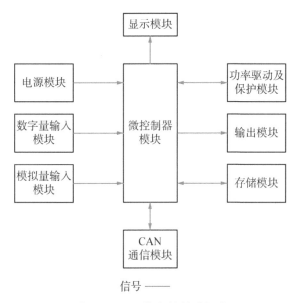

图 3-1-3　整车控制器组成

① 电源模块。电源模块为整车控制器内部的其他模块提供适当的基本工作电压,使各部分进入正常工作状态。电源模块通过电压转换将低压辅助电池提供的 12 V 电压转换成 5 V 或 3.3 V,以保证整个控制器的能量供给和电压匹配。

② 数据采集模块。数据采集模块主要是接受制动踏板、加速踏板、挡位等传感器产生的模拟信号和数字信号,并送给微控制器模块,也称为输入模块,其主要功能是将传感器信号或各种开关信号变换成微处理器能够识别的数字信号。根据信号输入类型,输入模块可以

分为模拟量信号输入模块和数字信号输入模块。

a. 模拟量信号输入模块。信号电压(或电流)随时间连续变化的信号称为模拟信号。模拟量信号输入模块的作用就是将各种模拟量信号变换成单片机能够识别和处理的信号。

整车控制器的常用模拟量输入信号有制动踏板位置传感器信号、加速踏板位置传感器信号、温度传感器信号等。下面将以加速踏板位置传感器模拟量信号输入为例进行介绍。

加速踏板位置传感器安装在加速踏板内部,如图3-1-4所示。当驾驶员需要加速时踩下加速踏板,踏板位置传感器就将感知的信号通过电缆传递给整车控制器,整车控制器就会对该信息和其他系统传来的数据信息进行运算处理、分析判断,并发出指令给其他控制器,对整个车辆的动力输出实现控制功能。

以采用两路电位计输出型位置传感器为例进行说明,其连接电路如图3-1-5所示。电位计型加速踏板位置传感器以分压电路原理工作,控制器分别供给踏板位置传感器一路+5 V电源。加速踏板通过转轴与传感器内部滑动变阻器的电刷连接,加速踏板位置传感器的位置改变时,电刷与接地端的电压发生改变,控制器内部的模拟量输入电路将该电压转变成加速踏板的位置信号。

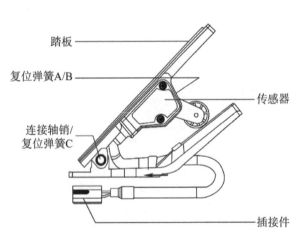

图3-1-4 加速踏板位置示意图

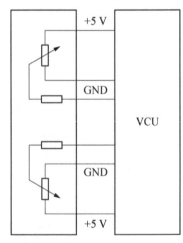

图3-1-5 加速踏板位置传感器原理示意图

以加速踏板位置传感器一路踏板位置信号为例来解释模拟信号至数字信号的转换过程,其中有两个滤波电容,有两个起分压作用的电阻。加速踏板的模拟信号先经过滤波、电平调理后进入微处理器的 AD 输入通道,然后处理成控制单元能够识别的数字信号。

b. 数字信号输入模块。在时间和幅度上都是离散的信号称为数字信号,而数字量输入模块的作用就是将各种数字开关信号变换成单片机能够识别、处理的数字信号。在整车控制中,常用的数字开关输入信号有制动开关信号、点火开关信号、输入输出轴速度传感器信号、空调请求开关信号等。下面将以点火开关数字信号输入为例进行介绍。

点火开关是汽车电路中最为重要的开关,是各条电路分支的控制中枢。在钥匙起动的车辆中,点火开关通常有 4 个位置,如图3-1-6所示。起动动力系统时点火开关的位置依次为关闭(OFF)—辅助供电(ACC)—运行(ON)—起动(START),分别对应了点火开关的

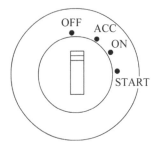

图 3-1-6 点火开关位置示意图

四个状态。

当点火开关从 ACC 到 ON 时,控制器中的电源模块被激活,开始为控制器提供电源,控制器进入运行模式。

当点火开关从 ON 到 START 时,表示起动状态,发动机起动或是电驱系统输出准备好。

由于钥匙开关信号有效时是+12 V,因此在其输入处理电路中需要进行下拉处理,如图 3-1-7 所示。点火信号的输入经过电阻的分压和电容的滤波后进入比较器,输出满足电平要求的开关信号,并使用两个二极管对电压进行钳制。经过处理的开关信号最后进入微控制器的输入通道进行采集。

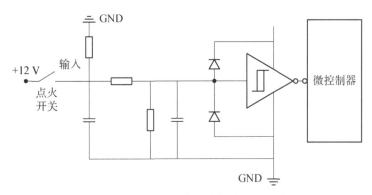

图 3-1-7 点火开关信号电路原理示意图

③ 存储模块。在控制器中,存储器是用来存储程序指令和数据的单元,由许多具有记忆功能的存储电路构成,根据功能可分为程序存储器和数据存储器,按照操作原理可分为只读存储器和随机存储器,如图 3-1-8 所示。

在汽车的控制器中,ROM(Read Only Memory,只读存储器)用来存储控制程序或原始的实验数据(如电机的外特征曲线),即使点火开关断开控制器掉电,ROM 中的这些信息也不会丢失。而 RAM(Random Access Memory,随机存储器)是可以读写的存储单元,通常用来存储控制器在工作时暂时需要存储的数据(输入输出数据、运算中间结果等),这些数据会在控制器掉电后丢失。

实际应用中,ROM 和 RAM 容量的选取要考虑应用程序、底层软件以及数据量的大小,并保证 20%以上的预留空间。

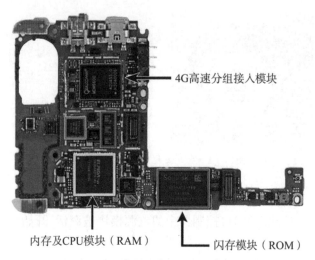

图 3-1-8　印制电路板上的存储模块示意图

④ CAN 通信模块。CAN 通信模块可以接收总线上各信息,为整车控制器制定控制策略基本信息的输入提供途径,同时也可以将 HCU 的功率分配和系统控制策略发送到 CAN 总线上。

控制局域网络(Controller Area Network,CAN)通信模块已经成为汽车计算机控制系统的标准总线。近年来,其所具有的高可靠性和良好的错误检测能力受到重视,被广泛应用于汽车电控系统中。整车控制器采用了 CAN 通信方式,能够显著提高整车控制器与其他控制器(如电机控制器、BMS、ABS 等)之间的通信的可靠性,并能降低导线成本。

一个典型的 CAN 通信节点是由 CAN 控制器、扼流圈、终端电阻和防静电保护电路组成的,如图 3-1-9 所示。其中 CAN 控制器用于控制 CAN 帧的发送和接收;CAN 驱动器为 CAN 控制器提供对总线的差动发送和接收功能;扼流圈是为获得更好的电磁兼容性;终端电阻降低了总线通信时的干扰,提高了可靠性。

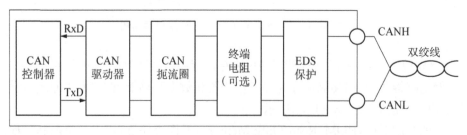

图 3-1-9　CAN 通信模块硬件组成示意图

⑤ 微控制器模块。微控制器模块也称为微控制器单元(Micro Control Unit,MCU)是整车控制器的核心,相当于整车控制器的中央处理器,它主要负责数据的采集处理、逻辑运算及控制实现等。MCU 的选取是整个硬件设计过程中较为重要的任务之一,目前常见的 MCU 有 8 位、16 位和 32 位处理器。由于 32 位处理器处理能力强,且成本与 16 位处理器相差无几,已经成为控制器开发的主流。对于整车控制器开发,由于 32 位处理器硬件上还可以

支持浮点运算,这将大大加快控制器应用软件的开发速度,因此32位微处理器是整车控制器的首选。

⑥ 功率驱动及保护模块。功率驱动及保护模块也称为辅助模块,它是实现整车控制器的安全保险功能的主要部件,它可以根据数据采集模块的信息和存储模块的信息判断车辆是否安全,若存在安全隐患,直接得出需要进入保护模式的结论,并发出指令驱动其进入保护模式。

⑦ 输出模块。输出模块的功能主要是根据微控制器发出的控制指令,控制执行器(电磁阀、继电器等)动作。由于微控制器智能输出微弱的电信号,不能直接驱动执行元件,因此输出模块需要对控制指令进行译码、功率放大,变成可以驱动执行器的大功率信号。

(2)整车控制器的工作任务

整车控制器在汽车行驶过程中执行多项任务,具体包括:

① 接收、处理驾驶员的驾驶操作指令,并向各个部件控制器发送控制指令,使车辆按驾驶期望行驶。

② 与电机、DC/DC、蓄电池组等进行可靠通信,通过CAN总线(以及关键信息的模拟量)进行状态的采集输入及控制指令量的输出。

③ 接收处理各个零部件信息,结合能源管理单元提供当前的能源状况信息。

④ 系统故障的判断和存储,动态检测系统信息,记录出现的故障。

⑤ 对整车具有保护功能,视故障的类别对整车进行分级保护,紧急情况下可以关掉发电机及切断母线高压系统。

⑥ 协调管理车上其他电器设备。

(3)整车控制器工作模式

整车控制器共有9个工作模式,分别为停车状态、充电状态、起动状态(也可以称为自检状态)、运行状态、车辆前进/后退状态、回馈制动状态、机械制动状态、一般故障状态、重大故障状态,每个状态的工作状态如下:

① 停车状态:混合动力汽车处于停车状态,此时系统的主继电器断电,系统中各个节点停止运行。

② 充电状态:当混合动力汽车在停车状态下,插上充电插头或者按下充电按钮时,整车控制器控制组合仪表显示电池充电状态,并对电池工作状态进行实时监测;电池ECU进入充电程序,并强制切断动力电机继电器的回路电源。

③ 起动状态:在整车控制器确认拔掉充电插头时,拨动汽车钥匙位置,这时系统中各个节点进入自检状态。

④ 运行状态:拨动汽车钥匙到指定位置,整车控制器向电机ECU发送准备开车指令;整车控制器收到就绪指令后,闭合主继电器,进入行车程序。同时,电池ECU进入电池管理程序。

⑤ 车辆前进、后退状态:整车控制器通过对当前车辆功率的要求和蓄电池当前的状态计算向电机控制器发出信号,动力电机控制器接收到方向信号和驱动转矩给定值信号后,控制动力电机进入运转状态,并根据方向信号确定动力电机的转向,以及根据驱动转矩给定值信号确定动力电机输出转矩的大小,控制电机的输出功率以实现动力性目标。

⑥ 回馈制动状态：当加速踏板回零而且制动踏板处于回馈制动区时，整车控制器发送符合回馈制动要求的负转矩给电机 ECU；电机 ECU 进入发电程序，电池 ECU 进入电池回馈管理程序。

⑦ 机械制动状态：制动踏板离开回馈制动区，电机 ECU 停止发电程序，整车控制器进入机械制动程序，电池 ECU 停止回馈。

⑧ 一般故障状态：ECU 检测到一般故障，整车控制器报警（报警灯闪烁、通过 CAN 总线发送相关的报警信息，通知其他的节点），整个系统降级运行。

⑨ 重大故障状态：ECU 报警（紧急情况采用紧急呼叫指令通知其他节点），必要时切断主继电器电源，系统停车。

2. 混合动力控制单元（HV ECU）

混合动力控制单元（HV ECU）可以接收整车控制单元、发动机控制单元的有关车辆状态的信息，根据内部存储的控制逻辑进行分析处理，从而向发动机控制单元或者整车控制单元发出控制电机、发动机以及动力蓄电池工作的指令，使车辆合理切换电驱和发动机驱动两个状态，最终有效地控制动力系统的工作。具体工作时，它根据请求转矩、再生制动控制和 HV 蓄电池的 SOC（充电状态）信号，控制发电机（MG1）、电机（MG2）和发动机，其工作状态由挡位、加速踏板踩下角度和车速来确定。混合动力系统 ECU 监控 HV 蓄电池的 SOC 和 HV 蓄电池的温度、发电机（MG1）和电机（MG2）以对这些项目实施最优控制。

① 车辆处于"空挡（N）"时，HV ECU 实施关闭控制，自动关闭发电机（MG1）和电机（MG2）。

② 车辆在陡坡上松开制动踏板而起动时，上坡辅助控制可以防止车辆下滑。

③ 如果驱动轮在没有附着力时空转，HV ECU 提供电机牵引力控制，抑制电机（MG2）旋转，进而保护行星齿轮组，同时防止发电机（MG1）产生过大的电流。

3. 发动机控制单元（ECU）

发动机 ECU 接收 HV ECU 发送的目标发动机转速和所需的发动机动力，来控制 ETCS-i 系统、燃油喷射量、点火正时和 VVT-i 系统。

4. 电机控制器

在混合动力汽车上，采用动力蓄电池组的直流电作为电源，和采用三相交流电机作为驱电机时，三相交流电机不能直接使用直流电源，此外三相交流电机具有非线性输出特性，需要使用电机控制器来实现直流电源和三相交流电机之间电流的传输和变换，并要求能够实现频率调节，在所调节的频率范围内确保功率的连续输出，同时实现电压的调节，可以在恒定转矩范围内维持气隙磁通恒定，将直流电变换为频率与幅值可调且电压可调的交流电来驱动三相交流电机。

（1）电机控制器控制特点

用电机控制器对三相交流电机进行调速控制的控制系统的特点如下：

① 实现了对三相交流电机的调速控制，拓宽了交流电机的转速范围，实现恒功率范围内的运转，可以对交流电机进行高速驱动。

② 可以实现大范围内的高效率连续调速控制,进行高频率起动与停止运转,并进行电气制动,快速控制交流电机的正、反转的切换。

③ 所需要的电源容量较小,电源功率因数较大,能够用一台变频器对数台交流电机进行控制,组成高性能的控制系统等。

(2)电机控制器基本结构

电机控制器在混合动力汽车上应用非常普遍,从实现功能上看,其主要由逆变器和增压转换器组成,具体部件为功率半导体变换器件和基本功率电路组成,电机控制器的基本功率电路有以下几种。

① 交-直-交逆变器电路。在有 220/280 V 交流电源处,通常采用交-直-交逆变器电路,其基本电路图如图 3-1-10 所示。

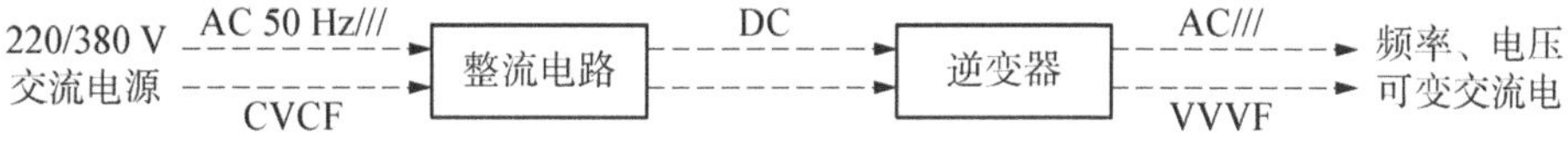

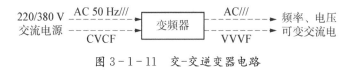

图 3-1-10　交-直-交逆变器电路

② 交-交逆变器电路。在有 220/280 V 交流电源处,可以采用交-交逆变器电路,其基本电路图如图 3-1-11 所示。

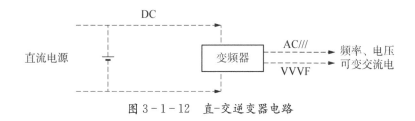

图 3-1-11　交-交逆变器电路

③ 直-交逆变器电路。在混合动力汽车有直流动力蓄电池组电源时,可以采用直-交逆变器电路,其基本电路图如图 3-1-12 所示。

图 3-1-12　直-交逆变器电路

5. 车载充电机

车载充电机是充电系统的主要装置,它以受控的方式将 220 V 交流电转化成相应高压直流电传输到纯电动汽车或插电式混合动力汽车车载储能装置从而实现补充电力,即给车载充电装置充电,如图 3-1-13 所示。

(1)车载充电机组成

混合动力汽车与纯电动汽车充电机一样,其主要由散热风扇组、低压通信端、直流输出

充电机功用

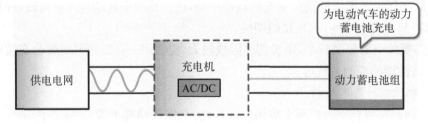

为电动汽车的动力蓄电池充电

图 3-1-13　充电机功用

端、交流输入端几部分组成。散热风扇组在充电机工作温度超过预设温度范围后工作，用于充电机的散热；低压通信端主要实现车载充电机与慢充充电枪以及车上其他控制单元之间进行信息交互等功能。输出端口包括：新能源 CANH、新能源 CANL 信号传输、互锁输出（到高压控制盒低压插件）、CC 信号输出（到集成控制器）、互锁输入（到空调压缩机低压插件）、12 V＋输入、慢充唤醒（到集成控制器）；直流输出端与高压控制盒相连，将车载充电机转换的直流高压电输出至高压控制盒；交流输入端与慢充口相连，将 220 V 交流电输入至车载充电机中。

（2）车载充电机工作原理

车载充电机工作过程需协调 BMS 等部件进行充电综合管理，由 BMS 通过 CAN 通信控制车载充电机的工作状态，当监测到车载充电机温度高于 75℃时，充电机的输出电流变小；若温度高于 80℃时，车载充电机将切断供电，停止输出电能。电池管理系统为车载充电机提供过电压、欠电压、过电流、欠电流等多种保护措施。若充电系统出现异常，电池管理系统会及时采取应对措施甚至切断供电。

6. 电池管理器

电池管理器是电池管理系统的核心部件，其主要功能有充放电管理、接触器控制、功率控制、电池异常状态报警和保护、SOC/SOH 计算、自检以及通信功能等。

7. 高压电缆

高压电缆将变频器与 HV 蓄电池、发电机（MG1）、电机（MG2）以及空调压缩机等部件相连，用以传输高电压、大电流。高压电线一端接在行李舱中 HV 蓄电池左前连接器上，而另一端从后排座椅下经过，穿过地板并沿着地板下加强件一直连接到发动机室中的变频器，如图 3-1-14 所示。高压动力线被屏蔽，可减少电磁干涉。辅助蓄电池的 DC12 V 配线排布与高压电缆相同。高压线束和接头都采用醒目的橙色，以示与普通低压线束的区别。

（二）驾驶员信息传递系统

混合动力汽车的驾驶员信息传递系统也就是驾驶员操纵传感器和各种开关。它是用于检测驾驶员操作意图的检测装置，可以将驾驶员的操作信号进行转换，并输送给整车控制器，整车控制器按照设定的程序对这些信号进行分析计算，用于控制电机或者发动机输出合适的转矩、转速和功率，从而使汽车各项性能达到最优。混合动力汽车的驾驶员信息传递系统主要包括挡位传感器、制动位置传感器、加速踏板传感器和模式选择开关等，如图 3-1-15 所示。

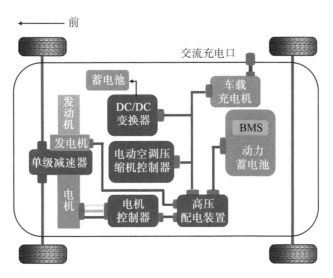

图 3 - 1 - 14 高压电缆

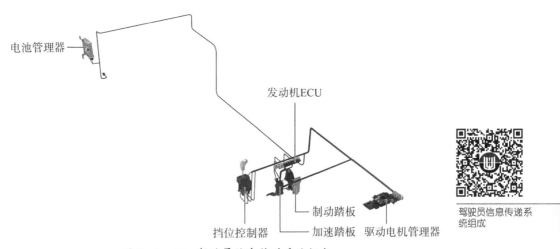

图 3 - 1 - 15 驾驶员信息传递系统组成

驾驶员信息传递系统组成

1. 挡位传感器

挡位传感器的作用是检测汽车变速杆的位置,并将信号送给整车控制器,为控制汽车的行驶状态提供必要的信息。

按照不同的分类标准挡位传感器可分为不同的类型。挡位传感器分为接触式和非接触式,由于接触式挡位传感器工作过程会有磨损,其寿命、可靠性通常较差,所以优先选择非接触式挡位传感器。而非接触式传感器目前大多采用霍尔式传感器和光电式传感器。常用的挡位传感器有霍尔式和光电式传感器。混合动力汽车大多采用光电式挡位传感器。

2. 制动踏板位置传感器

制动位置传感器安装在制动踏板轴一端,如图 3 - 1 - 16 所示。用于监测制动踏板的开度位置,有的也可以作为后制动灯的开关。

制动踏板位置传感器有霍尔式、滑动电阻式和开关型三种。为了提高信息检测的精确度,现出现了新型制动踏板位置传感器,包括双滑动电阻式和线性双霍尔式两种。混合动力汽车广泛应用的是双滑动电阻式制动踏板位置传感器。

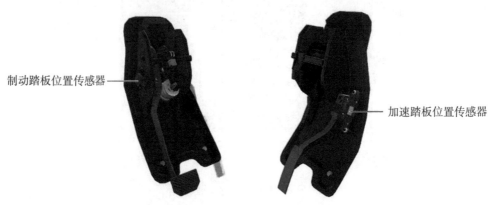

制动踏板位置传感器

加速踏板位置传感器

图 3-1-16　制动位置传感器位置　　　　图 3-1-17　加速踏板传感器位置

3. 加速踏板位置传感器

加速踏板位置传感器安装在驾驶室加速踏板轴的一端,用于检测汽车加速或减速信号。

加速踏板位置传感器有霍尔式和滑动电阻式两种,新型加速踏板位置传感器有双滑动电阻式和线性双霍尔式。混合动力汽车中常用的为滑动电阻式加速踏板位置传感器。

（三）信息通信系统

混合动力汽车信息通信系统是通过车载总线实现的,所以混合动力汽车的信息通信系统主要是车载总线,这里主要介绍车载总线相关内容。

总线是整车控制系统中各控制模块之间信号传输的通道,控制总线是传输控制信号的传输线束,它相当于各控制模块间运行控制数据的通道,即所谓的信息高速公路。对于汽车而言,控制模块之间应该可以发送和接收控制数据,需要进行双向控制数据的传输,所以汽车上使用的车用总线为数据总线。

1. 数据总线的类型

总线按照不同的类型分为不同的种类,按照总线系统的传输速率不同,可分为 A 类、B 类、C 类、C+类、D 类五种类型。

（1）A 类总线

A 类总线是传输速率较低的总线,其传输速率最大为 10 Kbit/s,主要用于车内分布式电控系统中,尤其面向智能执行器或传感器管理的低速网路,如电动后视镜、电动车窗、电动座椅等。比较典型的 A 类总线是 LIN 线。

（2）B 类总线

B 类总线是传输速率中等的数据总线,其传输速率为 10~125 Kbit/s,其主要用于独立开展模块间的信息共享的中速数据网路,如车身电子的舒适性模块、显示仪表和故障诊断子网等设备中。比较典型的 B 类总线是低速 CAN。

（3）C 类总线

C 类总线是传输速率高的数据总线，其传输速率为 125 Kbit/s～1 Mbit/s，其数据传输有实时性要求，主要用于动力系统和底盘系统中高速网络，如发动机电控系统、制动防抱死系统、电控自动变速器等。比较典型的 C 类总线是高速 CAN。

（4）C＋类总线

C＋类总线是传输速率很高的数据总线，其传输速率为 1～10 Mbit/s，其数据传输有实时性要求，同样应用于动力系统和底盘系统中高速网络，比较典型的 C＋类总线是 FlexRay。

（5）D 类总线

D 类总线是传输速率非常高的数据总线，其传输速率超过 10 Mbit/s，主要用于连接通信及多媒体应用的控制器，如 CD 播放机、VCD/DVD 播放器和液晶显示等设备。比较典型的 D 类总线是 MOST。

2. 数据总线原理

数据总线实现了整车控制系统的各控制模块、传感器和执行元件之间的连接和控制信息的传输，具体原理如下：当数据总线空闲时，数据总线上连接的其他器件都以高阻态形式连接在总线上。当某一器件要与目的器件通信时，发起通信的器件驱动总线，发出数据。其他以高阻态形式连接在总线上的器件都能接收总线上的数据。发送器件完成通信，将总线让出，输出变为高阻态。

3. 数据总线特点

现代汽车上采用的控制总线具有如下特点。

（1）结构特点

控制总线从结构上简化了硬件设计和系统结构，具有良好的功能和规模扩充性、系统更新性。

（2）信息传输特点

控制总线具有实时性强、传输距离较远、抗电磁干扰能力强、成本低等优点。

（3）使用特点

控制总线采用双线通信方式，检错能力强，便于故障诊断和维修，并可在高噪声干扰环境中工作。

（四）安全保障管理系统

混合动力汽车安全保障系统的作用是监测混合动力汽车动力系统、电能输送以及相关传感器工作是否正常，其主要通过自诊断、安全保护、漏电监测、高压互锁以及事故保护等方面来进行控制，对应部件主要有漏电监测装置、高压互锁系统以及各种监测传感器等。

1. 漏电监测装置

混合动力汽车的绝缘（漏电）监测装置也称为漏电传感器，它可以准确、实时地检测高压系统对车辆底盘的绝缘性能，以保证乘客安全、电气设备正常工作和车辆安全运行，是电动汽车必备的漏电保护装置。当高压系统漏电时，漏电传感器会发送漏电信息给电池管理器，电池管理器接收到漏电信息,判定漏电情况,并在电池管理器接收到漏电信号以后报警,并立即断开高压系统,防止高压漏电对人或者物品造成伤害和损失。

绝缘检测装置是通过监测动力蓄电池输出的高压负极母线与车身底盘之间的绝缘电阻,来判断高压电池包的漏电程度。当测得绝缘电阻大于 $100\sim120\,\mathrm{k\Omega}$ 时,表明绝缘情况正常;当测得绝缘阻值小于或等于 $100\sim120\,\mathrm{k\Omega}$ 时,表明一般漏电;当绝缘阻值小于或等于 $20\,\mathrm{k\Omega}$ 时,表明严重漏电。当动力蓄电池包漏电时,传感器发出一个信号给电池管理器,电池管理器接到漏电信号后,进行相关保护操作并报警,防止动力蓄电池包的高压漏电,造成人或物品的伤害和损失,漏电监测原理如图 3-1-18 所示。

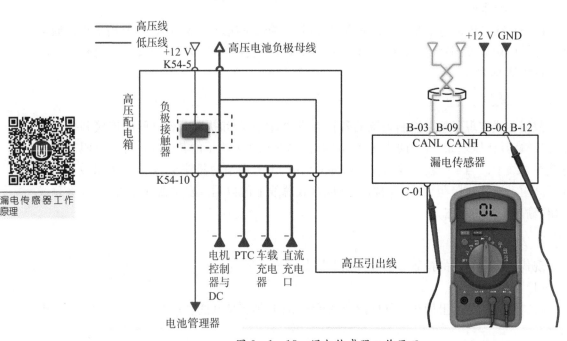

漏电传感器工作原理

图 3-1-18　漏电传感器工作原理

2. 高压互锁

混合动力汽车为了保证行车过程中高压电的正常传输,并尽量降低误操作对人员和设备造成的伤害,配备了高压互锁。这个高压互锁可以监测到高压电路连接异常或未连接,并在高压断电之前给整车控制器提供报警信息,预留整车系统采取应对措施的时间;也可以在人为误操作时,防止整个回路电压加在断点两端造成对周围的人员和设备造成伤害。

（1）高压互锁的组成

混合动力汽车高压互锁也叫危险电压互锁回路（High Voltage Interlock System and Control Strategy）,它是一个串联电路,是可以利用低压信号来监测高压系统电器、导线、导线连接器以及电器保护盖等电气完整性的低压电路。如图 3-1-19 所示为高压动力蓄电池总成、电机控制器、电动空调压缩机总成以及电机总成的导线连接器组成的高压互锁回路。

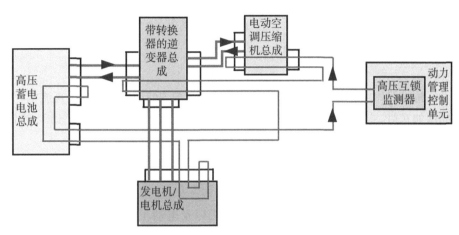

图 3-1-19　电动汽车高压互锁回路

互锁系统中高压动力蓄电池总成、电机控制器等相关高压部件连接器中安装的互锁开关如图 3-1-20 所示。

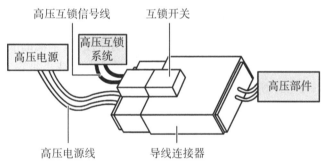

图 3-1-20　高压部件导线连接器中的互锁开关

（2）高压互锁工作原理

电池管理器中的高压互锁监测器向高压互锁回路提供 1 个监测电压,然后检测返回的信号电压,若整个动力系统高压回路任一部分高压部件的导线连接器连接异常或未连接,则检测到的信号电压不在正常范围内（如 0 V 左右）,说明高压互锁回路故障,电池管理器会切断高压供电。

（五）辅助系统

混合动力汽车控制系统的辅助系统的主要功能是给整车低压电气系统供电,并为整车控制单元、混合动力控制单元、发动机控制单元、电池管理器、变频器等控制模块和电动辅助装置供电,监控这些系统的运行状态和故障处理。混合动力汽车的辅助系统主要由低压辅助电源、DC/DC 转换器、电器辅助系统（车身电器、底盘电器）等组成。

1. 低压辅助电源

混合动力汽车的低压辅助电源的作用是给混合动力汽车控制单元、控制电路以及其他各种辅助装置,如动力转向单元、制动压力调节器、灯光、空调、电动门窗、电动座椅等提供所需要的低压稳定电源,一般为 12 V 或 24 V 的稳定直流电。一般,混合动力汽车用铅酸蓄电池、低压铁锂电池作为低压辅助电源。

2. DC/DC 转换器

DC/DC 转换器作用是将动力蓄电池的高压直流电转化为 12 V 的低压直流电,为车辆辅助设备供电(如车灯、音响系统、空调系统(除空调压缩机)和 ECU 都由 DC12 V 的供电系统供电),并为低压辅助蓄电池充电,将低压辅助蓄电池控制在恒定电压。

3. 电器辅助系统

混合动力汽车的电器辅助系统与传动汽车基本一样,主要有电动助力转向系统、电子控制制动系统、空调系统、灯光系统、音响、喇叭、仪表以及电动车窗、电动座椅等电动辅助装置等,它们的作用是给混合动力汽车提供必备的光线、助力,并满足行车过程中驾乘人员对行车舒适性的要求。

三、混合动力汽车控制系统工作原理(控制原理)

混合动力汽车行驶过程中,整车控制器根据检测到的车辆状态信息(上电指示灯状态)、驾驶员操纵传感器信号和各种开关量信号,进行分析处理得出结论,进行发动机控制、电机控制、电池管理控制、空调控制、电动助力转向控制、制动控制、车辆的故障诊断及处理以及低压电器的工作控制。在汽车的正常行驶中,若车辆减速制动或下坡滑行时,还可以实现再生能量回收,如图 3-1-21 所示。

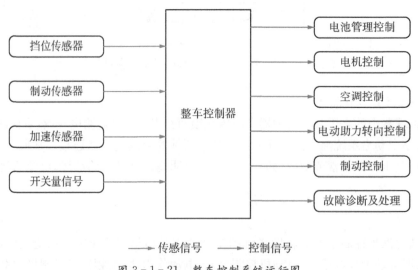

图 3-1-21　整车控制系统运行图

控制策略是混合动力汽车的灵魂,要实现两种动力之间相互协调工作,这就需要有良好的控制策略,它可以根据汽车行驶过程中对动力系统的能量要求,动态分配发动机和电机系统的输出功率。而控制策略的实现是靠控制系统的相关部件完成的。下面主要介绍混合动力汽车的控制策略和各个功能系统的工作过程。

（一）混合动力汽车控制策略

混合动力电动汽车与传统的内燃机汽车和电动汽车不同，它一般至少有两种车载能量源，其中一种为具有高功率密度的能量源。利用两种能量源的特性互补，实现整车系统性能的改善和提高。要实现两者之间相互协调工作，这就需要有良好的控制策略。

混合动力汽车控制策略设计的主要目标是开发近似优化且实际可行的动力管理策略，确定转矩分配方案和换挡方案，使油耗最低，同时满足下列约束：

① 满足驾驶员的动力要求。

② 保持电池的充电状态。

③ 满足一定的驾驶性要求。

有多种混合动力汽车控制策略，以下讲述比较简单的基于规则的混合动力汽车稳态能量管理策略。

基于规则的稳态能量管理策略的主要依据是工程经验，根据部件的稳态效率 MAP（万有特性）图来确定如何进行发动机和电机之间的动力分配。将混合动力汽车控制分成了 3 种模式，即正常行驶模式、充电模式及制动能量回馈模式，同时将发动机的效率 MAP 图划分为纯电动、发动机驱动和电机功率辅助 3 个区域，如图 3-1-22 所示。

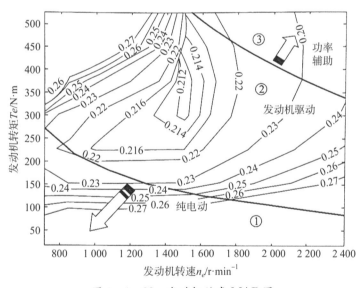

图 3-1-22　发动机效率 MAP 图

在不同模式下，根据发动机的稳态效率 MAP 图决定发动机和电机的动力分配方式。

（1）正常行驶模式

在发动机效率 MAP 图上分别用"发动机工作最小功率"曲线和"电机助力最小功率"曲线将发动机效率 MAP 图划分成 3 个区域：纯电动区域、发动机驱动区域、电机辅助功率区域。功率分配规则：如果需求的驱动功率小于发动机工作的最小功率，则由电机提供全部的驱动功率；如果需求的驱动功率超过该限值，则由发动机取代电机驱动车辆前进；如果需求的驱动功率大于电机助力最小功率，则由电机提供额外的驱动功率。在正常行驶模式下，发动机总是工作在"发动机工作最小功率"和"电机助力最小功率"之间效率最高的区域。

（2）充电模式

对电池能量的管理采用了充电维持策略，即始终保持电池的荷电状态（SOC）值位于最高效率区的上下限值之间（设定为55%～60%）。当SOC值小于55%时，应切换至充电模式（当SOC值大于60%时充电过程即完成）；并计算电池的充电功率，该功率同时也作为电机的目标功率。发动机的目标功率为需求的驱动功率和充电功率之和。充电模式中存在一个特例：当发动机的目标功率小于发动机工作最小功率时，为避免发动机在效率极低的区域内工作，仍然依靠电机提供驱动力。

（3）制动能量回馈模式

驾驶员踩下制动踏板，表明了驾驶员对负驱动功率的需求，应进入制动能量回馈模式，吸收混合动力汽车制动时的能量。然而，当制动能量超过可回馈的制动能量时，液压制动系统将提供剩余的制动能量。

基于规则的能量管理策略主要依靠工程经验和实验，限定发动机的工作区域和工作方式，达到降低燃油消耗和排放的目的，方法比较简单直观，因此更具有实用价值，在实际混合动力汽车的能量管理系统中得到了广泛的应用。

（二）混合动力汽车控制系统控制原理

混合动力汽车控制系统的工作是通过能量管理系统、驾驶员信息传递系统、信息通信系统、安全保障管理系统以及辅助系统共同完成的。通过5个系统的协调工作，混合动力汽车可以实现工作或驱动模式的判定、车辆发动机点火起动控制、车辆上下电控制、整车功率控制、整车能量管理、高压互锁控制、漏电保护控制、充电控制、故障自诊断与处理、车辆实时检测和显示、空调工作控制以及低压电气系统工作控制。

1. 工作或驱动模式的判定

混合动力汽车在运行过程中，整车控制器根据采集的钥匙信号、充电信号、加速/制动踏板位置信号、挡位信号、模式开关等来判断当前需要的工作模式。若当前为经济运行模式，则根据当前的参数和前段时间工作时的记忆参数，计算出合理的输出转矩和显示数据，从而保证汽车正常行驶。

2. 车辆发动机点火起动控制

混合动力汽车的整车控制器增加了对发动机管理系统的工作控制，并对发动机减速断油模式进行了重新标定，实现了发动机起动、停机控制。混合动力汽车整车控制器根据检测的驾驶员操作信号、接收发动机管理系统传输的发动机转速信号，控制发动机点火和燃油喷射系统的工作，从而达到控制发动机起动和停机的控制。如：单轴并联式混合动力汽车，当整车控制器检测到电机被拖动到800～1000 r/min的急速转速时，整车控制器才会通过发动机管理系统继电器控制发动机开始工作。具体控制过程为：当发动机需要工作时，整车控制器控制电磁离合器的接合速度，使发动机被电机逐步带动起来；当发动机转速达到800 r/min时，整车控制器给发动机ECU发出相应控制指令，控制发动机点火和燃油继电器开始工作，从而使发动机开始工作，如图3-1-23所示。

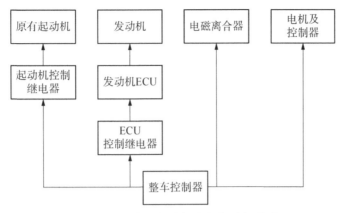

图 3-1-23 车辆发动机点火起动控制过程

3. 车辆上下电控制

混合动力汽车具有复杂的电气结构,既有需要动力蓄电池提供电能的强电部件,如驱动电机、动力蓄电池、DC/DC 转换器等,又有需要辅助蓄电池提供电能的弱电部件,如电机控制器(MCU)、动力蓄电池管理系统(BMS)、发动机控制器(ECU)、整车控制器(HCU)、车身控制器(BCU)。

混合动力汽车应用最多的控制形式是通过车身控制模块(BCM)与整车控制器通信的,也有些混合动力轿车采用无钥匙进入系统(PKE)替代传统车身控制器,并且配备一键式起动按钮,增加了整车舒适性,以及强、弱电管理的灵活性。为了确保整车上、下电的安全性和可靠性,必须严格定义各电气部件的上、下电流程,且各电气部件的上、下电状态必须经各控制器及时反馈给整车控制器,进行"握手"确认后再执行下一步上、下电操作。如图 3-1-24 所示为一种形式的混合动力汽车弱电管理拓扑结构图。

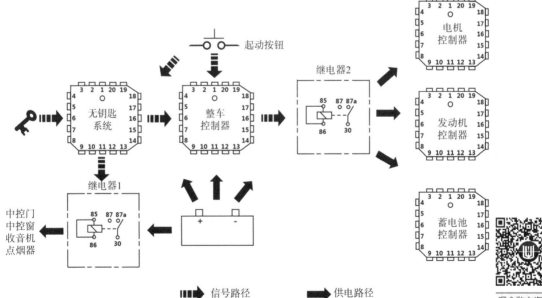

混合动力汽车上下电流程

图 3-1-24 混合动力汽车弱电管理拓扑结构图

混合动力汽车的上下电控制分为低压上下电和高压上下电控制。

（1）上电控制

① 低压上电顺序。混合动力汽车的无钥匙系统从蓄电池取电，一旦监测到钥匙信号被激活，则进入正常工作模式。驾驶员携钥匙靠近混合动力轿车后，车门锁即自动开启，驾驶员随即进入驾驶舱，此时类似于传统车中钥匙置于 OFF 挡的状态，为低压上电做好准备。

a. 按下一键式起动按钮或执行其他无钥匙系统认可的认证操作后，无钥匙系统控制继电器 1 导通，将 12 V 弱电供给整车各电器附件（中控门、中控窗、收音机、点烟器等），整车进入 ACC 状态。

b. 整车进入 ACC 状态后，当无钥匙系统再次监测到一键式起动按钮被按下时，则通过某特定控制逻辑"通知"整车控制器的电源管理芯片，控制整车控制器得电运行。

c. 整车控制器得电后随即控制相应继电器 2 闭合，将蓄电池 12 V 弱电引至电机控制器、动力蓄电池管理系统、发动机控制器等子控制器。

d. 待所有子控制器得电完成并自检成功后，通过 CAN 总线向整车控制器反馈弱电上电成功信号。

② 高压上电顺序。当整车控制器确认完毕后，点亮仪表板相应指示灯，并通过语音设备提醒驾驶员弱电上电完毕，至此，整车进入 ON 状态。当整车进入 ON 状态后，整车控制器开始对一键式起动按钮和电子制动踏板进行监测，会根据这两个信号位置控制高压上电。

a. 当整车控制器监测到制动踏板开度超过某设定值且一键式起动按钮被同时按下时，整车控制器则向动力蓄电池管理系统发送强电上电指令。

b. 动力蓄电池管理系统控制强电继电器吸合，并向整车控制器反馈强电上电完成信号。

c. 电能通过动力蓄电池直流母线进入逆变器单元经逆变后送至电机交流母线端，经电机控制器检测后将电机的允许强电上电信号反馈给整车控制器。

d. 当以上信号均正常，则整车控制器向电机控制器发送电机使能命令，电机控制器在收到该使能命令后则向整车控制器返回电机的强电上电状态。

e. 整车控制器再次确认所有高压用电设备的强电上电状态，确认无误后则点亮仪表板相应指示灯，并通过语音设备提示驾驶员强电上电完毕，至此，整车进入 Ready 状态。

需要注意的是，混合动力轿车采用 CAN 通信方式进行上、下电管理，其控制具有较强的灵活性。当整车处于 ACC 状态时，只要驾驶员踩下制动踏板并同时按下一键起动按钮后，整车直接从 ACC 状态进入 Ready 状态。

（2）下电控制

为确保下电安全性及考虑设备的使用寿命，混合动力汽车同样遵守强电先下电，弱电后下电的原则，并同时要求下电过程中各控制器节点也必须同样进行"握手"沟通。

① 高压下电顺序。

a. 当车辆处于静止状态且驾驶员按下一键式起动按钮时，整车控制器即监测到驾驶员的强电下电意图。

b. 整车控制器通过 CAN 总线向电机控制器发送电机下电使能命令，电机控制器在接收到该指令后，对电机进行下电使能操作，同时向整车控制器反馈允许强电下电信号。

c. 整车控制器在收到电机控制器反馈的允许强电下电信号后，通过 CAN 总线向动力蓄电池管理系统发送电池强电下电信号,动力蓄电池管理系统在接收到该指令后,断开强电继电器并向整车控制器反馈强电下电完成信号。

d. 整车控制器接收到动力蓄电池管理系统反馈的强电下电完成信号后,则执行对电机的自放电操作,将其母线端的残留电能耗散掉。至此,整车返回到 ON 状态,高压下电完成。

整车返回到 ON 状态后,仍然可以通过上述上电流程再次进行强电上电操作,或者通过再次按下一键式起动按钮进行弱电下电操作。

② 低压下电顺序。混合动力汽车弱电下电过程为:整车控制器通过控制继电器 2 断开,将所有子控制器节点断电,同时启动定时器进行计时,当达到指定延时时间后,通过 CAN 总线向无钥匙进入系统发出断电请求。此时,由无钥匙进入系统将整车控制器弱电断开,至此,整车返回到 ACC 状态。

混合动力汽车将整车 ACC 状态作为下电流程的最终状态,直至驾驶员离开驾驶舱并执行锁门操作。此时,无钥匙进入系统对所有电器附件进行断电处理,并将系统本身置入低功耗模式运行,直至驾驶员再次靠近整车并执行开门操作。

4. 整车功率控制

不同类型的混合动力汽车的整车功率控制会有不同策略,以双能源(发动机和电机)并联式混合动力汽车为例介绍功率控制策略。混合动力汽车的控制策略最常用的有逻辑门限值控制、动态自适应控制、逻辑模糊控制和神经网络模糊控制 4 种。最简单、最实用的控制策略是逻辑门限值控制。

逻辑门限值控制策略是以整车油耗和排放最佳为控制目标,提出同时限制电池和发动机工作区间的控制策略,通过设定门限值,将发动机控制在高效率区运行,提供要求的转矩;电机作为载荷调节装置,当需要大转矩输出时电机参加驱动,当需要小转矩输出时电机吸收发动机转矩进行发电,并将电池的荷电状态(SOC)维持在合理的范围内。其相应的基本策略是:当电池的 SOC 值在正常的工作范围时,汽车采用电机起步;当汽车车速低于所设定的车速时,由电机单独驱动车轮;当车速高于设定的车速时,电机停止驱动而由发动机驱动车轮;当负荷比较大时(如汽车急加速、爬大坡或以较高车速爬坡时),发动机和电机联合驱动车轮。

5. 整车能量管理控制

不同类型的混合动力汽车的能量管理控制会有不同。插电式混合动力汽车既可以做到短途行驶零排放,节能环保,又可以做到增加续驶里程,不影响长途驾驶的需求,所以成为发展的重点。这里以插电式串联混合动力汽车为例介绍整车能量管理控制。这里介绍的控制策略尽可能地让整车保持纯电动行驶,这样可以保证汽车在电池电量比较充足时处于纯电动行驶,从而获得较好的经济性和低排放。

混合动力汽车基本的控制策略是通过对发动机-发电机组的开关控制,然后以电池 SOC 值作为门限值,根据 SOC 值的变化来判定发动机-发电机组的开关。当汽车以纯电动模式行驶一段时间后电池的 SOC 值会降低,当汽车电池的 SOC 值小于最低门限值 SOC_{min} 时,发动机-发电机组开始工作从而为整车提供电能,使整车进入混合动力工况。如果汽车在行驶过程中,电池的 SOC 值高于最高门限值 SOC_{max} 时,发动机-发电机组将关闭,使整车进入纯电动工况。当汽车电池电量在 SOC_{min} 与 SOC_{max} 之间时,发动机-发电机组将维持之前的工作模式,进入保持模式。

随着对控制策略的不断研究,人们希望在混合动力工况下能追求更好的经济性,并且兼顾动力性,之后逐步研究出根据行驶工况、车速和基于驾驶员需求的能量管理策略。相较而言,基于驾驶员需求的能量管理控制策略,在任何时刻发动机-发电机组都能及时提供合适的电能,并且无论低速或者高速,在整车需求发动机-发电机组高功率输出时都能提供充足的电能,所以这里介绍这种策略。

基于驾驶员需求的能量管理控制策略可以根据驾驶员控制加速踏板调整发动机工作在低功率、中功率和高功率输出点。

当电池 SOC 值低于 SOC_{min} 时进入混合动力工况,混合动力工况下控制策略为:

加速踏板行程处于 $0\%\sim x\%$ 之间时,发动机将以低功率工作点工作。

加速踏板行程处于 $x\%\sim y\%$ 之间时,发动机将以中功率工作点工作。

加速踏板行程处于 $y\%\sim100\%$ 之间时,发动机将以高功率工作点工作。

当电池 SOC 值高于 SOC_{max} 时,进入纯电动工况。

这种控制策略不仅引入了驾驶员的控制,而且使发动机工作点的切换不再滞后于整车的性能需求。只要驾驶员深踩下加速踏板,发动机-发电机组便会提高输出功率以满足驾驶员的需求。

6. 高压互锁控制

在混合动力汽车上与纯电动汽车上一样,高压互锁在汽车使用过程中使用低压信号来检查汽车上所有与高压母线相连的高压回路连接的完整性和可靠性。高压互锁可以监测到高压回路相关的高压线束插接器自动松脱或者接触不良迹象,并在高压断电之前给整车控制器提供报警信息,预留整车系统采取应对措施的时间,避免人为误操作给断电周围的人员和设备造成伤害。

7. 高压漏电保护控制

漏电传感器在漏电保护控制中起核心作用,漏电传感器通过将一端和负极相连,一端对车身连接,检测电流与电压值,一旦发现有超出限制的电流和电压,则发出报警,并切断控制模块,确保用电安全。例如,比亚迪·秦车型,动力蓄电池系统泄漏电流量不超过 $2\,mA$,当负极到车身之间的绝缘阻值小于等于 $100\sim120\,k\Omega$ 时,为一般漏电;小于等于 $20\,k\Omega$ 时,为严重漏电。

8. 车辆充电控制

插电式混动汽车的充电只有交流充电,没有直流充电。在电池 SOC 不足 100% 时都可以充电,一般 SOC 低于 25% 时可以考虑充电了。

当插电式混合动力汽车进入充电状态时,车载充电机高压正接触器吸合,充电高压回路接通开始对动力蓄电池充电。此时,DC/DC 转换器输出低压直流电给低压蓄电池充电。在充电状态时,整车控制器接收到充电信号,钥匙开关打到任何挡位,车辆其他系统均不能得到高压,保证车辆处于锁止状态,不能行驶;并根据电池状态信息限制充电功率,保护电池。

在充电过程中,若 BMS 检测到过充电信号,则发出信息告知充电机停止工作,并且延时 3 s 后,整车控制器切断充电机高压正接触器,从而切断充电高压回路。

9. CAN 数据通信控制

混合动力汽车根据不同的电气特性,整个车辆的网络系统有驱动及传动系统、车身系统、安全系统及多媒体信息通信系统,驱动及传动系统和安全系统为通信效率要求较高的实时性应用,车身系统为多路通信应用,多媒体信息中则为多媒体及信息娱乐应用,所以混合动力汽车信息通信多采用 CAN 总线进行。

混合动力汽车与传统内燃机汽车最大的区别就是在传统汽车的基础上加入了电能来驱动,即用电池和电机的组合来组成车辆的另一套动力系统与传统的发动机配合工作。这样对电机的驱动控制和对电池的管理就成为混合动力汽车的关键技术。另外混合动力汽车的控制系统还包括助力转向控制、车身系统控制、组合仪表等部分,每个部分都有独立的控制单元(ECU),汽车上还装备了防抱死制动控制系统(ABS)、安全气囊控制系统(SRS)、巡航控制系统、驱动防滑控制系统(ASR)、悬架控制、空调控制、防盗及其他控制等控制单元。另外,各种舒适性控制装置和通信系统也不断增多,而且各 ECU 之间有着密切的联系,构成了基于 CAN 总线的汽车控制系统网络。

混合动力汽车的整车控制系统是由两条总线构成,即高速 CAN 总线和低速总线,如图 3-1-25 所示。高速 CAN 总线和低速总线是两个独立的总线系统。为了便于汽车所有功能的管理,通过网关将这两个总线网络连接起来,不同总线间的数据通过网关实现数据的共享。这样两个总线分别独立运行,只有需要在两种总线间交换的数据才通过网关进行传输。这种方式可将不同类型的信息分开,减轻了各网络总线上的负担。高速 CAN 总线主要连接混合动力汽车的驱动系统,由驱动系统各个子系统和故障分析记录系统节点组成,可以实现对电机、电池、转向、制动等关键系统的快速控制。

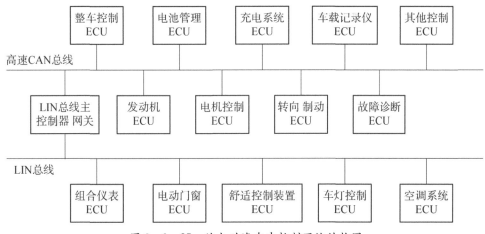

图 3-1-25 纯电动汽车中控制网络结构图

低速总线主要用于连接车身系统,连接对象主要为汽车中的联合装配单元,如门窗、照明、空调、湿度传感器、中央集控锁等,并通过网关作为子网接入高速 CAN 总线,组成一个统一的多元网络。车身中位置比较近的元件连接到一个ECU,元件的状态和控制信号可以通过与其连接的ECU与总线进行通信。每一个ECU自成系统,可以根据本地信号和总线上的信号,控制本地执行机构的动作,同时将与其他节点共享的信号发送到低速总线上。目前,在汽车中应用较多的低速总线有两种。

一种是低速CAN总线,是按照ISO11519-2、SAEJ1939以及J2284组建低速容错CAN总线。另一种是LIN总线,即局域互联网络(Local Interconnect Network),是按照ISO9141标准来建立,能有效地支持汽车中分布式机械电子节点的控制。LIN总线具有成本低、可靠性高的特点,可以很容易地将一些比较敏感的元件,如智能传感器、舒适性设备等,连接到汽车网络中,在汽车应用中有望成为低速网络的主流。

整车控制ECU是整个汽车控制的中心。驾驶员的钥匙信号、加速信号、制动信号都进入到整车控制ECU,整车控制ECU通过对这些信号的分析并综合检测传感器的状态,产生各个节点的操作信号,并通过CAN总线将控制指令送到相应的节点。电机控制ECU和转向、制动ECU根据整车控制ECU的控制指令,操纵汽车按照要求行驶。高速CAN总线上还设置故障诊断ECU,负责整车故障信息的诊断和存储,并控制故障信号显示,还可以通过无线通信系统和外部的故障诊断系统进行通信。另外高速CAN总线上设置了车载记录仪,其作用类似飞机的“黑匣子”,用于记录行车数据,分析记录整车系统的运行情况。控制网络的低速总线采用LIN总线。LIN总线是单主机节点和一组从机节点的多点总线,主控制器为主站,其他车身系统为从站,主控制器同时作为LIN总线和高速CAN总线的网关,将整个车身系统总线连成一个统一的网络,这样所有ECU都挂到总线上,极大地简化了汽车内控制系统的线路联系,达到简化布线、提高系统可靠性和可维护性、降低成本、更好地协调各个控制子系统的目的。

10. 故障自诊断与处理

混合动力汽车执行上、下电流程等工作过程中往往出现动力蓄电池端电压过低、前次下电自放电不完全等情况,给整车的强电上下电过程带来安全隐患。为此,在制定整车上下电等策略时必须充分考虑故障诊断及相应处理策略,增加强电上下电的安全性、可靠性。

混合动力汽车通过整车控制器连续监视动力系统,进行故障诊断,并及时进行相应安全保护处理。根据传感器的输入及其他通过CAN总线通信得到的电机、电池、踏板等的信息,对各种故障进行判断、等级分类、报警显示;存储故障码,供维修时查看。

整车控制器将汽车的故障分为4级:

① 一级为致命故障,需紧急断开高压电。

② 二级为严重故障,电机0转矩输出,动力蓄电池限流20A输出。

③ 三级为一般故障,跛行降低功率,限速15~20 km/h。

④ 四级为轻微故障,停止能量回收,仪表进行故障显示,行驶不受影响。

11. 车辆实时监测和显示

整车控制系统对车辆的状态进行实时监测,并且将各个子系统的状态信息发送给车载网络系统进行传输,最终传输到仪表,通过仪表将检测到的车辆运行状态信息和故障诊断信息在仪表显示出来。

12. 车辆空调控制

对于只有电动压缩机的混合动力汽车,混合动力汽车控制器根据驾驶员操作信息、动力蓄电池的电量信号控制空调系统的工作。在动力蓄电池的电量充足时,混合动力汽车按照驾驶员的操作意图控制空调的工作;当动力蓄电池的电量低于一定值时,混合动力汽车切换为发动机模式工作,此时发动机带动发电机发电给动力蓄电池充电,动力蓄电池给电动压缩机提供高压电,使电动压缩机低速制冷,保证空调的制冷状态。

对于带双压缩机的混合动力汽车,混合动力汽车控制器根据驾驶员操作信息、动力蓄电池的电量信号以及发动机的工作状态,来控制空调系统的具体工作。在某些带双压缩机的混合动力汽车,当动力蓄电池电量充足时,由电动压缩机带动空调制冷;当动力蓄电池电量低于一定值时,发动机开始工作,此时由发动机通过电磁离合器带动压缩机工作。

13. 辅助系统工作控制

车辆行驶过程中,12 V 的低压蓄电池给车上低压电器灯光、刮水器、电动辅助装置等电气系统供电的同时,也给整车控制器、电机控制器、空调控制器、高压电气设备的控制电路提供工作电压。混合动力汽车的低压电气系统(电动助力转向和电子真空制动)和电动辅助装置等辅助系统,根据车辆状态信息和工作需求信号控制相应电气控制系统的工作状态,常见的有底盘的电控动力转向系统、电动真空助力系统的工作控制以及电动辅助装置的工作控制。这样,可以使辅助电气系统按照驾驶员的操作意图完成相应的工作,给车内驾乘人员提供安全、舒适的乘车环境。

任务小结

混合动力汽车控制系统,通过合理规划整车在具体行驶工况中的不同动作,使整车能量高效合理地流动,且整车经济性、动力性、排放等各项指标达到最佳结合点。本节主要介绍了混合动力汽车控制系统的要求、组成和控制原理。

混合动力汽车一般至少有两种车载能量源,利用两种能量源的特性互补,实现整车性能的改善和提高,这是对控制系统提出的基本控制要求。

混合动力汽车控制系统主要由整车控制单元(VCU)、混合动力控制单元(HV ECU)、发动机控制单元(ECU)、电机控制器、车载充电机、电池管理器、高压电缆、驾驶员操纵传感器、数据总线、漏电监测装置、高压互锁系统、低压辅助电源、DC/DC 转换器以及电器辅助系统等组成。混合动力汽车的控制系统按实现的功能可分为能量管理系统、驾驶员信息传递系统、信息通信系统、安全故障管理系统和辅助系统,混合动力汽车控制系统组成部件分别属于不同的功能系统。

混合动力汽车行驶过程中,整车控制器根据检测到的车辆状态信息(上电指示灯状态)、驾驶员操纵传感器信号和各种开关量信号,进行分析处理得出结论,进行发动机控制、电机控制、电池管理控制、空调控制、电动助力转向控制、制动控制、车辆的故障诊断及处理以及低压电器的工作控制。在汽车的正常行驶中,若车辆减速制动或下坡滑行时,还可以实现再生能量回收。

混合动力汽车控制系统的工作原理是通过能量管理系统、驾驶员信息传递系统、信息通信系统、安全保障管理系统以及辅助系统共同完成的,通过5个系统的协调工作,混合动力汽车可以实现控制模式的判定、车辆发动机点火起动控制、车辆上下电控制、整车功率控制、整车能量管理、高压互锁控制、漏电保护控制、充电控制、故障自诊断与处理、车辆实时检测和显示、空调工作控制以及低压电气系统工作控制。

 任务练习

一、判断题

1. 混合动力汽车控制系统的性能,不影响混合动力整车的动力性、节能性和环保性、舒适性和安全性。   (   )

2. 混合动力汽车控制系统是混合动力汽车的核心。   (   )

3. 混合动力汽车控制系统,可以通过合理规划整车在具体行驶工况中的不同动作,使整车能量高效合理地流动。   (   )

4. 混合动力汽车一般至少有两种车载能量源。   (   )

5. 混合动力汽车不是内燃机汽车的替代和延伸,它是一种全新的产品。   (   )

6. 混合动力系统要实现数据交换、信息传递、故障诊断、安全监控、驾驶员意图解析、发动机和电机能量协调管理、车身电器等辅助系统的控制等功能。   (   )

7. 混合动力汽车的整车控制单元是整车控制系统的核心控制部件,可以接受加速踏板位置传感器、制动踏板位置传感器、挡位传感器、模式开关信号等驾驶员信号。   (   )

8. 功率驱动及保护模块不属于整车控制器的硬件系统。   (   )

9. CAN通信模块可以接收总线上各种信息。   (   )

10. 终端电阻不可以降低总线通信时的干扰。   (   )

二、选择题

1. 一个典型的CAN通信节点是由CAN控制器、扼流圈、(   )和防静电保护电路组成的。【单选题】
   A. 终端电阻   B. 额定电阻   C. 电容   D. 电感

2. ECU检测到(   ),整车控制器报警(报警灯闪烁、通过CAN总线发送相关的报警信息,通知其他的节点),整个系统降级运行。【单选题】
   A. 严重故障   B. 一般故障
   C. 紧急故障   D. 重大故障

3. (   )是电池管理系统的核心部件,其主要功能有充放电管理、接触器控制、功率控制、电池异常状态报警和保护、SOC/SOH计算、自检以及通信功能等。【单选题】
   A. 电池管理控制器   B. 电机控制器
   C. 整车控制器   D. 混合动力控制单元

4. 混合动力汽车高压线束和接头都采用醒目的( )，以示与普通低压线束的区别。【多选题】

A. 蓝色   B. 绿色   C. 橙色   D. 红色

5. 混合动力汽车控制系统主要由( )、车载充电机、高压电缆、数据总线、漏电监测装置、高压互锁系统、低压辅助电源、DC/DC转换器以及电器辅助系统等组成。【多选题】

A. 整车控制单元(VCU)   B. 混合动力控制单元(HV ECU)

C. 发动机控制单元(ECU)   D. 电机控制器

E. 电池管理器   F. 驾驶员操纵传感器

G. 驱动电机   H. 动力蓄电池

6. 整车控制器硬件主要由( )等部分构成。【多选题】

A. 印制电路板   B. 壳体   C. 线束插接座   D. 固定螺栓

三、 简答题

1. 请简要描述整车控制器的功能。

2. 请简述混合动力汽车控制系统工作原理。

任务 2　比亚迪·秦混合动力汽车控制系统构造与检修

任务目标

1. 了解比亚迪·秦混合动力汽车控制系统组成及特点。
2. 掌握比亚迪·秦混合动力汽车控制系统组成部件的作用、结构及原理。
3. 掌握比亚迪·秦混合动力汽车控制系统控制原理。
4. 掌握比亚迪·秦混合动力汽车控制系统检修内容和检修方法。
5. 能按照操作规范完成比亚迪·秦混合动力汽车相关控制系统的拆装及检修。

任务导入

一辆 2017 款比亚迪·秦混合动力汽车送进 4S 店进行维修,车主反映在行驶中发现仪表显示"请检查动力系统"字样,此时动力系统不能切换到"EV(纯电模式)"。维修接待人员试车发现车辆 READY 灯无法点亮,动力蓄电池故障警告灯点亮。经高级技师再次实车诊断分析,将故障指向动力蓄电池包采集器。现车间主任将任务派发至你手中,请根据所学知识完成比亚迪·秦控制系统检修任务。

比亚迪·秦"控制系统"坏了吗?

混合动力汽车的控制是汽车的神经中枢,它可以利用性能优越、安全可靠的控制策略来保证汽车的正常运行,使混合动力汽车更加安全、节能、环保和舒适。本任务主要介绍比亚迪·秦混合动力汽车控制系统组成和控制原理。

一、比亚迪·秦混合动力汽车控制系统组成

插电式并联的比亚迪·秦混合动力汽车的控制系统,与其他混合汽车的一样,其主要功能是对转矩的输出进行最优控制,以实现低油耗和更清洁的排放目标。比亚迪·秦混合动力汽车控制系统主要由混合动力汽车控制 ECU(HV ECU)、发动机 ECU、电池管理器、ABS控制单元(ABS ECU)、驱动电机控制器与 DC 总成、空调变频器、P 位电机控制器、挡位控制器、高压电缆、漏电传感器、加速踏板位置传感器、制动踏板位置传感器、车速传感器、挡位传感器、安全气囊传感器、高压配电箱、低压辅助电源以及辅助电器等组成,如图 3-2-1 所示。按照混合动力汽车实现的功能,其同样可以划分为能量管理系统、驾驶员信息传递系统、信息通信系统、安全故障管理系统和辅助系统,如图 3-2-1 所示。这些系统按照功能系统的要求实现混合动力汽车的工作控制。

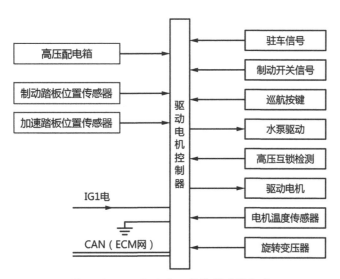

图 3-2-1　比亚迪·秦控制系统组成

1. HV ECU

比亚迪·秦的混合动力汽车控制 ECU(HV ECU)集成于驱动电机控制器与 DC 总成内部,是整车能量控制中心,它可以接收各个传感器及 ECU(发动机 ECU、电池管理器、制动防滑控制 ECU 和 MG ECU 等)的信息,并根据此信息计算所需的转矩和输出功率。HV ECU将计算结果发送给发动机 ECU、变频器总成、电池管理器和制动防滑控制 ECU,使汽油机和

电机两种动力,通过并联相结合的方式进行工作,以达到高动力和低排放的效果。

2. 发动机 ECU

发动机 ECU 接受 HV ECU 发送的发动机转速和所需的发动机动力目标,来控制发动机的工况。

3. 电池管理器

比亚迪·秦电池管理器是电池管理系统的核心部件,位于行李舱车身右 C 柱内板后段,如图 3-2-2 所示,其主要功能有充放电管理、接触器控制、功率控制、电池异常状态报警和保护、SOC/SOH 计算、自检以及通信功能等;电池信息采集器的主要功能有电池电压采样、温度采样、电池均衡、采样线异常检测等。

图 3-2-2　电池管理器位置

4. ABS 控制单元（ABS ECU）

汽车行驶过程中紧急制动时,ABS 控制单元(ABS ECU)根据检测到制动踏板位置传感器、车速以及车轮转速等信息计算出汽车制动时所需的再生制动力并将信号发送到 HV ECU。在接收到信号后,HV ECU 立刻将实际的再生制动控制数据发送到制动防滑控制 ECU。根据这个结果,制动防滑控制 ECU 计算并执行所需的液压制动力。

5. P 位控制器

P 位控制器是 P 位电机控制系统的关键部件,也称为 P 位电机控制器。比亚迪·秦的 P 位控制器安装在地板支架上,主要控制 P 位电机在 P 位时锁止变速器,并在非 P 位时解锁变速器,主要通过 PWM(脉冲宽度调节控制)完成对 P 位电机的控制。

6. 挡位控制器

比亚迪·秦挡位控制器是线控换挡系统的关键部件,安装在靠近挡位执行器的乘员舱地板上。它的主要作用是采集变速杆的挡位信号,并根据控制信号控制挡位电机的工作,从而实现换挡控制。

7. 驱动电机控制器与 DC 总成

驱动电机控制器和 DC 总成位于前机舱左侧,如图 3-2-3 所示位置,其主要功能是控制电机和发动机驱动车辆行驶,同时包括 CAN 通信、故障处理、在线检测、与其他模块配合完成整车的工作要求以及自检等功能。驱动电机控制器与 DC 总成是驱动电机控制器与

DC/DC 转换器的集成体。驱动电机控制器是电机的驱动模块,它可以接受 HV ECU 的指令,并控制驱动电机的工作,其主要由输入输出接口电路、驱动电机控制电路和驱动电路组成。DC/DC 转换器缩写为 DC,是动力蓄电池高压直流与低压直流相互转换的装置,比亚迪·秦的 DC/DC 转换器具有降压和升压功能。降压时,DC/DC 转换器负责将动力蓄电池的高压直流电转换成 12 V 的低压直流电,DC/DC 在主接触吸合时工作,输出的 12 V 电源供给整车用电器工作,并且在低压蓄电池亏电时给低压蓄电池充电;升压时,当动力蓄电池电量不足时,DC/DC 转换器将发电机发出的电,供整车低压用电器用电后多余的电能升压后给动力蓄电池充电及空调用电。

驱动电机控制器与DC总成

图 3 - 2 - 3 驱动电机控制器和 DC 总成位置

8. 空调变频器

空调变频器位于电动压缩机上,是空调制冷系统中电动变频压缩机的供电装置,它将动力蓄电池的高压直流电转换为高压交流电供给空调系统中的压缩机。

9. 高压电缆

比亚迪·秦的高压电缆将驱动电机控制器与动力蓄电池包、电机以及空调压缩机和空调 PTC 等高压部件相连,用以传输高电压、大电流的电能。高压电缆一端接在行李舱右侧中动力蓄电池包连接器上,而另一端连接在发动机舱左侧的空调配电盒和发动机舱右侧的驱动电机控制器与 DC 总成上,如图 3 - 2 - 4 所示。当高压系统各高压部件工作时,动力蓄电池的高压电能会通过配电箱和高压线分配传递给相应的高压部件。高压电缆由驱动电机控制器直流母线与 PTC 小线总成、电池包正负极线、车载充电器小线、空调配电盒总成等组成,高压动力线被屏蔽,可减少电磁干涉。辅助蓄电池的 DC12 V 配线排布与高压电缆相同。高压线束和接头都采用醒目的橙色,以示与普通低压线束的区别。

10. 漏电传感器

比亚迪·秦采用的漏电传感器为直流式漏电传感器,其安装在动力蓄电池包安装支架上的低压辅助电池与配电箱中间,如图 3 - 2 - 5 所示。漏电传感器的功用是检测高压负极母线与车身之间的绝缘电阻,判断高压电池包的漏电程度。高压系统漏电时,传感器会发出信

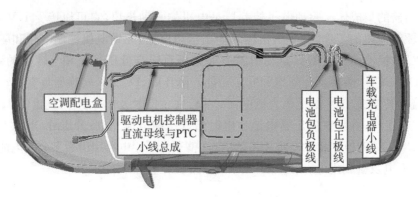

图 3-2-4   比亚迪·秦高压电缆的位置与组成

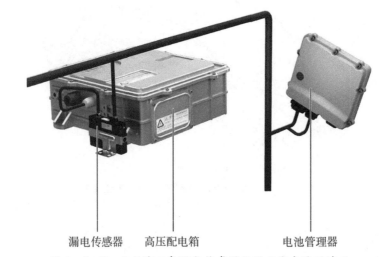

漏电传感器功用

漏电传感器   高压配电箱   电池管理器

图 3-2-5   比亚迪·秦漏电传感器位置及线束连接情况

号给电池管理器，电池管理器接收到漏电信息后会根据漏电情况马上报警或者控制马上断开高压系统，防止高压漏电对人或者物品造成伤害和损失。

11. 制动踏板位置传感器

比亚迪·秦的制动踏板位置传感器安装在制动踏板轴的一端，是双滑动电阻式传感器，如图 3-2-6 所示，它在制动踏板位置改变时产生表示制动深度的、同比例上升的两个电压信号，并将此信号发送给电机控制器及 DC 总成。通过脚踩制动踏板使得传感器内部指针滑动改变滑动电阻器的阻值，从而影响加载在其上面的电压值，用于监测制动踏板的制动强度信号。比亚迪·秦的制动踏板位置传感器有 6 个针脚，每 3 个针脚形成一个完成的线路，两个电阻器分别布置在两个线路中，形成两个信号，一个是信号 1，一个是信号 2，如图 3-2-7 所示。

12. 加速踏板位置传感器

比亚迪·秦加速踏板位置传感器的作用与其他汽车一样，这里不做赘述，其安装在驾驶室加速踏板轴的一端，用于检测汽车加速或减速信号，如图 3-2-8 所示。

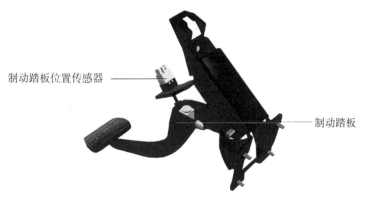

图 3 - 2 - 6　制动踏板位置传感器位置

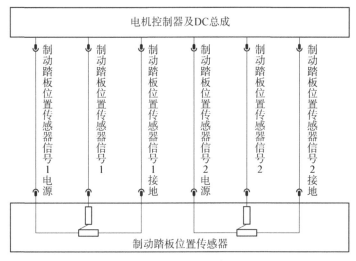

图 3 - 2 - 7　制动踏板位置传感器电路示意图

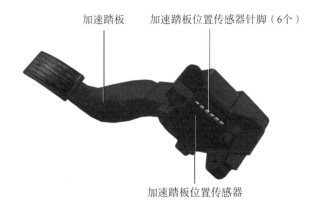

图 3 - 2 - 8　加速踏板位置传感器位置

　　比亚迪·秦采用的是双滑动电阻式加速踏板位置传感器,通过脚踩加速踏板使得传感器内部指针滑动改变滑动电阻器的阻值,从而影响加载在其上面的电压值。它有两个滑动电阻器、6 个针脚。每 3 个针脚形成一个完成的线路,两个电阻器分别布置在两个线路中,如图 3 - 2 - 9 所示。内部的电阻器一个是主信号电阻器,一个是辅助信号电阻器,两者之间的关系：主信号电压是辅助信号电压的 2 倍；两组电阻器之间可以相互检测，如果其中一个出现故障，则电机控制器及 DC 总成可以接收到另一个正确的信号。

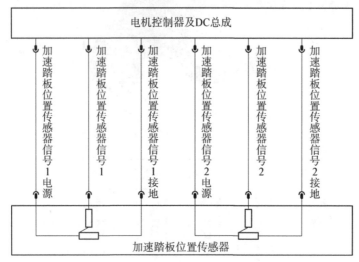

图 3-2-9　加速踏板位置传感器电路示意图

13. 挡位传感器

比亚迪·秦采用先进的线控换挡系统，该系统消除了换挡与变速器之间的机械连接，通过电控方式来选择前进挡、倒挡、空挡和驻车挡。挡位信号由挡位控制器总成进行采集和处理，挡位传感器安装在换挡机构附近，可避免因线束过长导致信号不稳的现象，换挡完毕后，换挡杆可以自动回正，减小误操作。

14. 安全气囊传感器(碰撞传感器)

安全气囊是汽车的被动安全装置，其可以在发生碰撞时保护车上的驾乘人员，避免或减轻驾乘人员所受伤害。碰撞传感器是安全气囊的主要部件，其主要作用是检测碰撞信号，并传给气囊 ECU，作为 ECU 判断是否需要发出点火信号碰撞解锁信号的依据。比亚迪·秦混合动力汽车主要装有前碰撞传感器、侧碰撞传感器、后碰撞传感器，如图 3-2-10 所示。

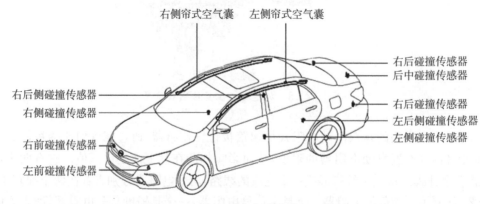

图 3-2-10　安全气囊传感器位置

15. 高压配电箱

比亚迪·秦的高压配电箱位于行李舱中动力蓄电池的左上侧，如图 3-2-11 所示。比亚迪·秦高压配电箱的主要作用是将动力蓄电池的电能分配给车载充电器、空调 PTC、空调压缩机等各模块，也将车载充电器输送的电能分配给动力蓄电池包提供电能，如图 3-2-12 所示。

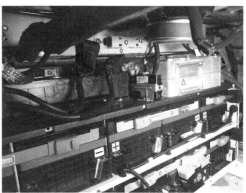

图 3-2-11　高压配电箱位置

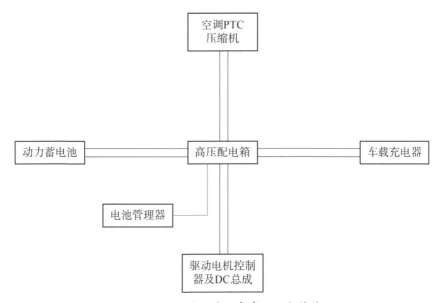

图 3-2-12　比亚迪·秦高压配电箱作用

16. 低压辅助电源

比亚迪·秦混合动力汽车低压辅助电源采用 12 V 的低压铁电池，其位于行李舱中动力蓄电池的上方中间位置。低压铁电池是整车电子设备低压电的来源，为保证整车低压系统的正常运行，整车设计应尽量保证低压铁电池不会亏电，故在传统的设计上增加了智能充电系统，保证低压铁电池不会亏电。当需要起动机工作时，铁电池电压会被拖低，为避免影响到整车供电电压的正常,需要临时切断 DC/DC 给铁电池充电回路;此时 DC/DC 单供整车用电设备用电,而铁电池则单独供起动机用电,两放电回路互不影响;发动机起动工作后重新接通充电回路,回到最初状态。当发电机和 DC/DC 输出不足时,由铁电池辅助向用电设备供电。铁电池还可以吸收电路中的瞬时过电压,保持汽车电器系统电压的稳定,保护电子组件。铁电池有电压、电流和温度监测功能,存在异常状态会触发故障报警功能,当铁电池故障报警时,仪表上故障指示灯点亮(常亮),同时显示"请检查低压电池系统"。

二、比亚迪·秦混合动力汽车控制策略

对同种动力联接形式的混合动力汽车来说,采用不同的控制策略可以得到不同的燃油消耗、排放和电池的 SOC 状态值。混合动力汽车控制的主要目的是在保证汽车性能的条件下降低汽车的燃油消耗和排放,同时,还要兼顾电池的寿命问题,基于这些目标,混合动力汽车控制策略主要有电辅助式控制策略、SOC 转矩平衡式控制策略、自适应控制策略和模糊逻辑控制策略。

(一)电辅助式控制策略

在这种控制策略中,当发动机功率不足时,电机作为一种辅助能源来工作,如图 3-2-13 所示,具体描述如下:

并联式混合动力汽车电辅助式控制策略

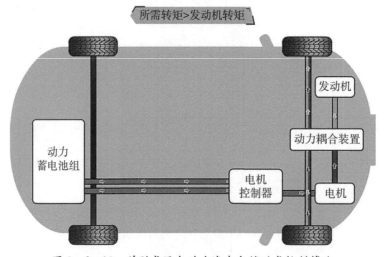

图 3-2-13 并联式混合动力汽车电辅助式控制策略

① 当汽车在所允许的最低速度之下行驶时,电机运行。
② 当汽车所需的转矩大于发动机能提供的最大转矩时,电机提供辅助转矩。
③ 当发动机在给定转速下运行在低效率时,发动机会关机,由电机提供所需的转矩。
④ 当电池充电状态过低时,发动机会提供额外的转矩给电机,用来发电给电池充电。
⑤ 制动能量再生时,电机给电池充电。
当 SOC>cs_lo_soc 时为发动机工作区间,如图 3-2-14 所示。
当电池 SOC 状态大于允许的最低 SOC 状态时,若汽车车速小于设定的最小车速时,此

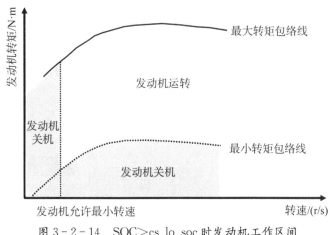

图 3-2-14 SOC>cs_lo_soc 时发动机工作区间

时发动机不工作,汽车行驶所需的转矩由电机提供,汽车在纯电动状态下工作,油耗和排放都为 0,当汽车车速大于设定的最小车速时,若此时的转矩比规定的发动机转矩要小,也由电机提供,这是为了保证发动机在低速和怠速的情况下不工作,以减少油耗和排放,从以上图形和叙述可以明显看出,当电池 SOC 状态在允许范围内的时候,发动机是始终运行在高效范围内的,可以改善汽车的燃油经济性和排放。

当 SOC<cs_lo_soc 时发动机工作区间图,如图 3-2-15 所示。

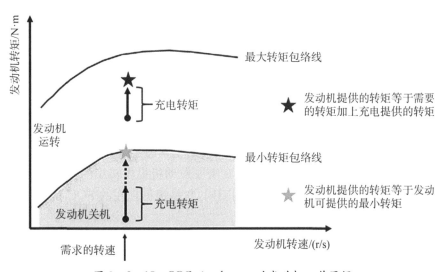

图 3-2-15 SOC<cs_lo_soc 时发动机工作区间

当电池 SOC 状态小于允许的最低 SOC 状态时,电机不工作,若所需要的转矩小于发动机的最小转矩时,发动机实际提供的转矩是它的最小转矩,多余的部分用来给电池充电,以保证电池 SOC 状态不至于过低。从图形上看发动机运转状态时,就是从红色的圆点提升至星点处,当所需要的转矩大于发动机的最小转矩时,发动机实际提供的转矩是需要提供的转矩加上充电转矩的和。

（二）SOC转矩平衡式控制策略

这种控制策略的思想是根据电池SOC的状态以及需求的转矩之间产生一个修正的转矩,使电池的SOC状态维持在指定的最高状态和最低状态的中间,同时保证发动机的工作点维持在高效范围内,如图3-2-16所示。

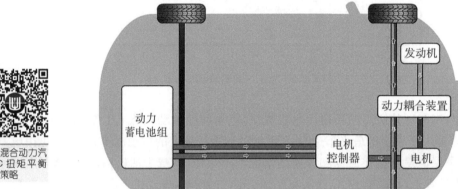

图3-2-16 并联式混合动力汽车SOC转矩平衡式控制策略

① 当汽车在所允许的最低速度之下行驶时,电机运行。

② 当汽车所需的转矩大于发动机能提供的最大转矩时,电机提供辅助转矩。

③ 当发动机在给定转速下运行在低效率时,发动机会关机,由电机提供所需的转矩。

④ 当电池充电状态低于最高值和最低值的平均值时,发动机会提供额外的转矩给电机,用来发电给电池充电。

⑤ 制动能量再生时,电机给电池充电。

这种控制策略的基本思想和电辅助控制策略的基本思想大致相同,所不同的地方就在于控制发动机实际发出多少转矩,前一种是在需要发动机提供转矩的基础上将发动机的转矩提高一些,来满足充电的需要,而后一种则不同,它是根据现在的SOC状态和转矩比来对发动机进行修正的。

记 T_now—需要发动机提供的转矩;

T.max—发动机的最大转矩;

cs_hi_soc—定义的最高电池SOC状态;

cs_lo.soc—定义的最低电池SOC状态;

soc_now—电池当前的SOC状态;

f_hi—发动机最高负荷率;

f_lo—发动机最低负荷率;

f_sn—相对系数,范围在0~1之间,当它的值靠近0时表示SOC的值更重要,当它的值靠近1时表示此时应尽量先满足发动机的需要。

（三）自适应控制策略

这种控制策略也叫实时控制,它同时考虑了发动机的燃油消耗和排放,在每一时刻,都根据这一规则将转矩需求合理地分配给发动机和电机,以到达优化燃油消耗和排放的目的,在实际中,燃油消耗和排放同时达到最优化是不可能的,这种控制策略实际上是两种情况的折中,如图 3-2-17 所示：图形中的黑实线代表发动机的最大转矩线,图形中的每一个椭圆形区域,表示当发动机转矩和转速在这个区域时,相应的值是最优的,比如：在 High MPG 区中,若此时的转矩为 160 N·m,转速为 1 700 r/min 时,发动机的燃油经济性最好,以此类推。从图形上我们可以清楚地看到,要想同时达到最优,发动机只能在很小的区域运行,但车辆的实际运行情况非常复杂,要想保证发动机仅仅只运行在一个很小的区域是不可能的,所以自适应控制策略实际上是上述情况的一种折中。

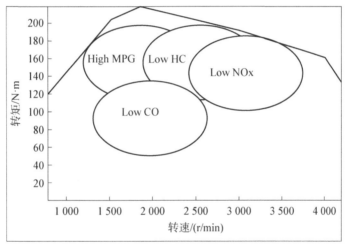

图 3-2-17　发动机转矩区间图

对自适应具体的描述为：

① 发动机的瞬时效率、排放装置、电机和电池都包含在汽车优化中。

② 自适应控制策略是在驱动条件的基础上不断调整自己的发动机、电机、电池的温度、制动能量回收的数量等。

③ 由用户自定义燃油经济性和排放目标。

④ 对于每一个操作点,自适应控制策略都把电机-发动机的转矩联合起来来定义优化操作点。

⑤ 整体性能是由每一时间步的最优燃油经济性和排放叠加的结果。

（四）模糊逻辑控制策略

在并联式控制策略中,一个最主要的目标就是要使发动机工作在高效区域内,只有这样,才能提高整车的工作效率。这在装有自动变速器的汽车中是可以实现的,如果是手动变速器,由于发动机的操作点是根据路面负载和电池 SOC 状态来定的,而路面情况是复杂多变的,所以要想实现这一目标是不可能的。由于发动机工作点的高度非线性,我们将发动机的转矩需求和电池 SOC 状态作为两个输入,然后运用模糊逻辑控制来进行优化,最后得到发动机的最优工作点,然后再由车辆的转矩需求减去发动机实际提供的就可以得到需要电机发出的转矩了。

在汽车的整个运行中,主要分为起步、加速、匀速行驶、减速和怠速几个工况,而各个不同的并联式混合动力电动汽车的结构也是不同的,它们的发动机功率、电机功率、电池的 SOC 状态都是各不相同的,运用模糊逻辑控制可以覆盖整个过程,它可以将汽车的能量请求合理地分配给各个能量源。

同时考虑电池的 SOC 状态,使系统达到最优来满足我们的要求。在各个不同的条件下,汽车所需的转矩为:

起步:$T_i = 0$ $T_{dc} > 0$

加速:$T_i > 0$ $T_{dc} > 0$

巡航:$T_i > 0$ $T_{dc} = 0$

减速:$T_i > 0$ $T_{dc} < 0$

怠速:$T_i = 0$ $T_{dc} = 0$

T_i——用来克服滚动阻力,空气阻力,坡度阻力的转矩;

T_{dc}——用来克服加速阻力的转矩。

在不同电池 SOC 状态下的各工况的运行情况,如图 3-2-18 所示。

并联式混合动力汽车模糊逻辑控制策略

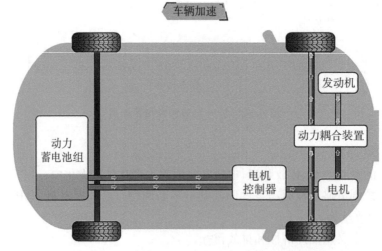

图 3-2-18   并联式混合动力汽车模糊逻辑控制策略

加速:当 SOC 状态比较高时,若汽车此时是弱加速,电机只提供部分转矩来辅助发动机驱动汽车,若此时汽车是急加速,电机则提供最大转矩来辅助发动机。

巡航(匀速行驶):当汽车在巡航时,所需的转矩是很小的,发动机也经常运行在低效的范围内,因此可以将发动机的转矩适当提高,多余的部分来驱动电机,此时电机的作用是用来给电池充电。

减速:减速又分为两种情况,第一种是松开加速踏板,此时发动机关闭,电机提供部分负转矩来给电池充电;第二种是踩制动踏板,此时电机提供最大的转矩来给电池充电。

怠速：此时汽车是不需要能量的,因此发动机和电机都是关闭的,若此时电池 SOC 状态比较低,发动机运转驱动电机给电池充电。

以上是模糊逻辑控制策略的基本根据,下面就是它的判断依据了,由于汽车的各种不同工况,以及电池的不同 SOC 状态,很难精确地确定,比如说,SOC 在什么值的时候是较低,什么值的时候较高,汽车在什么情况下是急加速,什么情况下是弱加速,等等,都是无法用确定值来判断的,这正是模糊逻辑的关键所在。在我们的控制策略中,首先要写出输入参数和输出参数的隶属函数,然后制定模糊规则,根据输入参数发动机的转矩和电池 SOC 状态通过模糊逻辑规则来进行计算,得出输出参数发动机实际应当提供的转矩,从而来进行能量的合理分配。

三、比亚迪·秦混合动力汽车控制系统检修

比亚迪·秦控制系统的检测要遵循由易到难、由外到内、由电气部件到机械部件的原则进行,并且一般是利用设备进行的不解体优先。本任务主要介绍高压配电箱、电机控制器与DC 总成、混合动力控制系统和发动机控制系统等主要部件的检测。

（一）高压配电箱检修

比亚迪·秦高压配电箱的检修主要包括基本检查、电气检测等。

1. 基本检查

① 穿戴高压防护套装,目视检查高压配电箱外观是否有破损。

② 目视检查各插接器连接是否可靠,线束是否有破损,若发现有破损或者是异常状况应立即停止使用车辆,并将车辆移至厂家指定维修站点。

2. 电气检测

（1）检查高压配电箱空调熔丝

将车辆置于 OFF 挡,打开配电箱右侧罩盖,测量其熔丝(30 A)是否导通,如果不导通,则更换空调熔丝。

（2）检查接触器电源供电

将车辆置于 OFF 挡,选用万用表适当的电压量程,测量低压插接件引脚对地电压,标准值为 12 V,如果不正常,则检查低压蓄电池线束供电。

（3）检查高压互锁信号

将车辆置于 OFF 挡,选用万用表测量低压插接件引脚 K54-2 和 K54-6 之间的电阻,标准电阻值应小于 1 Ω,如果不正常,则检查插接件连接和配电箱是否完好。

（二）电机控制器与 DC 总成的检修

比亚迪·秦电机控制器与 DC 总成的检修主要包括基本检查、电气检测等。

1. 基本检查

① 打开前机舱盖,佩戴高压绝缘手套,目视检查 DC/DC 总成外观是否有破损。

② 检查各插接器连接是否可靠,线束是否有破损,若发现有破损或者是异常状况应立即停止使用车辆,并将车辆移至厂家指定维修站点。

2. 电气检测

（1）检查动力蓄电池电压

① 将点火开关置于 ON 挡。

② 用诊断仪读取电池管理器发出的动力蓄电池电压，正常值为 450～550 V。

（2）电机控制器高压检测

① 将车辆点火开关置于 OFF 挡，断开维修开关，等待 5 min。

② 打开驱动电机控制器上端盖。

③ 安装高压维修开关。整车置于 ON 挡。

④ 测量高压母线的电压，正常值为 450～550 V。如果不正常，更换 DC/DC 总成与电机控制器。

（3）DC/DC 总成检测

① 在 EV 模式下，点火开关置于 ON 挡，选用万用表直流 20 V 电压测试挡，测量蓄电池电压，正常值为 14 V，若低于正常值则在进行下一步检测之前请充电或更换低压电池。

② 关闭点火开关，用万用表电压挡测量低压电池端电压，标准值为 12 V。

（三）混合动力控制系统检测

比亚迪·秦混合动力控制系统的检测主要包括基本检查、在线检测等。

1. 基本检查

① 目视检查电驱变速机构外观是否有破损、漏油现象。

② 检查电驱变速机构相关线束是否有老化、开裂等现象，发现有破损或者是异常状况应立即停止使用车辆，并将车辆移至厂家指定维修站点。

2. 在线检测

连接诊断仪，在混合动力汽车上电后，读取混合动力控制单元相关数据流，根据数据流分析混动控制系统的状态，主要需要读取的数据有：高压互锁状态，高压电池绝缘电阻，低压电流，低压电压，DC/DC 工作模式，高压电池 SOC，高压电池电压，高压电池主接触器状态，碰撞传感器状态，CAN 网络通信，挡位信号，蓄电池电压，空调压缩机等数据。

（四）发动机控制系统的检测

比亚迪·秦发动机控制系统的检测主要包括基本检查、在线检测等。

1. 基本检查

（1）机油检查

① 机油液位检测。打开发动机舱盖，拉出油尺，擦干净，然后重新插回去，在平稳后拔出机油标尺，检查油量，油量应在"F"与"L"中间，若发现油量靠近或在"L"位置，应补充机油量达到"F"位置，但不能过量。

② 机油质量检查。检查发动机机油是否变质、进水，轻微变色。

（2）制动液液位检测

比亚迪·秦更换制动液大约需要 1.5 L，正常情况下，液位应处于储液罐罐壁上的下限

(MIN)与上限(MAX)标记之间,如果液位处于或者低于下限(MIN)标记,则需要检查制动系统是否有渗漏以及制动摩擦片是否磨损。

（3）冷却液液位检测

比亚迪·秦冷却液位正常应处于储液罐罐壁上的下限(MIN)与上限(MAX)标记之间,如果液位处于或者低于下限(MIN)标记则应添加冷却液,使液位上升到上限(MAX)刻度线。检查冷却系统有无泄漏现象。冷却液应始终使用与原厂相同规格的冷却液。无须添加任何混合剂。不同品牌和型号的冷却液不能混合使用。

（4）备用蓄电池检测

① 目测检查备用蓄电池的外观,有无漏液、变形、裂纹、污迹、腐蚀及螺母松动等现象。

② 万用表调至直流 20 V 挡位,红黑表笔分别连接正负极,测得电压值为 12 V 左右。若测得数值低于标准数值,应补充电能或更换电池。

（5）线束检查

目视检查发动机相关插接器和线束连接是否正常、松动,有无破损。

2. 在线检测

连接诊断仪,在混合动力汽车发动机起动后,读取发动机的相关数据流,根据数据流分析发动机控制系统的工况,主要需要读取的数据有：燃油压力、燃油调整值、喷油脉宽、发动机转速、空气流量、进气温度、失火数据、爆燃数据、曲轴位置、凸轮轴位置、氧传感器反馈电压值、冷却液温度、机油温度、机油压力等数据。

技能训练

实训 1 比亚迪·秦电池管理器拆装

◆ 实训准备

1. 安全操作规范

① 电池管理器拆装任务的实施,先要按照安全操作规范进行高压系统断电、验电等工作。

② 进行高压部件操作时,一定要使用绝缘工具。

③ 严禁违规使用绝缘工具、仪器仪表,注意轻拿轻放,有序操作。

④ 严格遵守实训规程,按照学习工作页、维修手册等资料要求完成实训操作。

2. 实操工具准备

（1）设备准备

2016 款比亚迪·秦混合动力汽车。

（2）工具准备

① 常用工具：常用拆装套件、一字螺丝刀。

② 绝缘工具：绝缘工具套件。

③ 防护装备：车内防护三件套、车外防护三件套、绝缘手套。

④ 专用工具：定扭式扭力扳手。

⑤ 其他：绝缘胶带。

◆ 实训步骤

1. 前期准备

① 进入车内安装车内防护三件套。

② 操纵驻车制动器。

③ 拉起前机舱盖手柄，打开前机舱盖，安装车外防护三件套。

④ 断开高压维修开关。

A. 打开行李舱，找到低压铁电池负极电缆位置。

B. 拆卸铁电池负极电缆。

a. 使用合适套筒、棘轮扳手、接杆拧松铁电池负极电缆固定螺栓。

b. 取下铁电池负极电缆接线桩，并放至合适位置。

C. 翻起后部座椅靠背，拔掉高压维修开关，并用胶布封住。

注 意 事 项

◇ 断开维修塞后，需等待 5～10 min，待高压系统剩余电量释放完毕后，才能进行下一步操作。

⑤ 使用螺丝刀依次拆卸行李舱内饰板固定卡扣。

⑥ 取出行李舱内饰板，并妥善放置。

注 意 事 项

◇ 行李舱内饰板属于内饰件，拆卸及存储时需注意保持其清洁，以免由于内饰污损导致客户投诉。

2. 拆卸电池管理器

① 佩戴高压绝缘手套。

② 按压锁舌，拆卸动力蓄电池采样线束插接器。

③ 按压锁舌，拆卸电池管理器低压控制线束插接器。

④ 使用螺丝刀将低压线束固定卡扣从电池管理器支架上脱离开。

⑤ 使用合适套筒、接杆、棘轮扳手拆卸电池管理器 3 颗固定螺母。

⑥ 取下电池管理器并妥善放置。

3. 安装电池管理器

① 将电池管理器放置于合适安装位置。

② 使用合适套筒、接杆、棘轮扳手安装电池管理器 3 颗固定螺母,并使用定扭扳手紧固至(15±3)N·m。

③ 安装低压线束固定卡扣至电池管理器支架上。

④ 连接电池管理器低压控制线束插接器。

⑤ 连接动力蓄电池采样线束插接器。

4. 装复车辆

① 安装行李舱内饰板至指定位置。

② 使用行李舱固定卡扣固定行李舱内饰板。

③ 装复动力蓄电池高压维修塞。

④ 装复后排座椅靠背。

⑤ 使用合适套筒、棘轮扳手装复低压铁电池负极电缆,并使用定扭扳手紧固至 15 N·m。

⑥ 关闭行李舱。

5. 整理归位

① 确认车辆状况良好。

② 回收车外三件套。

③ 回收车内三件套。

④ 整理工具,实训设备归位。

实训 2　比亚迪·秦高压配电箱拆装

◆ **实训准备**

1. 安全操作规范

① 高压配电箱拆装任务的实施,先要按照安全操作规范进行高压系统断电、验电等工作。

② 进行高压部件操作时,一定要使用绝缘工具。

③ 严禁违规使用绝缘工具、仪器仪表,注意轻拿轻放,有序操作。

④ 严格遵守实训规程,按照学习工作页、维修手册等资料要求完成实训操作。

2. 实操工具准备

(1) 设备准备

2016 款比亚迪·秦混合动力汽车。

（2）工具准备

① 常用工具：常用拆装套件。

② 绝缘工具：绝缘工具套件。

③ 防护装备：车内防护三件套、车外防护三件套。

④ 专用工具：定扭式扭力扳手。

⑤ 其他：绝缘胶带。

◆ 实训步骤

1. 前期准备

① 进入车内安装车内防护三件套。

② 操纵驻车制动器。

③ 拉起前机舱盖手柄，打开前机舱盖，安装车外防护三件套。

④ 断开高压维修开关。

A. 打开行李舱，找到低压铁电池负极电缆位置。

B. 拆卸铁电池负极电缆。

a. 使用合适套筒、棘轮扳手、接杆拧松铁电池负极电缆固定螺栓。

b. 取下铁电池负极电缆接线桩，并放至合适位置。

C. 翻起后部座椅靠背，拔掉高压维修开关，并用胶布封住。

注 意 事 项

◇ 断开维修塞后，需等待 5～10 min，待高压系统剩余电量释放完毕后，才能进行下一步操作。

2. 拆卸高压配电箱

① 佩戴高压防护装备，按压锁舌，拆卸动力蓄电池正负极高压电缆插接器。

② 按压锁舌，拆卸输出直流高压电缆线束插接器。

③ 按压锁舌，拆卸 PTC 高压线束插接器。

④ 按压锁舌，拆卸车载充电器高压线束插接器。

⑤ 按压锁舌，拆卸漏电传感器线束插接器。

⑥ 按压锁舌，拆卸高压配电箱低压线束插接器。

⑦ 使用合适套筒、棘轮扳手拆卸高压配电箱搭铁线束固定螺栓，脱开搭铁线束。

⑧ 使用合适套筒、棘轮扳手拆卸高压配电箱固定螺栓。

⑨ 将高压配电箱向后平移至与动力蓄电池支架脱开后，取出高压配电箱。

3. 安装高压配电箱

① 安放高压配电箱至合适位置。

② 使用合适套筒、棘轮扳手安装高压配电箱固定螺栓，并使用定扭扳手紧固至 24 N•m。

③ 安放搭铁线束至安装位置，使用合适套筒、棘轮扳手安装高压配电箱搭铁线束固定螺栓，并使用定扭扳手紧固至 24 N•m。

④ 连接高压配电箱低压线束插接器。

⑤ 连接漏电传感器线束插接器。

⑥ 连接车载充电器高压线束插接器。

⑦ 连接 PTC 高压线束插接器。

⑧ 连接输出直流高压电缆线束插接器。

⑨ 连接动力蓄电池正负极高压电缆插接器。

4. 装复车辆

① 安装动力蓄电池模组后挡板。

a. 安放电池模组后挡板到规定位置。

b. 使用合适套筒、棘轮扳手、接杆安装动力蓄电池模组后挡板上的固定螺栓，并使用定扭式扭力扳手紧固至 8 N•m。

② 安放行李舱右后装饰板至合适位置。

③ 安装行李舱右后装饰板固定卡扣。

④ 安装动力蓄电池装饰板。

⑤ 安装动力蓄电池装饰板固定卡扣。

⑥ 关闭行李舱盖。

⑦ 安装动力蓄电池维修塞，装复后部座椅靠背。

⑧ 使用合适套筒、棘轮扳手装复低压铁电池负极电缆，并使用定扭扳手紧固负极电缆固定螺栓至 15 N•m。

5. 整理归位

① 进入车内，按下点火开关起动车辆，检查车辆是否能正常上电。

② 回收车内三件套。

③ 回收车外三件套。

④ 整理工具，实训设备归位，实训作业完成。

实训 3　比亚迪·秦混合动力汽车发动机电控系统检修

◆ **实训准备**

1. 安全操作规范

① 发动机电控系统检修任务的实施，要按照规范进行操作。

② 进行高压部件操作时，一定要使用绝缘工具。

③ 严禁违规使用绝缘工具、仪器仪表，注意轻拿轻放，有序操作。

④ 严格遵守实训规程，按照学习工作页、维修手册等资料要求完成实训操作。

⑤ 发动机起动前需连接尾气排放管，避免废气污染实训室空气。

2. 实操工具准备

（1）设备准备

2016 款比亚迪·秦混合动力汽车。

（2）工具准备

① 常用工具：常用拆装套件。

② 诊断工具：比亚迪 VDS2000 专用诊断仪套件。

③ 防护装备：车内防护三件套、车外防护三件套。

◆ 实训步骤

1. 前期准备

① 进入车内安装车内防护三件套。

② 操纵驻车制动器。

③ 拉起前机舱盖手柄，打开前机舱盖，安装车外防护三件套。

2. 发动机基本检查

（1）检查发动机冷却系统

① 检查发动机冷却储液壶外观是否正常，有无老化开裂、外伤等现象。

② 观察冷却液液位高度是否符合正常。

◇ 正常液位应在 MAX 液位和 MIN 液位之间。

③ 打开冷却储液壶盖，检查冷却液颜色是否正常。

④ 使用冰点测试仪，检测冷却液冰点是否符合标准。

◇ 冷却液冰点应低于 −20℃。

⑤ 使用冷却系统加压工具，执行发动机冷却系统加压操作，保压 10 min，并检查系统是否存在渗漏。

◇ 加压压力不得高于 1.2 bar,以免造成冷却系统损坏。

⑥ 装复冷却储液壶盖。

（2）发动机外观检查

① 检查发动机外观是否正常,有无外伤、油污、腐蚀现象。

② 检查发动机外部附件安装是否牢靠,有无破损痕迹。

③ 检查发动机辅助传动带是否正常,有无老化、开裂现象。

④ 检查发动机外部各传感器、执行器外观是否正常,有无破损。

⑤ 检查发动机模块插接器是否正常,有无松动、断裂等情况。

（3）发动机润滑系统检查

① 检查仪表中发动机机油液位是否正常,若有缺失需及时加注。

② 放置举升机顶脚,举升车辆至合适位置。

③ 使用合适套筒、棘轮扳手拧松发动机放油螺栓。

④ 使用采样容器,接取一部分发动机机油,并安装放油螺栓,使用定扭扳手紧固至 25 N·m。

⑤ 观察采样发动机机油的油色是否正常,是否有焦糊味。

⑥ 将采样发动机机油倒在白纸上,检查发动机机油中是否存在铁屑和杂质。

◇ 若发动机机油油色较黑,则说明发动机机油杂质较多,需要更换。

◇ 若发动机机油存在铁屑或者焦糊味则说明发动机存在故障,需要进一步拆卸检测。

3. 发动机在线检测

① 取出比亚迪 VDS2000 专用诊断仪套件,连接 VCDI 无线诊断接口。

② 打开比亚迪专用诊断仪电源开关,待电源开启后,进入比亚迪·秦诊断系统;并读取车辆 VIN 码,选择读取整车数据。

③ 等待车辆通信完成之后,点击高压电控总成,进入模块数据读取页面。

④ 读取发动机系统故障码,记录后清除故障码,然后重新读取故障码。

⑤ 读取发动机系统相关数据流。

a. 按下点火开关起动车辆,调节混动状态至燃油模式,使发动机起动。

b. 读取发动机转速、曲轴位置传感器波形、凸轮轴位置传感器波形,判断发动机转速、位置检测是否正常。

c. 读取发动机燃油压力、燃油液位、喷油脉宽、喷油调整值、燃油泵供电占空比,判断发动机燃油供给系统工作情况。

  d. 读取发动机空气流量计读数、进气温度值、歧管压力值,判断发动机进气系统工作情况。

  e. 读取发动机冷却液温度、电子风扇状态,判断发动机冷却系统工作情况。

  f. 读取发动机氧传感器信号读数,判断发动机排气及净化系统工作情况。

  ⑥ 关闭车辆点火开关。

  ⑦ 断开比亚迪 VDS2000 专用诊断仪与车辆连接。

4. 整理归位

  ① 检查车辆上电正常。

  ② 取下车外三件套。

  ③ 取下车内三件套。

  ④ 整理工具,实训设备归位。

实训 4　比亚迪·秦控制系统检修

◆ 实训准备

1. 安全操作规范

  ① 严格按照安全规范切断高压维修开关。

  ② 进行高压部件操作时,一定要使用绝缘工具。

  ③ 严禁违规使用绝缘工具、仪器仪表,注意轻拿轻放,有序操作。

  ④ 严格遵守实训规程,按照学习工作页、维修手册等资料要求完成实训操作。

  ⑤ 发动机起动前需连接尾气排放管,避免废气污染实训室空气。

2. 实操工具准备

（1）设备准备

2016 款比亚迪·秦混合动力汽车。

（2）工具准备

  ① 常用工具:常用拆装套件、绝缘工具套件。

  ② 诊断工具:比亚迪 VDS2000 专用诊断仪套件、数字兆欧表。

  ③ 防护装备:车内防护三件套、车外防护三件套。

  ④ 专用工具:定扭式扭力扳手。

◆ 实训步骤

1. 前期准备

  ① 进入车内安装车内防护三件套。

  ② 操纵驻车制动器。

③ 拉起前机舱盖手柄,打开前机舱盖,安装车外防护三件套。

2. 控制系统在线检测

① 取出比亚迪 VDS2000 专用诊断仪套件,连接 VCDI 无线诊断接口。

② 打开比亚迪专用诊断仪电源开关,待电源开启后,进入比亚迪·秦诊断系统;并读取车辆 VIN 码,选择读取整车数据。

③ 等待车辆通信完成。

④ 读取发动机控制模块故障码,记录后清除故障码,重新读取故障码。

⑤ 读取发动机控制模块相关数据流,判断发动工作工况是否良好。

⑥ 关闭点火开关。

3. 电池管理系统在线检测

① 车辆上电。

② 进入比亚迪诊断系统,并读取车辆 VIN 码,读取整车数据。

③ 等待车辆通信完成后,读取电池管理系统故障码,为确保读取的为当前故障码,需清除后再次读取,从而确认电池管理系统有无故障码存在。

④ 读取电池管理系统相关数据流,判断动力电池是否有故障,需要读取的数据有:高压系统网络通信情况、车辆绝缘电阻值、互锁系统工作情况、动力电池 SOC 值、电压值、正极主接触器、负极主接触器、预充接触器状态。

4. 变频器在线检测

① 将诊断仪退出至电池管理系统控制界面。

② 进入变频器控制数据读取页面。

③ 待车辆通信完成后,点击进入变频器控制系统。

④ 读取变频器控制系统相关故障码,记录后清除故障码,重新读取故障码。

⑤ 读取变频器控制系统相关数据流。

a. 观察子空调变频器工作状态。

b. 观察电机运转状态。

c. 观察低压蓄电池电压是否正常。

d. 观察增压转换器输出电压是否正常。

⑥ 关闭诊断仪。

a. 退出诊断系统,关闭诊断仪。

b. 拔下诊断接口,车辆下电。

5. 测量高压配电箱绝缘情况

① 断开高压维修开关。

A. 打开行李舱,找到低压铁电池负极电缆位置。

B. 拆卸铁电池负极电缆。

a. 使用合适套筒、棘轮扳手、接杆拧松铁电池负极电缆固定螺栓。

b. 取下铁电池负极电缆接线桩,并放至合适位置。

C. 翻起后部座椅靠背,拔掉高压维修开关,并用胶布封住。

◇ 断开维修开关后,需等待 5～10 min,待高压系统剩余电量释放完毕后,才能进行下一步操作。

② 拆卸高压配电箱高压电缆。

a. 拆卸动力蓄电池正负极母线电缆插接器。

b. 拆卸高压配电箱至电机控制器高压电缆插接器。

c. 拆卸高压配电箱至车载充电机高压电缆插接器。

d. 拆卸高压配电箱至 PTC 高压电缆插接器。

③ 选用兆欧表,调整至 1 000 V 测试挡。

④ 测量高压配电箱绝缘情况。

a. 用兆欧表红色表笔分别连接高压配电箱正负极母线端子,黑色表笔连接车身搭铁,检测高压配电箱绝缘情况。

◇ 绝缘电阻值应大于 20 MΩ。

b. 用兆欧表红色表笔连接高压配电箱至电机控制器高压电缆端子,黑色表笔连接车身搭铁,检测高压配电箱绝缘情况。

◇ 绝缘电阻值应大于 20 MΩ。

c. 用兆欧表红色表笔连接高压配电箱至车载充电机高压电缆端子,黑色表笔连接车身搭铁,检测高压配电箱绝缘情况。

◇ 绝缘电阻值应大于 20 MΩ。

d. 用兆欧表红色表笔连接高压配电箱至 PTC 高压电缆端子,黑色表笔连接车身搭铁,检测高压配电箱绝缘情况。

◇ 绝缘电阻值应大于 20 MΩ。

⑤ 连接高压配电箱高压电缆。

a. 连接动力蓄电池正负极母线电缆插接器。

b. 连接高压配电箱至电机控制器高压电缆插接器。

c. 连接高压配电箱至车载充电机高压电缆插接器。

d. 连接高压配电箱至 PTC 高压电缆插接器。

⑥ 安装动力蓄电池维修塞,安装后排座椅靠背。

⑦ 使用合适套筒、棘轮扳手,安装低压铁电池负极电缆,使用定扭扳手紧固螺栓至 10 N·m。

6. 整理归位

① 确认车辆状况良好无故障,检测操作完成。

② 回收车外三件套。

③ 回收车内三件套。

④ 整理工具,实训设备归位。

实训 5　比亚迪·秦车载网络系统检修

◆ 实训准备

1. 安全操作规范

① 严禁违规使用测量仪器仪表,注意轻拿轻放,有序操作。

② 严格遵守实训规程,按照学习工作页、维修手册等资料要求完成实训操作。

③ 需要确认车辆挡位为 P 位,拉起驻车制动杆,且安放轮胎挡块。

④ 车辆点火开关处于 ON 挡位置,检测车辆时需注意低压蓄电池电压值,若低于标准值需及时连接稳压器或充电机,以避免耗尽低压蓄电池电量。

⑤ CAN 总线波形需要在车辆运行状态进行观测。

2. 实操工具准备

（1）设备准备

2016 款比亚迪·秦混合动力汽车。

（2）工具准备

① 常用工具:常用工具套装。

② 诊断设备:比亚迪·秦专用适配器、双通道示波器、万用表。

③ 防护装备:车内防护三件套。

④ 专用工具：定扭式扭力扳手。

◆ **实训步骤**

参考资源

比亚迪·秦车载
网络系统检修

1. 前期准备

① 进入车内安装车内防护三件套，如图 3 - 2 - 19 所示。

② 确认车辆停放至工位，且停靠位置安全可靠，车辆挡位置于 P 位，并操纵驻车制动器，如图 3 - 2 - 20 所示。

图 3 - 2 - 19　安装车内三件套　　　　图 3 - 2 - 20　操纵驻车制动器

2. CAN 总线电压测量

① 打开车辆行李舱，取出景格 T - box 智能适配器连接线束。

② 断开动力蓄电池管理器 BMC03 插接器，如图 3 - 2 - 21 所示；连接适配器配套插接器，如图 3 - 2 - 22 所示。

③ 断开动力电池管理器 K64、K65 插接器，如图 3 - 2 - 23 所示；连接适配器配套插接器，如图 3 - 2 - 24 所示。

④ 连接 T - box 端线束插接器，如图 3 - 2 - 25 所示。

⑤ 分别连接 T - box 电源采样线束电源端子至低压蓄电池正极，如图 3 - 2 - 26 所示；T - box 电源采样线束搭铁端子至低压蓄电池负极，如图 3 - 2 - 27 所示。

图 3-2-21　断开 BMC03 插接器

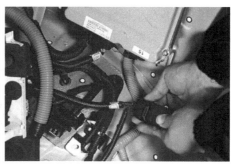

图 3-2-22　连接适配器与 BMC03 插接器

图 3-2-23　断开 K64 插接器

图 3-2-24　连接适配器与 K65 插接器

图 3-2-25　连接 T-box 端线束插接器

图 3-2-26　连接正极适配器

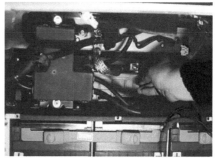

图 3-2-27　连接负极适配器

⑥ 连接 T-box 采样线束插接器,如图 3-2-28 所示,打开 T-box 智能适配器电源开关并将车辆点火开关置于 ON 挡。

图 3-2-28　T-box 采样线束插接器

⑦ 根据电路图可知 K65 插接器中 9 号针脚为整车 CAN-H、22 号针脚为整车 CAN-L,如图 3-2-29 所示。

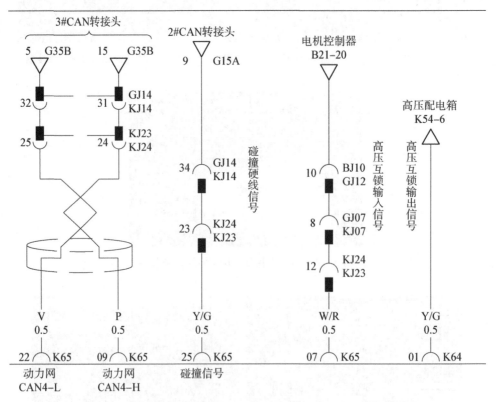

图 3-2-29　电路图

⑧ 取出万用表,调节万用表挡位至电阻测试挡,完成万用表校零操作,然后调节万用表至电压测试挡,将万用表红色表笔连接 T-box 电源插孔,黑色表笔连接 T-box 搭铁插孔,查看万用表仪表显示测量值,如图 3-2-30 所示。

图 3-2-30 万用表仪表显示测量值

◇ 测试测量值应为电源电压,若检测结果有偏差则需要检查并重新连接 T-box 电源
采样线束。

⑨ 将万用表红色表笔连接 T-box 测量面板中 K65-9 号插孔,如图 3-2-31 所示,检测整车 CAN-H 工作电压值,查看并记录万用表仪表显示测量值。

图 3-2-31 连接 T-box 测量面板中 K65-9 号插孔

◇ 测量结果应在 2.5~3.5 V 之间,若低于此数值则说明 CAN-H 线路存在断路或对地短路情况;若高于此数值则说明 CAN-H 可能存在对电源短路情况。

⑩ 将万用表红色表笔连接 T-box 测量面板中 K65-22 号插孔,如图 3-2-32 所示;检测整车 CAN-L 工作电压值,查看并记录万用表仪表显示测量值,如图 3-2-33 所示。

 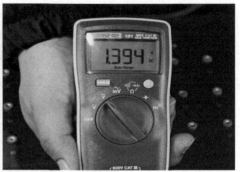

图 3-2-32　连接红色表笔与 K65-22 号插孔　　图 3-2-33　CAN-L 工作电压值

注意事项

◇ 测量结果应在 1.5～2.5 V 之间,若低于此数值则说明 CAN-L 线路存在断路或对地短路情况;若高于此数值则说明 CAN-L 可能存在对电源短路情况。

3. CAN 总线终端电阻测量

① 关闭车辆点火开关,断开车辆蓄电池负极电缆,如图 3-2-34 所示。

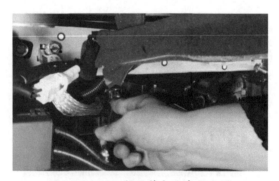

图 3-2-34　断开蓄电池负极电缆

注意事项

◇ 在测量电阻时,在测量前必须把待测部件断电。而且等待大约 5 min,直到系统中的所有电容器放电完毕之后才能进行检测,否则会影响测试数据的准确性。

② 将万用表挡位调节至电阻测试挡。将万用表红色表笔连接至 T-box 测量面板中 K65-9 号插孔,黑色表笔连接至 K65-22 号插孔,检测在线状态下 CAN-H 与 CAN-L 之间电阻值,查看并记录万用表仪表显示测量值。

◇ CAN 总线两端有 120Ω 的终端电阻,终端电阻并联,因此检测 CAN - H 与 CAN - L 之间电阻应测得 60Ω 电阻值。若测得电阻值为 120Ω 则说明 CAN 总线存在断路故障。

③ 调节 T - box 智能适配器 K65 - 9 导线断路,模拟离线测量条件。将万用表红色表笔连接至 T - box 测量面板中 K65 - 9 号插孔,黑色表笔连接至 K65 - 22 号插孔,检测离线状态下 CAN - H 与 CAN - L 之间电阻值,查看并记录万用表仪表显示测量值。

◇ 测量值应为 120Ω,若测得电阻值与标准值差距较大,则说明系统中存在故障,需要进一步检修。

④ 连接蓄电池负极并紧固至 10 N•m。

4. CAN 总线波形检测

① 将点火开关调节至 ON 挡。

② 打开示波器电源开关,校对示波器两个通道波形,确保示波器可正常使用,如图 3 - 2 - 35 所示。

③ 将示波器第一通道线连接至 T - box 测量面板 K65 - 9 号插孔。

④ 将示波器第二通道线连接至 T - box 测量面板 K65 - 22 号插孔。

⑤ 点击示波器中自动采样按钮,等待示波器自动采样,然后点击截屏按钮截取 CAN 总线波形。

⑥ 调整波形显示幅值及脉宽,调整波形参考位置拉近两通道位置,查看 CAN - H 波形与 CAN - L 波形,如图 3 - 2 - 36 所示,并分析 CAN 总线是否存在故障。

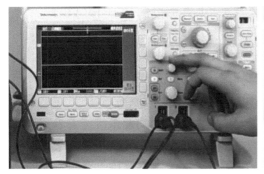

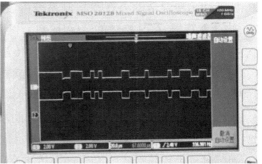

图 3 - 2 - 35　校对示波器两个通道波形　　图 3 - 2 - 36　CAN - H 波形与 CAN - L 波形

注意事项

◇ 在正常情况下 CAN-H 与 CAN-L 的波形应为标准数字方波信号,信号波峰应平整无毛刺。若存在毛刺情况则说明 CAN 总线存在信号干扰,需进行干扰检测。

◇ CAN-H 与 CAN-L 的波形应该相对称。由于动力蓄电池管理系统的整车 CAN 网络属于高速 CAN,因此无法实现单线运行,若波形无法对称则说明线路存在故障,且系统不工作。

◇ 若存在 CAN-H 断路情况,示波器中波形应显示为第一通道为 0 V 直线,第二通道波形为正常数字方波;若 CAN-H 对地短路,示波器中波形应显示为第一通道为 0 V 直线,第二通道波形为正常数字方波;若 CAN-H 对电源短路,示波器中波形应显示为第一通道为 12.6 V 左右直线,第二通道波形为正常数字方波。

⑦ 关闭示波器,取下 T-box 侧插接器,取下电源采样线束电源和搭铁端子,取下采样线束。

⑧ 断开适配器配套插接器,连接车辆电池管理器 BMC03 插接器、K64 插接器、K65 插接器。

5. 整理归位

① 关闭车辆行李舱,关闭点火开关。

② 取下车内三件套

③ 整理工具,实训设备归位。

任务小结

插电式比亚迪·秦混合动力汽车控制系统的主要功能是对动力转矩的输出进行最优控制,以实现低油耗和降低排放的目标。本节主要介绍插电式比亚迪·秦混合动力汽车控制系统组成、原理和检修。

比亚迪·秦混合动力汽车控制系统主要由混合动力汽车控制 ECU(HV ECU)、发动机 ECU、电池管理器、ABS 控制单元(ABS ECU)、驱动电机控制器与 DC 总成、空调变频器、P 位电机控制器、挡位控制器、高压电缆、漏电传感器、加速踏板位置传感器、制动踏板位置传感器、车速传感器、挡位传感器、安全气囊传感器、高压配电箱、低压辅助电源以及辅助电器等组成。按照混合动力汽车实现的功能,其同样可以划分为能量管理系统、驾驶员信息传递系统、信息通信系统、安全故障管理系统和辅助系统。这些系统按照功能系统的要求实现混合动力汽车的工作控制。

对同种动力联接形式的混合动力汽车来说,采用不同的控制策略可以得到不同的燃油消耗、排放和电池的 SOC 状态值。并联式混合动力汽车控制策略主要有电辅助式控制策略、SOC 转矩平衡式控制策略、自适应控制策略、模糊逻辑控制策略。电辅助式控制策略中,当发动机功率不足时,电机作为一种辅助能源来工作;SOC 转矩平衡式控制策略的思想是根据电池 SOC 的状态以及需求的转矩之间产生一个修正的转矩,使电池的 SOC 状态维持在指定的最高状态和最低状态的中间,同时保证发动机的工作点维持在高效范围内;自适应控制也叫实时控制,它同时考虑了发动机的燃油消耗和排放,在每一时刻,都根据这一规则将转矩需求合理地分配给发动机和电机,以达到优化燃油消耗和排放的目的;模糊逻辑控制可以根据发动机的转矩和电池 SOC 状态,优化发动机的工作效率,尽量将发动机控制在最优工作点。

比亚迪·秦控制系统的检测主要按照一定规律,介绍了高压配电箱、电机控制器与 DC总成、混合动力控制系统和发动机控制系统的检修内容、方法以及标准值。

一、判断题

1. 比亚迪·秦是非插电式混合动力汽车。　　　　　　　　　　　　　　　　　(　　)
2. 比亚迪·秦混合动力汽车的 HV ECU 是独立存在的部件。　　　　　　　　(　　)
3. 比亚迪·秦电池管理器是电池管理系统的核心部件,位于行李舱车身右 C 柱内板后段。
　　　　　　　　　　　　　　　　　　　　　　　　　　　　　　　　　　(　　)
4. 比亚迪·秦的 P 位控制器安装在地板支架上,主要控制 P 位电机在 P 位时锁止变速器。
　　　　　　　　　　　　　　　　　　　　　　　　　　　　　　　　　　(　　)
5. 比亚迪·秦挡位控制器是线控换挡系统的关键部件,安装在靠近挡位执行器的乘员舱地板上。　　　　　　　　　　　　　　　　　　　　　　　　　　　　　　(　　)
6. 比亚迪·秦驱动电机控制器和 DC 总成位于前机舱右侧。　　　　　　　　　(　　)
7. 驱动电机控制器与 DC 总成是驱动电机控制器与升压转换器的集成体。　　(　　)
8. 当动力蓄电池电量不足时,DC/DC 转换器将发电机发出的电,供整车低压用电器用电后多余的电能升压后给动力蓄电池充电及空调用电。　　　　　　　　　　(　　)
9. 比亚迪·秦的制动踏板位置传感器是双霍尔式传感器。　　　　　　　　　　(　　)

二、选择题

1. 比亚迪·秦(　　　)的主要作用是采集变速杆的挡位信号,并根据控制信号控制挡位电机的工作,从而实现换挡控制。【单选题】
　　A. P 位控制器　　　　　　　　　　　　B. 挡位控制器
　　C. 空调变频器　　　　　　　　　　　　D. 驱动电机控制器与 DC 总成
2. 比亚迪·秦(　　　)的主要功能是控制电机和发动机驱动车辆行驶,同时可以进行 CAN 通信、故障处理、在线检测、与其他模块配合完成整车的工作要求以及自检等功能。【单选题】
　　A. P 位控制器　　　　　　　　　　　　B. 挡位控制器
　　C. 空调变频器　　　　　　　　　　　　D. 驱动电机控制器与 DC 总成

3. 比亚迪·秦的(　　),缩写为DC,是动力蓄电池高压直流与低压直流相互转换的装置,比亚迪·秦的DC/DC转换器具有降压和升压功能。【单选题】
   A. 电机控制器　　　　B. DC/DC转换器　　　C. 逆变器　　　　　　D. 增压转换器

4. 比亚迪·秦的(　　)位于电动压缩机上,是空调制冷系统中电动变频压缩机的供电装置,它将动力蓄电池的528 V的高压直流电转换为528 V的高压交流电供给空调系统中的压缩机。【单选题】
   A. 空调变频器　　　　B. 电机控制器　　　　C. 逆变器　　　　　　D. 增压转换器

5. 比亚迪·秦的(　　)可以检测高压负极母线与车身之间的绝缘电阻,判断高压电池包的漏电程度。【单选题】
   A. 漏电传感器　　　　B. 电机控制器　　　　C. 逆变器　　　　　　D. 增压转换器

6. 下列是比亚迪·秦混合动力汽车控制系统组成部件的是(　　)。【多选题】
   A. 驱动电机控制器与DC总成　　　　　B. 空调变频器
   C. P位电机控制器　　　　　　　　　　D. 挡位控制器
   E. 高压配电箱　　　　　　　　　　　　F. 驱动电机

三、 简答题

1. 请简述比亚迪·秦加速踏板位置传感器类型、组成及产生的信号特点。

2. 请简述比亚迪·秦混合动力汽车驱动电机控制器和DC总成位置、作用、组成及控制。

任务 3 荣威 E550 混合动力汽车控制系统构造与检修

任务目标

1. 了解荣威 E550 混合动力汽车控制系统组成及特点。
2. 掌握荣威 E550 混合动力汽车控制系统组成部件的作用、结构及原理。
3. 了解荣威 E550 混合动力汽车控制系统控制策略。
4. 掌握荣威 E550 混合动力汽车控制系统检修内容和检修方法。
5. 能按照操作规范完成荣威 E550 混合动力汽车相关控制系统的拆装及检修。

任务导入

　　一辆 2015 款荣威 E550 混合动力汽车进入 4S 店检修，车主反映在行驶过程中不能切换"纯电模式"。维修接待人员试车发现车辆 READY 灯不点亮，仪表动力系统故障警告灯点亮。经高级技师再次实车诊断分析，将故障指向动力蓄电池管理系统。现车间主任将任务派发至你手中，请根据所学知识完成荣威 E550 混合动力汽车控制系统检修任务。

荣威 E550"控制系统"坏了吗?

📖 **知识储备**

混合动力汽车(Hybrid Vehicle，HV)控制系统的主要功能是对动力转矩的输出进行最优控制，它可以利用性能优越、安全可靠的控制策略或控制逻辑来控制汽车的正常运行，从而提高混合动力汽车的安全、节能、环保和舒适性能。本任务主要介绍荣威 E550 混合动力汽车控制系统组成和控制原理。

一、荣威 E550 混合动力汽车控制系统组成

插电式混联的荣威 E550 混合动力汽车的控制系统，与其他混合动力汽车一样，其主要功能是对动力转矩的输出进行最优控制，以实现低油耗和低排放目标。荣威 E550 控制系统由混合动力控制单元(HCU)、发动机控制单元(ECU)、电力电子箱(PEB)、ABS/DSC 的 ECU、车身控制器(BCM)、换挡控制单元(SCU)、电子助力转向控制单元(EPS)、电子驻车控制器、停车距离控制单元(PDC ECU)、电池管理器(BMS)、高压电力分配单元(EDS Module)、SRS ECU、低压电源管理模块(PMU)、加速踏板位置传感器、制动踏板位置传感器、车速传感器、挡位传感器、安全气囊传感器、力矩传感器以及低压辅助电源等组成。按照混合动力汽车实现的功能，其同样可以划分为能量管理系统、驾驶员信息传递系统、信息通信系统、安全故障管理系统和辅助系统，这些系统按照功能系统的要求实现混合动力汽车的工作控制。

1. 混合动力控制单元（HCU）

荣威 E550 混合动力汽车的混合动力控制单元位于车身顶部前侧板。它的混合动力控制单元(HCU)主要用于协调控制动力系统。混动控制系统能够根据踏板信号和挡位状态解释驾驶员的驾驶意图，依据动力系统部件状态协调动力系统输出动力。

2. 发动机控制单元（ECU）

发动机管理系统用来控制发动机工作的各个方面，它从各种传感器接收输入，并计算分析确定输出，包括传送给燃烧室的燃油量、点火时间和供气控制等，其控制的目的是：提高动力性、降低油耗、减少排气污染。发动机控制单元(ECU)是发动机管理系统的控制中心。它不断监测来自各个传感器的信息，并控制影响车辆性能的各个系统，还执行系统诊断功能。它可识别操作故障，并通过故障指示灯提醒驾驶员并存储指示故障部位的故障诊断码，以便于维修人员进行维修。

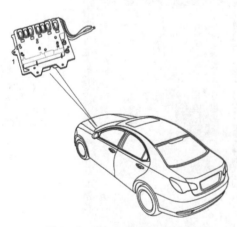

图 3 - 3 - 1   电力电子箱位置

3. 电力电子箱（PEB）

荣威 E550 的电力电子箱(PEB)位于前机舱的左侧，如图 3 - 3 - 1 所示。电力电子箱是控制 TM

电机和 ISG 电机的电器组件，它在高速 CAN 上与混合动力控制单元（HCU）、组合仪表（IPK）、车身控制器（BCM）、高压电池管理系统（BMS）、低压电源管理单元（PMU）、电力电子箱（PEB）等控制器通信，如图 3-3-2 所示。软件接收 HCU 的转矩命令以控制 ISG 电机和TM 电机，同时电力电子箱控制器带有自诊断功能，确保系统安全运行。

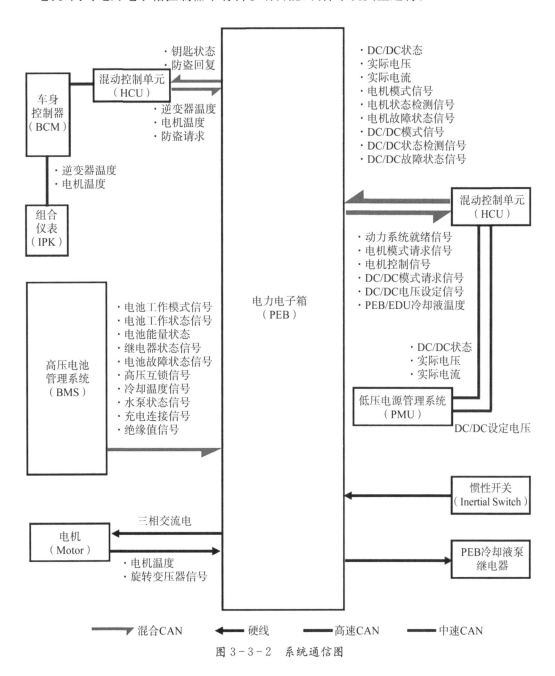

图 3-3-2　系统通信图

4. ABS/DSC 的 ECU

ABS ECU 接收轮速传感器的信号，当检测到某个车轮发生抱死或者处于抱死的临界时,ABS ECU 就会发出相应的指令控制制动压力调节器的进出液阀的工作作态,控制轮缸保持恰当的制动压力,使车轮抱死的情况得到解决或者防止出现车轮抱死的情况,充分发挥车辆的制动能力。

DSC ECU 根据接收到的转向角度传感器和偏航传感器的信号,检测到驾驶员的实际驾驶意图和车辆的实际情况,判断出车辆可能会发生的危险状态,然后 DSC ECU 发出相关指令对车轮制动力进行控制,若有必要 DSC ECU 也会发出指令要求对发动机以及变速器(自动)挡位进行干预,防止车辆出现过度或不足转向,并能防止侧滑的发生,最终把车辆调整到最佳行驶状态,避免危险发生。

5. 车身控制模块(BCM)

车身控制模块是车辆的电气核心。用于监视和控制与车身(例如车灯、车窗、门锁)相关的功能并像 CAN 和 LIN 网络的网关那样工作。

6. 换挡器控制单元(SCU)

换挡器控制单元(SCU)是换挡器的核心部件,其主要作用对锁止电磁阀进行故障监测。锁止电磁阀完全受混合动力控制单元(HCU)控制,换挡器控制单元(SCU)根据 CAN 总线上的"电磁阀控制信号"来控制锁止电磁阀的输出,同时换挡器将锁止电磁阀的状态信息反馈给混合动力控制单元(HCU),SCU 可以对锁止电磁阀进行故障监测。

7. 电动助力转向控制单元(EPS)

电动助力转向控制单元(EPS)是电子助力转向系统的核心,其功能是接受力矩传感器信号和车速传感器信号,并进行逻辑分析与计算后得出相应的控制结论,发出相应控制指令,控制电动机动作。此外,ECU 还有安全保护和自我诊断功能,ECU 通过采集电动机的电流、发电机电压、发动机工况等信号判断其系统工作状况是否正常,一旦系统工作异常,助力将自动取消,同时 ECU 将进行故障诊断分析。

8. 电子驻车控制器

电子驻车控制器是电子驻车制动系统(EPB)的核心部件,其安装在中央控制台的下面,通过一个线束插接件与车身线束相连接。电子驻车制动器根据制动开关和车身控制模块相关信息,判断汽车现在的工作状态,控制电子驻车制动系统的电机工作,从而保证车辆处于坡道上时的安全。

9. 停车距离控制单元(PDC ECU)

停车距离控制单元(PDC ECU)位于左侧行李舱装饰板后面,通过 LIN 总线将 PDC 与 BCM 连接。当车辆挂到倒车档时,PDC ECU 使用超声波传感器监控后保险杆周围的区域,如果监控区域内检测到物体,仪表组件内的声音报警装置就会发出声音警告。系统能够探测到比较坚硬的固体障碍物同时也能探测到铁丝栅栏之类的物体,PDC ECU 可以自动控制停车,无须驾驶员干预。

PDC ECU 通过至车身控制模块(BCM)的 LIN 总线接收点火状态和倒车开关位置信息。通电时,PDC 进入自检模式。执行自我检查后,发出"嘀"的一声,证明正式开始工作,进入自检模式期间系统是通电的,但不能检测障碍物。当 PDC ECU 从 BCM 收到倒档信息时,即选择倒档后系统会延迟 1 s 后激活。这样可以避免自动变速器变速杆在行驶位置和停车位置之间移动时出现不必要的警告声音。PDC ECU 激活超声波传感器,将后部障碍物信号通过 BCM 的网关传输到组合仪表。发出单次报警声说明系统处于激活状态。传感器传输 48 kHz 超声波脉冲。PDC ECU 接收来自超声波传感器的距离信号。PDC ECU 处理来自传感器的距离信号,以确定检测区域内是否有障碍物。如果检测区域里没有障碍物,则没有报警声。如果检测到障碍物,声音报警器就会发出重复的警报声。从检测区域的边缘开始,即约距离车辆后部 1500 mm,报警声的频率以每 200 mm 增加 1 Hz 的速度增加,直到距离障碍物约 300 mm 时,报警声变为连续的声音。

10. 电池管理控制器(BMS)

荣威 E550 的电池管理控制器位于高压电池包上,其主要作用是汇总高压电池包内部控制器采集的电池信息,通过一定的控制策略,向整车控制器提供电池运行状态的信息,响应整车高压回路通断命令,实现对电池的充放电和热管理。

11. 高压电力分配单元(EDS Module)

荣威 E550 的高压电力分配单元相当于其他混合动力汽车上的高压配电装置,其通过不同高压继电器的通断,实现各个高压回路的通断。

12. SRS ECU

SRS ECU 是 SRS 的核心,它能够接收碰撞传感器的信号,并根据信号判定汽车是否发生碰撞,若传感器监测到的碰撞足够严重,SRS ECU 就给气囊模块和座椅安全带预张紧器发出一个点火信号,触发气体发生器产生大量的气体,使气囊膨胀。膨胀的气囊从座椅蒙皮中弹出,同样,头部安全气帘模块触发,气囊从车门上方的内饰板中弹出,以保证乘员的头部不受损伤。充分膨胀后的气囊会释放掉多余的气体,以减轻乘员受到损伤的程度。

13. 低压电源管理模块(PMU)

通过传感器采集蓄电池电压、电流、温度信息,对蓄电池状态进行计算,并且获得整车的用电器工作状态和 DC/DC 转换器工作状态,实现整车供电系统对蓄电池的动态电量平衡、节能模式、智能充电等功能。

14. 加速踏板位置传感器

荣威 E550 的加速踏板位置传感器采用的是双滑动电阻式,其安装在制动踏板轴的一端。这种传感器有 6 个针脚,每 3 个针脚形成一个完整的线路,两个电阻器分别布置在两个线路中,形成两个信号,一个是信号 1,一个是信号 2。需要注意的是传感器中的两个滑动变阻器是同相安装的,当加速踏板位置发生变化时,其电阻同时线性增加或减小,从而产生两个相同变化趋势的加速踏板的深度信号,并能将信号送给混合动力控制单元(HCU)。与有些车型一样,加速踏板传感器与电子节气门上的同样原理的节气门位置传感器共同构成了整个电子节气门控制系统监控功能的一部分,能提供系统控制所期望的冗余保护。

15. 制动踏板位置传感器

荣威 E550 制动踏板位置传感器是霍尔效应制动开关,其位于制动踏板支架上,如图 3 -

3-3所示。制动灯开关提供两种制动踏板状态输出：一是连接到 ABS ECU；二是连接到巡航控制系统、自动变速器 ECU 及用于自动变速器换挡的内部锁止 ECU。如果制动开关失效，将可能出现以下两种情况的一种或两种：一是巡航失效，二是制动灯不亮。制动灯开关含有一个位于外安装滑阀内的内置传感器。当解除制动时，制动踏板上的端部靠在传感器的末端，制动踏板踩下时，踏板端部远离传感器，并引起传感器输出电压的改变。

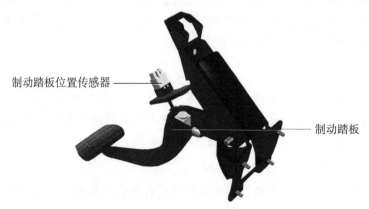

图 3-3-3   制动踏板位置传感器位置

16. 挡位传感器

荣威 E550 的挡位信号是使用 EDU 上的 1 个拨叉位置传感器检测的，其安装在 EDU 内部的阀体总成上，用来检测拨叉位置。这种传感器是一种永磁式线性非接触传感器，由磁铁和绕组组成，磁铁是装在拨叉上。当安装在拨叉上的磁铁随着拨叉执行换挡动作而运动时，用来感应该磁铁的传感器所产生的 PWM 信号的占空比会随磁铁位置的变化而增大或减小，如图 3-3-4 所示，信号正常时，占空比工作范围应为 $10\% \sim 90\%$。混合动力控制单元（HCU）根据这一占空比信号测得拨叉的位置，用来确定 EDU 当前所处的挡位以及目标挡位等。

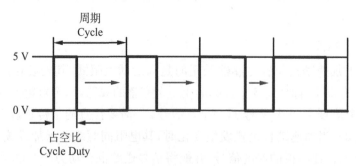

图 3-3-4   拨叉位置传感器的占空比变化

17. 力矩传感器

荣威 E550 的力矩传感器是集成在转向管柱内部，其功能是测量驾驶员作用在转向盘上的力矩大小与方向,以及转向盘转角的大小和方向,它是电动助力转向系统(EPS)的控制基本信号。目前采用较多的是在转向轴位置加一扭杆,通过测量扭杆的变形得到力矩,另外也有采用非接触式力矩传感器。

18. 车速传感器

荣威 E550 的车速传感器是指电驱动变速器的输出转速,其安装在电驱动变速器(EDU)总成差速器壳体上,用来检测变速器输出轴的转速。它是一个霍尔式传感器,利用霍尔效应检测信号,当目标轮开始转动时,速度传感器开始产生一连串的脉冲信号,脉冲的个数将随着车速增加而增加,速度传感器的脉冲信号频率随检测部件转速的增加而增加,但占空比在任何速度下保持恒定不变。这个速度传感器的 2 根导线都和 HCU 相连接,其中 1 根为电源线,另 1 根为对地脉冲信号,其频率随电驱动变速器相应部件转速的增加而增加,HCU 根据这一脉冲信号频率测得 EDU 输出转速。

19. 安全气囊传感器

安全气囊是汽车的被动安全装置,其可以在发生碰撞时保护车上的驾乘人员,避免或减轻驾乘人员所受伤害。碰撞传感器是安全气囊的安全气囊传感器,而且是气囊工作的关键部件,其主要作用是检测碰撞信号,并传给气囊 ECU,作为 ECU 判断是否需要发出点火信号的依据。

20. 低压辅助电源

荣威 E550 混合动力汽车低压辅助电源采用 12 V 的低压铅酸蓄电池,其位于前机舱内。低压蓄电池作为整车电子设备低压电的来源,为保证整车低压系统的正常运行,整车设计应尽量保证低压蓄电池不会亏电,故在传统的设计上增加了低压电源管理系统(PMU)。通过传感器采集蓄电池电压、电流、温度信息,对蓄电池状态进行计算,并且获得整车的用电器工作状态和 DC/DC 转换器的工作状态,实现整车供电系统对蓄电池的动态电量平衡、节能模式、智能充电等功能,如图 3 - 3 - 5 所示。

(1)动态电量平衡

如果用电器全开情况下,蓄电池会不断放电,最终导致蓄电池亏电,造成下次无法起动。针对混合动力汽车,更加会造成电子转向系统(EPS)、电子真空泵(EVP)等瞬间大功率工作的安全性电器无法得到稳定的供电。通常情况下,只能通过增加电源(DC/DC 转换器)的输出能力来实现供电和用电的平衡,但是这样会增加成本。动态电量平衡是指在用电器全开情况下,由低压电源管理系统(PMU)发出电源风险等级信号,部分舒适性用电器收到信号后,根据等级自动降低部分功率,使供电和用电达到平衡,实现动态的电量平衡。

(2)节能模式

节能模式,对于传统车而言,发电机输出的电压是固定值,一般在 14.5 V 左右。对于混合动力汽车而言,低压电源管理系统(PMU)具有的节能模式,能够在蓄电池电量较足、不需要继续充电的情况下,通过将 DC/DC 转换器的供电电压降到 13 V 左右,降低整车供电电压,从而可以降低部分用电器工作电流和功率;蓄电池充电电流几乎为零,对于 DC/DC 转换器而言,供电的功率也会降低。

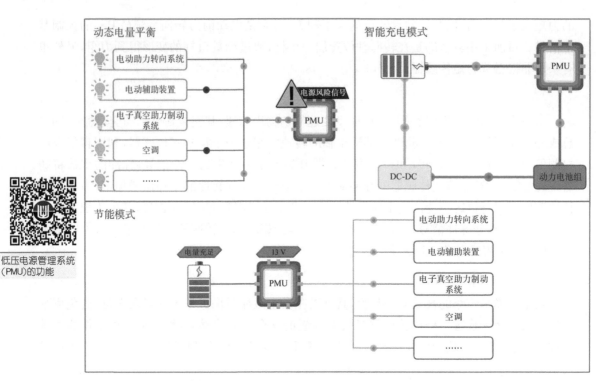

图 3-3-5   低压电源管理系统(PMU)功能

（3）智能充电模式

智能充电模式,是指给蓄电池的充电电压会根据蓄电池的状态不同而变化,例如蓄电池电量较低时,为了保证下次顺利起动和供电电压的平稳,会适当提高充电电压,加快充电进行。在蓄电池电量较高时,会适当降低充电电压,降低整车功耗。经常处于小电流充电对于蓄电池的使用寿命有一定好处。

二、荣威 E550 混合动力汽车控制策略

对不同类型的混联形式的混合动力汽车来说,采用不同的控制策略可以得到不同的燃油消耗、排放和电池的 SOC 状态值。混合动力汽车控制的主要目的是在保证汽车性能的条件下降低汽车的燃油消耗和排放,同时,还要兼顾电池的寿命问题,基于这些目标,混合动力汽车控制策略主要有电辅助式控制策略、SOC 转矩平衡式控制策略、自适应控制策略、模糊逻辑控制策略。

（一）电辅助式控制策略

在这种控制策略中,根据电池电量和车辆所需转矩的情况,将电机作为一种辅助能源来工作,具体描述如下:

① 电池 SOC 状态大于允许的最低 SOC 值时,且车辆转矩需求适中情况下,进入纯电驱动模式,油耗和排放都为 0。

② 电池 SOC 状态小于允许的最低 SOC 值时,且车辆所需转矩较低情况下,进入串联驱

动模式。发动机工作,通过 ISG 电机发电,TM 电机独立驱动车辆。

③ 当车辆转矩需求较大情况下,进入并联驱动模式。

④ 车辆滑行制动和踩下制动踏板制动情况下,可进行能量回收模式。

⑤ 行车中,电池电量过低,车速与转矩需求不高时,进行行车充电模式。

⑥ 行车中,车速与转矩需求在一定范围内,进入发动机驱动模式。

⑦ 车辆处于静止状态,电池电量较低(等红灯、拥堵等),进入怠速充电模式。

⑧ 车辆处于熄火状态,利用外接电源为电池补充电量。

(二) SOC 转矩平衡式控制策略

这种控制策略的思想是根据电池 SOC 的状态以及需求的转矩来控制混合动力汽车的工作方式,电池的 SOC 状态始终维持在指定的最高状态和最低状态的中间,在确保发动机的工作点维持在高效范围内的同时,合理分配驱动汽车的转矩。

SOC 转矩平衡控制策略在车轮驱动功率需求很高时,存在发动机与电机联合驱动的混合驱动状况,其控制策略有以下几种模式:

① 当加速踏板踩下时发动机和电机的功率按照一定比例同时增加,以满足驾驶员的高功率需求。

② 电机功率一直增加到其最大值,然后起动发动机以提供补充动力。

③ 发动机被控制在低油耗区稳定运行,而由电机来提供所需的补充功率。

(三) 自适应控制策略

自适应控制策略也是一种实时控制策略。它同时考虑了发动机的燃油消耗和排放,在每一时间步,都根据这一规则将转矩需求合理地分配给发动机和电机,以达到优化燃油消耗和排放的目的。

事实上,燃油消耗和排放达到最优是不可能的,这种控制策略实际上是两种优化目标的折中。

如图 3-3-6 所示,图形中的黑实线代表发动机的最大转矩线,图形中的每一个椭圆形

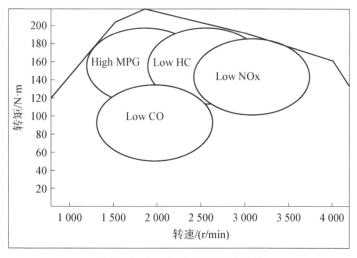

图 3-3-6 发动机转矩区间图

区域,表示当发动机转矩和转速在这个区域时,相应的值是最优的,比如:在 High MPG 区中,若此时的转矩为 160 N·m,转速为 1700 r/min 时,发动机的燃油经济性最好,以此类推。从图形上我们可以清楚地看到,要想同时达到最优,发动机只能在很小的区域运行,但车辆的实际运行情况非常复杂,要想保证发动机仅仅只运行在一个很小的区域是不可能的,所以自适应控制策略实际上是上述情况的一种折中。

自适应控制策略是在原驱动条件的基础上动态调整自己的工作模式以适应车辆对车速和转矩的需求,控制系统由用户自定义燃油经济性和排放目标,对于每一个操作点,自适应控制策略都把电机和发动机的转矩联合起来定义优化操作点。汽车的整体性能是每一个时间步最优的燃油经济性和排放性的叠加。

(四)模糊逻辑控制策略

这种控制策略中将发动机的转矩需求和电池 SOC 状态作为两个输入,运用模糊逻辑控制来进行优化,然后得到发动机的最优工作点,然后再由车辆的转矩需求减去发动机实际提供的转矩就可以得到需要电机发出的转矩了。但是,模糊逻辑控制有它的局限性,在控制过程中会增加模糊性,因此这种控制策略只适用于特定结构的并联式混合动力车辆,对于其他结构形式的并联式混合动力车辆,效果并不是很好。

在汽车的整个运行中,主要分为起步、加速、匀速行驶、减速和怠速几个工况,而各个不同的并联式混合动力电动汽车的结构也是不同的,它们的发动机功率、电机功率、电池的 SOC 状态都是各不相同的,运用模糊逻辑控制可以覆盖整个过程,它可以将汽车的能量请求合理地分配给各个能量源。

以上是模糊逻辑控制策略的基本根据,下面就是它的判断依据了,由于汽车的各种不同工况,以及电池的不同 SOC 状态,很难精确地确定,比如说 SOC 在什么值的时候是较低,什么值的时候较高,汽车在什么情况下是急加速,什么情况下是弱加速,等等,都是无法用确定值来判断的,这正是模糊逻辑的关键所在。在我们的控制策略中,首先要写出输入参数和输出参数的隶属函数,然后制定模糊规则,根据输入参数发动机的转矩和电池 SOC 状态通过模糊逻辑规则来进行计算,得出输出参数发动机实际应当提供的转矩,从而来进行能量的合理分配。

三、荣威 E550 混合动力汽车控制系统检修

荣威 E550 混合动力汽车控制系统的检测要遵循由易到难、由外到内、由电气部件到机械部件的原则进行,并且一般是利用设备进行的不解体优先。本节主要介绍高压配电盒、电力电子箱、混合动力控制系统、发动机控制系统等主要部件的检测。

(一)高压配电盒检修

荣威 E550 高压配电盒的检修主要包括基本检查、电气检测等。

1. 基本检查

① 佩戴高压绝缘手套,目视检查高压配电箱外观是否有破损。

② 检查各插接器连接是否可靠,线束是否有破损,若发现有破损或者是异常状况应立即

停止使用车辆，并将车辆移至厂家指定维修站点。

2. 电气检测

（1）检查接触器电源供电

断开整车低压连接器，点火开关置于 ON 挡，选用万用表合适挡位，测量 1 号针脚和 2 号针脚之间电压值，标准值为 12 V。

（2）检查高压互锁信号

点火开关置于 OFF 挡，用万用表测量低压连接器 6 号针脚和 9 号针脚之间的电阻值，标准电阻值应小于 1 Ω。

（二）电力电子箱的检修

荣威 E550 电力电子箱的检修主要包括基本检查、电气检测等。

1. 基本检查

电力电子箱外观检查

① 打开前机舱盖，佩戴高压绝缘手套，目视检查电力电子箱外观是否有破损。

② 检查各插接器连接是否可靠，线束是否有破损，若发现有破损或者是异常状况应立即停止车辆使用，并将车辆移至厂家指定维修站点。

2. 电气检测

（1）检查动力蓄电池电压

① 将点火开关置于 ON 挡。

② 用诊断仪读取电池管理控制器发出的动力蓄电池电压，正常值为 250～350 V。

（2）电机控制器高压检测

① 将车辆点火开关置于 OFF 挡，断开手动维修开关，等待 5 min 以上。

② 打开电力电子箱上端盖。

③ 安装手动维修开关。整车置于 ON 挡。

④ 测量高压母线的电压，正常值为 250～350 V。如果不正常，更换电力电子箱。

（3）DC/DC 转换器检测

① 在 EV 模式下，点火开关置于 ON 挡，选用万用表直流 20 V 电压测试挡，测量蓄电池电压，正常值为 14 V 左右，否则在进行下一步检测之前请充电或更换低压电池。

② 关闭点火开关，用万用表电压挡测量低压电池端电压，标准值为 12 V 左右。

（三）混合动力控制系统检测

荣威 E550 混合动力控制系统的检测主要包括基本检查、在线检测等。

1. 基本检查

① 目视检查电驱变速器外观是否有破损、漏油现象。

② 检查电驱变速机构相关线束是否有老化、开裂等现象，发现有破损或者是异常状况应立即停止使用车辆，并将车辆移至厂家指定维修站点。

③ 检查变速杆换挡是否顺畅。

2. 在线检测

连接诊断仪,在混合动力汽车上电后,读取混合动力控制单元相关数据流,根据数据流分析混动动力控制系统的状态,主要需要读取的数据有:高压互锁,高压电池绝缘电阻,低压电流,低压电压,DC/DC 工作模式,高压电池 SOC,充放电次数,高压电池 SOH,高压电池电压,高压电池主接触器状态,碰撞传感器状态,CAN 网络通信,挡位信号,蓄电池电压,空调压缩机等数据。

(四) 发动机控制系统的检测

荣威 E550 发动机控制系统的检测主要包括基本检查、在线检测等。

1. 基本检查

(1) 机油检查

① 机油液位检测。打开发动机舱盖,拉出机油尺,擦干净,然后重新插回去,在平稳后拔出机油尺,检查油量,油量应在"F"与"L"中间,若发现油量靠近或在"L"位置,应补充机油量达到"F"位置,但不能过量。

② 机油质量检查。检查发动机机油是否变质、进水或轻微变色。

(2) 制动液液位检测

荣威 E550 更换制动液大约需要 1.5 L,正常情况下,液位应处于储液罐罐壁上的下限(MIN)与上限(MAX)标记之间,如果液位处于或者低于下限(MIN)标记,则需要检查制动系统是否有渗漏以及制动摩擦片是否磨损。

(3) 冷却液液位检测

荣威 E550 冷却液位正常应处于储液罐罐壁上的下限(MIN)与上限(MAX)标记之间,如果液位处于或者低于下限(MIN)标记则应添加冷却液,使液位上升到上限(MAX)刻度线。检查冷却系统有无泄漏现象。冷却液应始终使用与原厂相同规格的冷却液,无须添加任何混合剂。不同品牌和型号的冷却液不能混合使用。

(4) 低压蓄电池检测

① 目测检查备用蓄电池的外观,有无漏液、变形、裂纹、污迹、腐蚀及螺母松动等现象。

② 万用表调至直流 20 V 挡位,红黑表笔分别连接正负极,测得电压值为 12 V 左右。若测得数值低于标准数值,应补充电能或更换电池。

(5) 线束检查

目视检查发动机相关插接器和线束连接是否正常、松动,有无破损。

2. 在线检测

连接诊断仪,在混合动力汽车发动机起动后,读取发动机的相关数据流,根据数据流分析发动机控制系统的工况,主要需要读取的数据有:燃油压力、燃油调整值、喷油脉宽、发动机转速、空气流量、进气温度、失火数据、爆燃数据、曲轴位置、凸轮轴位置、氧传感器反馈电压值、冷却液温度、机油温度、机油压力等数据。

 技能训练

实训 1 荣威 E550 电力电子箱拆装

◆ 实训准备

1. 安全操作规范

① 严禁违规使用绝缘工具、仪器仪表,注意轻拿轻放,有序操作。

② 严格按照安全规范切断高压维修开关。

③ 严格遵守实训规程,按照学习工作页、维修手册等资料要求完成实训操作。

④ 操作人员要穿戴好高压防护装备。

⑤ 拆卸时使用高压绝缘工具。

⑥ 举升机的操作应符合使用规范。

2. 实操工具准备

(1) 设备准备

2016 款荣威 E550 混合动力汽车、举升机。

(2) 工具准备

① 常用工具:常用拆装套件。

② 绝缘工具:绝缘工具套件。

③ 专用工具:定扭式扭力扳手。

④ 防护装备:车内防护三件套、车外防护三件套、绝缘手套。

◆ 实训步骤

1. 前期准备

(1) 车辆防护

① 进入车内安装车内防护三件套。

② 起动驻车制动器。

③ 拉起前机舱盖手柄,打开前机舱盖,安装车外防护三件套。

(2) 断开高压维修塞

① 确保车辆电源处于关闭状态。

② 断开低压蓄电池负极电缆。

注意事项

◇ 断开负极电缆后,需等待 5 min 以上,待电力电子箱中高压电容元件放电完毕后,才能进行下一步操作。

③ 举升车辆至合适位置,在靠近右后轮一侧拆下高压维修塞,使用高压维修塞替代保护盖 TEL00022 盖住高压维修塞安装处。

④ 下降车辆至车轮着地。

(3)排空电力电子箱冷却液

① 拧开冷却液膨胀水壶罩盖。

② 放置举升机顶角,举升车辆至合适位置,锁止举升机。

③ 将油液收集器推到车辆底部合适位置。

④ 使用十字螺丝刀拧下冷却系统散热器底部的排水阀。

⑤ 排空冷却液。

⑥ 使用十字螺丝刀紧固冷却系统散热器底部的排水阀。

⑦ 将油液收集器推出车辆底部,下降车辆至车轮着地。

(4)拆卸进、出水管

① 使用水管钳松开进水管卡箍。

② 断开电力电子箱进水管。

③ 使用水管钳松开出水管卡箍。

④ 断开电力电子箱出水管。

2. 拆卸电力电子箱

① 使用合适套筒、棘轮扳手、接杆拆卸将 ISG 电机和 TM 电机高压线束固定到电力电子箱上的 3 个螺栓,断开三相电缆高压线束插接器。

② 使用合适套筒、棘轮扳手、接杆拆卸将电力电子箱总成固定到电力电子箱后支架和蓄电池支架上的 4 个螺栓。

注意事项

◇ 连接螺栓长短并不一致,需要区别放置,以免安装时拿取错误。

③ 使用合适套筒、棘轮扳手、接杆拆下将电力电子模块 DC/DC 接地线和壳体接地线固定到车身上的一个螺栓。

④ 断开电力电子箱左侧的 2 个低压线束插接器。

⑤ 两人配合。一人抬起电力电子箱,另一人断开其下方的高压线束插接器。

⑥ 取下电力电子箱放置到工作台上。

◇ 取下电力电子箱的一次性屏蔽罩,再次安装时,需要更换新的电力电子箱屏蔽罩。

3. 安装电力电子箱

① 将电力电子箱屏蔽罩按照螺栓孔位置放置在电力电子箱壳体上。

② 将电力电子箱移至安装位置,先连接下方高压线束插接器,再将电力电子箱放到支架上。

③ 连接电力电子箱左侧低压线束插接器。

④ 使用合适套筒、棘轮扳手、接杆安装将电力电子模块 DC/DC 接地线和壳体接地线固定到车身上的一个螺栓,使用定扭扳手紧固至 15 N•m。

⑤ 使用合适套筒、棘轮扳手、接杆安装将电力电子箱总成固定到电力电子箱后支架和蓄电池支架上的 4 个螺栓,使用定扭扳手紧固至(20±1)N•m。

⑥ 连接 ISG 电机和 TM 电机高压线束到电力电子箱上的高压线束插接器。

⑦ 使用合适套筒、棘轮扳手、接杆安装 3 个将高压线束固定到电力电子箱上的螺栓,使用定扭扳手紧固至 5 N•m。

4. 装复车辆

① 安装进、出水管。

a. 使用水管钳松开进水管卡箍。

b. 安装电力电子箱进水管。

c. 使用水管钳松开出水管卡箍。

d. 安装电力电子箱出水管。

② 加注冷却液。

a. 使用十字螺丝刀拆卸冷却水泵进水管处的放气螺栓。

b. 从膨胀水壶口加注冷却液,当放气螺栓口有冷却液溢出时,立即拧好放气螺栓,紧固至 5 N•m。

③ 举升车辆至合适位置,拆下高压维修塞替代保护盖 TEL00022,安装高压维修塞。

④ 下降车辆至车轮着地。

⑤ 安装低压蓄电池负极电缆。

⑥ 连接诊断仪。

⑦ 在全车扫描界面下进入 ISG 模块,点击电机冷却泵控制,让水泵运转。

⑧ 观察膨胀壶中冷却液流动,倘若冷却液未流动,重复放气操作。

⑨ 保持冷却液流动 20～30 min。

⑩ 当膨胀水壶中的冷却液液位没有变化时,断开诊断仪。

⑪ 检查冷却液液位,若有需要,需添加至 MIN 与 MAX 之间。

5. 整理归位

① 确认车辆状况良好无故障,检测操作完成。

② 取下车外三件套。

③ 取下车内三件套。

④ 整理工具,实训设备归位。

实训 2 荣威 E550 车载网络系统检修

◆ 实训准备

1. 安全操作规范

① 严禁违规使用诊断仪、测量仪器仪表,注意轻拿轻放,有序操作。

② 严格遵守实训规程,按照学习工作页、维修手册等资料要求完成实训操作。

③ 需要确认车辆挡位为 P 位,拉起驻车制动杆,且安放轮胎挡块。

④ 车辆点火开关处于 ON 挡位置,检测车辆时需注意低压蓄电池电压值,若低于标准值需及时连接稳压器或充电机,以避免耗尽低压蓄电池电量。

⑤ CAN 总线波形需要在车辆运行状态进行观测。

2. 实操工具准备

(1) 设备准备

2016 款荣威 E550 混合动力汽车。

(2) 工具准备

① 常用工具:常用拆装套件。

② 检测工具:诊断仪、万用表、手持式示波器。

③ 防护装备:车内防护三件套、车外防护三件套。

◆ 实训步骤

1. 前期准备

车辆防护

① 进入车内安装车内防护三件套。

② 起动驻车制动器。

③ 拉起前机舱盖手柄,打开前机舱盖,安装车外防护三件套。

④ 将万用表调至欧姆挡,短接红黑表笔,观察读数。

注意事项

◇ 正常值应小于 0.5 Ω,若电阻过大,则说明万用表存在断路故障。

⑤ 使用万用表测量低压蓄电池电压是否在 11～14 V 的规定范围内。

2. 车载网络系统诊断仪检测

① 取出通用诊断仪套件,连接诊断仪相关线束,连接诊断接口。

② 打开诊断仪电源开关,待电源开启后,选择车型。

③ 在全车扫描界面下进入荣威 E550 诊断系统,并读取车辆 VIN 码,选择读取整车数据。

④ 读取动力网数据。

a. 等待车辆通信完成之后,点击进入混动控制模块数据读取页面。

b. 读取模块故障码,记录后清除故障码,然后重新读取故障码。

c. 读取各网络通信情况,判断动力网总线是否存在故障。

⑤ 读取动力蓄电池子网数据。

a. 退出混动控制模块后,点击进入电池管理系统,进入模块数据读取页面。

b. 读取电池管理系统故障码,记录后清除故障码,然后重新读取故障码。

c. 读取各网络通信情况,判断动力蓄电池子网是否存在故障。

⑥ 读取充电子网数据。

3. 发动机 CAN 网检测

① 断开混动控制单元 81 pin 线束插接器。

② 安装诊断接口适配器。

③ 点火开关置于 ON 挡位。

④ 测量动力网电压。

a. 选用万用表,将万用表调至欧姆挡,短接红黑表笔,观察读数。

◇ 正常值应小于 0.5 Ω,若电阻过大,则说明万用表存在断路故障。

b. 挡位调整至交流电压测试挡。将红表笔连接适配器 55 号端子(线束插接器 55 号),黑色表笔连接车身搭铁,检查发动机 CAN 网 CAN‐H 工作电压值是否正常,正常电压值应在 2.5～3.5 V 之间。

c. 将红表笔连接适配器 56 号端子(线束插接器 56 号),黑色表笔连接车身搭铁,检查发动机 CAN 网 CAN‐L 工作电压值是否正常,正常电压值应在 1.5～2.5 V 之间。

⑤ 测量动力网电阻。

a. 关闭点火开关。

b. 用合适套筒、棘轮扳手和接杆,断开蓄电池负极电缆。

c. 调整万用表至电阻 200 Ω 测试挡。

d. 将红色表笔连接适配器 55 号端子,黑色表笔连接适配器 56 号端子,检查动力网总线电阻。

注 意 事 项

◇ 在线情况下标准电阻应为 60 Ω 左右,若 CAN 网总线断路,测量电阻则为 120 Ω 左右。

e. 用合适套筒、棘轮扳手和接杆,连接蓄电池负极电缆。

⑥ 测量动力网波形。

a. 选用手持示波器,打开示波器。

b. 点火开关置于 ON 挡位。

c. 将示波器红色表笔连接适配器 55 号端子,黑色表笔连接车身搭铁,调试示波器后,观察示波器显示屏中动力 CAN - H 波形。正常波形应该为矩形数字方波,无明显的突变,若有明显突变说明有强烈干扰,可能存在故障。

d. 将示波器红色表笔连接适配器 56 号端子,黑色表笔连接车身搭铁,调试示波器后,观察示波器显示屏中动力 CAN - L 波形。正常波形应该为矩形数字方波,无明显的突变,若有明显突变说明有强烈干扰,可能存在故障。

e. 关闭点火开关。

4. 动力蓄电池子网 CAN 网检测

(1) 测动力蓄电池子网 CAN 网信号电压

① 车辆上电。

② 选用万用表,将万用表调至欧姆挡,短接红黑表笔,观察读数。

注 意 事 项

◇ 正常值应小于 0.5 Ω,若电阻过大,则说明万用表存在断路故障。

③ 挡位调整至交流电压测试挡,将红色表笔连接适配器 18 号端子(线束插接器 18 号),黑色表笔连接车身搭铁,检查动力蓄电池 CAN 网 CAN - H 信号电压值是否正常,正常电压值应在 2.5~3.5 V 之间。

④ 将红色表笔连接适配器 17 号端子(线束插接器 17 号),黑色表笔连接车身搭铁,检查动力蓄电池 CAN 网 CAN - L 信号电压值是否正常,正常电压值应在 1.5~2.5 V 之间。

⑤ 车辆下电。

(2) 测量动力蓄电池子网 CAN 网电阻

① 用合适套筒、棘轮扳手和接杆,断开蓄电池负极电缆。

② 调整万用表至电阻 200 Ω 测试挡。

③ 将万用表红色表笔连接适配器 18 端子,黑色表笔连接适配器 17 端子,检查动力蓄电池 CAN 网总线电阻。

◇ 在线情况下标准电阻应为 60 Ω 左右,若 CAN 网总线断路,测量电阻则为 120 Ω 左右。

④ 用合适套筒、棘轮扳手和接杆,连接蓄电池负极电缆。

(3) 测量动力蓄电池子网 CAN 网波形

① 车辆上电。

② 选用手持示波器,打开示波器。

③ 将示波器红色表笔连接跨接线适配器 18 号端子,黑色表笔连接车身搭铁,调试示波器后,观察示波器显示屏中的动力蓄电池 CAN 网总线 CAN-H 波形。正常波形应该为矩形数字方波,无明显的突变,若有明显突变说明有强烈干扰,可能存在故障。

④ 将示波器红色表笔连接适配器 17 号端子,黑色表笔连接车身搭铁,调试示波器后,观察示波器显示屏中的动力蓄电池 CAN 网总线 CAN-L 波形。正常波形应该为矩形数字方波,无明显的突变,若有明显突变说明有强烈干扰,可能存在故障。

⑤ 车辆下电。

⑥ 断开适配器,安装混动控制单元 81 pin 线束插接器。

5. 充电子网 CAN 网检测

① 断开充电连接器的 12 pin 线束插接器。

② 连接诊断接口适配器。

③ 测量充电子网 CAN 网信号电压。

a. 车辆上电。

b. 选用万用表,将万用表调至欧姆挡,短接红黑表笔,观察读数。

◇ 正常值应小于 0.5 Ω,若电阻过大,则说明万用表存在断路故障。

c. 挡位调整至交流电压测试挡,将红色表笔连接适配器的 12 号端子(线束插接器 12 号),黑色表笔连接车身搭铁,检查充电 CAN 网 CAN-H 信号电压值是否正常,正常电压值应在 2.5~3.5 V 之间。

d. 将红色表笔连接适配器的 11 号端子(线束插接器 11 号),黑色表笔连接车身搭铁,检查充电 CAN 网 CAN-L 信号电压值是否正常,正常电压值应在 1.5~2.5 V 之间。

e. 车辆下电。

④ 测量充电子网 CAN 网电阻。

a. 用合适套筒、棘轮扳手和接杆,断开蓄电池负极电缆。

b. 调整万用表至电阻 200 Ω 测试挡。

c. 将万用表红色表笔连接适配器的 12 号端子,黑色表笔连接适配器的 11 号端子,检查低压充电 CAN 网总线电阻。

注意事项

◇ 在线情况下标准电阻应为 60 Ω 左右,若 CAN 网总线断路,测量电阻则为 120 Ω 左右。

---

d. 用合适套筒、棘轮扳手和接杆,装复蓄电池负极电缆。

⑤ 测量 CAN 网波形。

a. 车辆上电。

b. 选用手持示波器,打开示波器。

c. 将示波器红色表笔连接跨接线的 12 号端子,黑色表笔连接车身搭铁,调试示波器后,观察示波器显示屏中低压充电 CAN 网总线 CAN - H 波形。正常波形应该为矩形数字方波,无明显的突变,若有明显突变说明有强烈干扰,可能存在故障。

d. 将示波器红色表笔连接跨接线的 11 号端子,黑色表笔连接车身搭铁,调试示波器后,观察示波器显示屏中低压充电 CAN 网总线 CAN - L 波形。正常波形应该为矩形数字方波,无明显的突变,若有明显突变说明有强烈干扰,可能存在故障。

e. 车辆下电。

6. 整理归位

① 确认车辆状况良好无故障,检测操作完成。

② 取下车外三件套。

③ 取下车内三件套。

④ 整理工具,实训设备归位。

实训 3　荣威 E550 发动机电控系统检修

◆ **实训准备**

1. 安全操作规范

① 严禁违规使用诊断仪、测量仪器仪表,注意轻拿轻放,有序操作。

② 严格遵守实训规程,按照学习工作页、维修手册等资料要求完成实训操作。

③ 需要确认车辆挡位为 P 位,拉起动驻车制动杆,且安放轮胎挡块。

④ 发动机起动前需连接尾气排放管,避免废气污染实训室空气。

2. 实操工具准备

（1）设备准备

荣威 E550 混动汽车。

（2）工具准备

① 防护装备：车内三件套、车外三件套。

② 检测工具：诊断仪、数字万用表、冰点检测仪。

◆ **实训步骤**

1. 准备工作

车辆防护

① 进入车内安装车内防护三件套。

② 起动驻车制动器。

③ 拉起前机舱盖手柄，打开前机舱盖，安装车外防护三件套。

2. 发动机检查

（1）基本检查

① 检查车辆冷却液是否符合标准。

◇ 正常液位应在 MAX 液位和 MIN 液位之间。

② 打开冷却储液壶盖，检查冷却液颜色是否正常。

③ 使用冰点测试仪，检测冷却液冰点是否符合标准。

◇ 冷却液冰点应低于 −20℃。

④ 制动液是否符合标准。

⑤ 低压蓄电池接线柱是否连接可靠。

⑥ 选用万用表，调至电阻测试挡，将红黑表笔短接。

◇ 正常值应小于 0.5Ω，若电阻过大，则说明万用表存在断路故障。

⑦ 用万用表测量低压蓄电池电压是否在规定范围内。

 **注意事项**

◇ 正常值应在 11～14 V 范围内,若电压值过低、则需对蓄电池充电或更换。

（2）机油液位检查

① 起动发动机,运转一段时间后熄火。

② 熄火后等待 3 min 以上。

③ 拔出机油尺,用抹布擦净。

④ 再次装入发动机中,拔出查看其液位是否处于上下限刻度之间。

（3）管路、线路检查

① 目视检查各连接线束是否有破裂,插接器是否有松动。

② 目视检查各管路是否有油液泄漏,管路表面有无裂纹、老化。

注意事项

◇ 若管路、线路存在异常,需及时维修、更换,以确保行车安全。

3. 发动机系统在线检测

① 连接诊断仪及相关线束。

② 起动发动机,观察仪表发动机自检灯是否点亮。

③ 打开诊断仪,待电源开启后,选择车型。

④ 在全车扫描界面下进入整车数据读取页面。

⑤ 进入荣威 E550 诊断系统,并读取车辆 VIN 码。

⑥ 待车辆通信完成后,点击进入发动机控制模块。

⑦ 读取发动机控制模块故障码,记录后清除故障码,重新读取故障码。

⑧ 读取发动机控制系统相关数据流。

A. 读取点火系统相关数据流。

a. 观察点火提前角数据是否正常。

b. 观察爆燃传感器数据是否正常。

c. 观察曲轴位置传感器数据是否正常。

d. 观察凸轮轴位置传感器数据是否正常。

B. 读取进气系统相关数据流。

a. 观察进气温度数据是否正常。

b. 观察空气流量计数据是否正常。

c. 观察歧管压力数据是否正常。

d. 观察节气门位置传感器数据是否正常。

C. 读取排放控制相关数据流。

a. 观察前氧传感器数据是否正常。

b. 观察后氧传感器数据是否正常。

D. 读取喷油脉宽数据是否正常。

E. 读取发动机转速数据是否正常。

⑨ 关闭诊断仪。

a. 退出诊断系统，关闭诊断仪。

b. 拔下诊断接口，关闭车辆点火开关。

4. 整理归位

① 确认车辆状况良好无故障，检测操作完成。

② 取下车外三件套。

③ 取下车内三件套。

④ 整理工具，实训设备归位。

任务小结

插电式混联的荣威 E550 混合动力汽车控制系统的主要功能是对动力转矩的输出进行最优控制，以实现低油耗和降低排放的目标。本节主要介绍荣威 E550 混合动力汽车控制系统组成、原理和检修。

荣威 E550 控制系统由混合动力控制单元（HCU）、发动机控制单元（ECU）、电力电子箱（PEB）、ABS/DSC 的 ECU、车身控制模块（BCM）、换挡控制单元（SCU）、电子助力转向控制单元（EPS）、电子驻车控制器、停车距离控制单元（PDC ECU）、电池管理器（BMS）、高压电力分配单元（EDS）、SRS ECU、低压电源管理模块（PMU）、加速踏板位置传感器、制动踏板位置传感器、车速传感器、挡位传感器、安全气囊传感器、扭矩传感器以及低压辅助电源等组成。按照混合动力汽车实现的功能，其可以划分为能量管理系统、驾驶员信息传递系统、信息通信系统、安全故障管理系统和辅助系统，这些系统按照功能系统的要求实现混合动力汽车的工作控制。

对同种混联形式的混合动力汽车来说，采用不同的控制策略可以得到不同的燃油消耗、排放和电池的 SOC 状态值。混联式混合动力汽车控制策略同样主要包括电辅助式控制策略、SOC 转矩平衡式控制策略、自适应控制策略、模糊逻辑控制策略四种。电辅助式控制策略中，当发动机功率不足时，电机作为一种辅助能源来工作；SOC 转矩平衡式控制策略的思想是根据电池 SOC 的状态以及需求的转矩之间产生一个修正的转矩，使电池的 SOC 状态维持在指定的最高状态和最低状态的中间，同时保证发动机的工作点维持在高效范围内；自适应控制也叫实时控制，它同时考虑了发动机的燃油消耗和排放，在每一时刻，都根据这一规则将转矩需求合理地分配给发动机和电机，以达到优化燃油消耗和排放的目的；模糊逻辑控制可以根据发动机的转矩和电池 SOC 状态，优化发动机的工作效率，尽量将发动机控制在最优工作点。

　　荣威 E550 控制系统的检测主要按照一定规律,介绍高压配电盒、电力电子箱、混合动力控制系统、发动机控制系统的检修内容、方法以及标准值。

 任务练习

一、判断题

1. 荣威 E550 是插电式混联混合动力汽车。　　　　　　　　　　　　　　　　　　　(　　)
2. 荣威 E550 的混合动力控制单元位于车身顶部前侧板,主要用于协调控制动力系统。

　　　　　　　　　　　　　　　　　　　　　　　　　　　　　　　　　　　　　　(　　)
3. 荣威 E550 的电力电子箱是控制 TM 电机和 ISG 电机的电器组件,它在高速 CAN 上与混合动力控制单元(HCU)、组合仪表(IPK)、车身控制器(BCM)、高压电池管理系统(BMS)、低压电源管理单元(PMU)、电力电子箱(PEB)等控制器通信。　　　　　　　　　　　　(　　)
4. BCM 可以监视和控制与车身(例如车灯、车窗、门锁)相关的功能。　　　　　　　(　　)
5. 荣威 E550 的电子驻车控制器与车身控制模块(BCM)之间没有信息通信。　　　　(　　)
6. 荣威 E550 的加速踏板位置传感器采用的是双霍尔式。　　　　　　　　　　　　　(　　)
7. 荣威 E550 制动踏板位置传感器是霍尔效应制动开关,其位于制动踏板支架上。　　(　　)
8. 荣威 E550 混合动力汽车低压辅助电源采用 12 V 的低压铅酸蓄电池。　　　　　　(　　)

二、选择题

1. 荣威 E550 的(　　)通过传感器采集蓄电池电压、电流、温度信息,对蓄电池状态进行计算,并且获得整车的用电器工作状态和 DC/DC 转换器工作状态。【单选题】
   A. 低压电源管理模块(PMU)　　　　　　　B. 高压电力分配单元(EDS)
   C. 电池管理控制器(BMS)　　　　　　　　D. 停车距离控制单元(PDC ECU)
2. 荣威 E550 的(　　)相当于其他混合动力汽车上的高压配电装置,其通过不同高压继电器的通断,实现各个高压回路的通断。【单选题】
   A. 低压电源管理模块(PMU)　　　　　　　B. 高压电力分配单元(EDS)
   C. 电池管理控制器(BMS)　　　　　　　　D. 停车距离控制单元(PDC ECU)
3. 荣威 E550 的(　　)位于高压电池包内,其主要作用是汇总高压电池包内部控制器采集的电池信息,通过一定的控制策略,向整车控制器提供电池运行状态的信息,响应整车高压回路通断命令,实现对电池的充放电和热管理。【单选题】
   A. 低压电源管理模块(PMU)　　　　　　　B. 高压电力分配单元(EDS)
   C. 电池管理控制器(BMS)　　　　　　　　D. 停车距离控制单元(PDC ECU)
4. 荣威 E550 混合动力汽车的制动开关失效,将可能出现的两种情况为(　　)。【多选题】
   A. 电源故障指示灯点亮　　　　　　　　　B. 发动机故障指示灯点亮
   C. 制动灯不亮　　　　　　　　　　　　　D. 巡航失效

5. 混合动力汽车控制策略主要有(　　)。【多选题】

    A. 电辅助式控制策略   B. SOC 转矩平衡式控制策略

    C. 自适应控制策略   D. 模糊逻辑控制策略

6. 荣威 E550 混合动力汽车的控制单元通过实现(　　)等控制,从而提高汽车动力性,降低油耗、减少排气污染。【多选题】

    A. 喷油量   B. 点火正时

    C. 进气控制   D. 排气控制

三、简答题

1. 请简述荣威 E550 低压辅助电源的低压电源管理系统(PMU)的功能。

2. 请简述停车距离控制单元(PDC ECU)是如何进行工作的。

.

项目概述

  底盘作为汽车三大件中的一员,被人们称为汽车的"骨骼"。这种称谓能体现出底盘作为一辆车的部件的重要性。它的作用是支承、安装汽车驱动电机及各部件、总成,形成汽车的整体造型,并接受驱动电机的动力,使汽车产生运动,保证正常行驶。混合动力汽车底盘逐步采用电动化的执行部件,结构也发生了革新,在转向系统和制动系统尤为明显。

  本项目重点讲述转向系统和制动系统的组成、工作原理及检修,之后提取出典型工作任务,完成相关拆装和检修。

任务 1　混合动力汽车转向系统典型构造与检修

任务目标

1. 了解混合动力汽车转向系统的作用与类型。
2. 掌握混合动力汽车转向系统的组成特点和工作原理。
3. 掌握混合动力汽车转向系统的检修方法。

任务导入

　　一辆牌照尾号为 1234 的混合动力汽车送至 4S 店进行维修,车主反映连续行驶半小时左右就会出现转向沉重,且伴有明显异响。经高级技师试车后发现冷车时并无故障,行驶约半小时后助力转向系统无助力输出,造成转向沉重。车间主任将任务派发至你手中,请根据所学知识完成混合动力汽车电动转向机构检修任务。

混合动力汽车"转向系统"怎么了?

📖 **知识储备**

汽车在行驶过程中,需按驾驶员的意志经常改变汽车的行驶方向,即所谓汽车转向。就轮式汽车而言,实现汽车转向的方法是:驾驶员通过一套专设的转向机构,使汽车转向桥(一般是前桥)上的车轮相对于汽车纵轴线偏转一定角度。在汽车直线行驶时,转向轮也会受到路面侧向干扰力的作用,自动偏转而改变行驶方向。此时,驾驶员也可以利用这套转向机构使转向轮向相反的方向偏转,从而使汽车恢复原来的行驶方向。这一套用来改变或恢复汽车行驶方向的转向机构,称为汽车转向系统。因此,汽车转向系统的功用是保证汽车能按驾驶员的意志而进行转向行驶,其功用如图 4-1-1 所示。

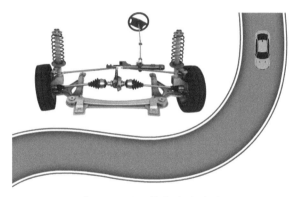

转向系统功用

图 4-1-1 转向系统功用

一、转向系统类型

汽车转向系统根据转向能源的不同,可分为机械转向系统和动力转向系统两大类型,如图 4-1-2 所示。机械转向系统是将驾驶员作用在转向盘上的力,通过机械传给转向轮,使

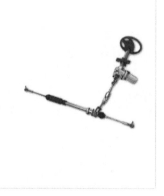

转向系统类型

(a) 机械转向系统　　　　　(b) 动力转向系统

图 4-1-2 转向系统分类

转向轮发生偏转,实现汽车的转向。动力转向系统是通过具有一定压力的液流或气流,帮助驾驶员克服转向阻力矩,使转向轻便。

（一）机械转向系统

机械转向系统以驾驶员的体力作为转向能源,其中所有传力件都是机械的。机械转向系统由转向操纵机构、转向器、转向传动机构组成,如图 4-1-3 所示。

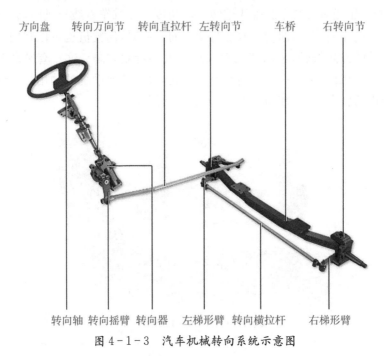

方向盘　转向万向节　转向直拉杆　左转向节　车桥　右转向节

转向轴　转向摇臂　转向器　左梯形臂　转向横拉杆　右梯形臂

图 4-1-3　汽车机械转向系统示意图

机械转向系统根据转向器的结构不同分为齿轮齿条式转向系统、循环球式转向系统及蜗杆曲柄指销式转向系统,如图 4-1-4 所示。

转向器类型

转向齿轮

转向齿条

钢球

转向螺杆

指销

转向蜗杆

（a）齿轮齿条式转向系统　　　（b）循环球式转向系统　　　（c）蜗杆曲柄指销式转向系统

图 4-1-4　按转向器结构分类的转向系统类型

　　齿轮齿条式转向系统具有结构简单、紧凑,质量小,刚性大,转向灵敏,制作容易,成本低,正、逆效率都高以及便于布置等优点,而且特别适合与麦弗逊悬架配用。它主要由转向齿条和转向齿轮组成。

　　循环球式转向系统主要由螺杆、螺母、转向器壳体以及许多小钢球等部件组成,所谓的循环球指的就是这些小钢球,它们被放置于螺母与螺杆之间的密闭管路内,起到将螺母螺杆之间的滑动摩擦转变为阻力较小的滚动摩擦的作用,当与转向盘、转向管柱固定到一起的螺杆转动起来后,螺杆推动螺母上下运动,螺母再通过齿轮来驱动转向摇臂往复摇动从而实现转向。在这个过程当中,那些小钢球就在密闭的管路内循环往复地滚动,所以这种转向器就被称为循环球式转向器。

　　蜗杆曲柄指销式转向系统,采用以蜗杆为主动件、指销为从动件的转向器。蜗杆具有梯形螺纹,手指状的锥形指销用轴承支承在曲柄上,曲柄与转向摇臂轴制成一体。转向时,通过转向盘转动蜗杆、嵌于蜗杆螺旋槽中的锥形指销一边自转,一边绕转向摇臂轴做圆弧运动,从而带动曲柄和转向垂臂摆动,再通过转向传动机构使转向轮偏转。这种转向器通常用于转向力较大的载货汽车上。

　　现在混合动力汽车大都使用齿轮齿条式转向系统。

　　汽车转向行驶时,驾驶员根据汽车所需改变的行驶方向转动转向盘,通过转向轴转动转向器的主动件(小齿轮等)转动并带动从动件(齿条等)移动,使与其固定的转向摇臂转一个角度,带动转向摇臂摆动一个相应的角度,通过转向直拉杆和左转向节臂带动左转向节偏转,经右梯形臂和转向横拉杆带动右转向节同方向偏转。因转向轮用轴承安装在转向节上,故转向节偏转时带动转向轮偏转,实现汽车转向。

（二）动力转向系统

　　动力转向系统是兼用驾驶员体力和发动机或电动机的动力作为转向能源的转向系统。在正常情况下,汽车转向所需的能量只有一小部分由驾驶员提供,而大部分能量由发动机(或电动机)通过转向加力装置提供。因此,动力转向系统是在机械转向系统的基础上加设一套转向加力装置而形成的。

　　动力转向系统由转向操纵机构、机械转向器、转向助力装置、转向传动机构组成。根据助力能源形式的不同可以分为液压助力转向系统和电动助力转向系统两种类型,如图 4-1-5 所示。

　　液压助力转向系统的工作压力可高达 10 MPa 以上,故其部件尺寸很小。液压系统工作时无噪声,工作滞后时间短,而且能吸收来自不平路面的冲击。因此,液压助力转向系统已在各级各类汽车上获得广泛应用。

　　电动助力转向系统是利用汽车上的直流电源驱动电动机对转向系统实施助力的。目前混合动力汽车上使用的就是电动助力转向系统,因此本任务着重讲解电动助力转向系统的特点、组成及原理。

二、混合动力汽车转向系统组成特点

　　混合动力汽车转向系统与传统汽车转向系统基本相同,本任务以比亚迪·秦为例介绍

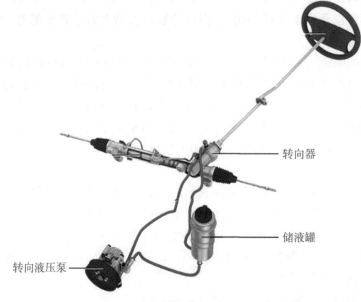

（a）液压助力转向系统

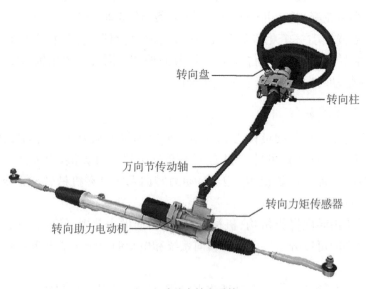

（b）电动助力转向系统

图 4-1-5　动力转向系统类型

混合动力汽车电动助力转向系统组成。

　　比亚迪·秦的转向系统选用的是电动转向系统，即 EPS 系统。EPS 系统在原有汽车转向系统的基础上，改造并且增加了以下几个部分：EPS 电子控制单元、扭矩及转角传感器、EPS 电动机等。转向系统的助力机构采用电动机驱动，取代了传统液压助力，能够在各种环境下给驾驶员提供实时转向助力。主要由转向操纵机构、转向传动机构、转向器、转向助力系统组成，如图 4-1-6 所示。

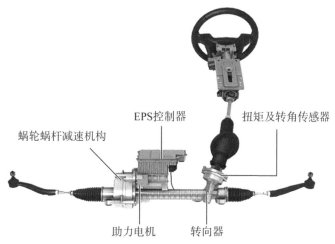

图 4-1-6 比亚迪·秦的电动助力转向系统

1. 转向操纵机构

比亚迪·秦的转向操纵机构由转向盘、转向柱管、转向轴组成,与大部分传统汽车相同。它的作用是将驾驶员转动转向盘的操纵力传给转向器。

（1）转向盘

转向盘与传统汽车一样,是用来操纵汽车行驶方向的装置,通过转向装置控制汽车行驶。除此之外,比亚迪·秦的转向盘是一种多功能转向盘,在车辆行驶状态下能够进行车辆的音响声音大小调节、收音机调台、接打电话(需蓝牙连接)、语音输入等功能。

（2）转向管柱

转向管柱用来传递转向盘传来的转矩,是保护驾驶人员安全的装置。它主要包括伸缩花键机构、位置调整机构、转向角度传感器、转向柱锁、转向柱、转向柱管。

（3）转向轴

转向轴的功用是将驾驶员作用于转向盘的转向力矩传递给转向器。它是连接转向盘和转向器的传动件,转向管柱固定在车身上,转向轴从转向管柱中穿过,支承在管柱内的轴承和衬套上。

2. 转向传动机构

比亚迪·秦的转向传动机构由转向横拉杆、转向球头组成,与大部分传统汽车相同。

（1）转向横拉杆

转向横拉杆是汽车转向机构中的重要零件,它直接影响汽车操纵的稳定性、运行的安全性和轮胎的使用寿命。转向横拉杆位于转向桥上,与左右转向梯形臂和前轴组成转向梯形。其作用是传递转向器齿条和转向节之间的力及调正前束。

（2）转向球头

转向球头包括外球头(外球笼)、内球头(内球笼),相当于前桥和转向节。球头只有球头和钢碗,钢碗分内钢碗和外钢碗。内球笼固定在前桥上,外球笼套在内球笼上并可前后转动。外球笼上装有轮毂,当转向拉杆拉动前后转动时,车就可实现转弯。

3. 转向器

混合动力汽车的转向器与传统汽车的作用相同，是把来自转向盘的转向力矩和转向角进行适当的变换（主要是减速增矩），再输出给转向传动机构，从而使汽车转向，所以转向器本质上就是减速传动装置，一般有 1～2 级减速传动副。

4. 转向助力系统

比亚迪·秦的转向助力系统是电动助力转向系统。主要由力矩传感器、车速传感器、EPS 控制单元、助力电动机组成，是协助驾驶员作汽车方向调整时，为驾驶员减轻打转向盘工作强度的装置。

（1）扭矩传感器

扭矩传感器是用来检测扭转力矩的器件，可将扭力的物理变化转换成精确的电信号。

（2）车速传感器

车速传感器的作用是测量汽车的行驶速度，用于 ECU 控制发动机怠速、自动变速器的换挡时刻等。它有磁感应式、霍尔式、光电式三种类型，其中比亚迪·秦使用的是磁感应式的车速传感器。

（3）EPS 控制单元

EPS 控制单元是电动转向系统的控制核心，其主要由壳体、盖、控制电路板和铝基板等组成。它的作用是接收转矩传感器、车速传感器、转角传感器以及车辆点火信号，并进行分析处理，控制提供给助力电动机的转向电流，从而控制提供给转向系统的转向助力的大小。

（4）助力电动机总成

助力电动机总成包括直流电动机和减速机构两部分。助力电动机用来产生转矩，由同步带轮通过带传动传递到大同步带轮及丝杠螺母上，然后转化为轴向驱动力驱动齿条轴向运动。减速机构与电动机相连，起降速增矩作用，常采用同步带传动副及丝杠螺母传动副及蜗轮蜗杆机构等。

三、混合动力汽车电动助力转向系统工作原理

混合动力汽车电动转向系统与传统汽车电动转向系统基本相同，但因组成部件略有不同，工作原理也会有稍许变化。本任务以比亚迪·秦为例介绍混合动力汽车电动助力转向系统工作原理。

汽车转向时，扭矩及转角传感器把检测到的扭矩及角度信号的大小、方向经处理后传给EPS 电子控制单元，EPS 电子控制单元同时接收车速传感器检测到的车速信号，然后根据车辆工作状态信息和扭矩及转角传感器的信号决定电动机的旋转方向和助力转矩的大小，同时驱动EPS 电动机工作的驱动电路中的电流传感器检测电路的电流，对驱动电路实施监控，最后由驱动电路驱动电动机工作，实时控制转向助力的大小和方向。其工作原理如图 4-1-7 所示。

四、混合动力汽车电动助力转向系统检修

混合动力汽车转向系统的功能是按照驾驶员的意愿控制汽车的行驶方向，转向系统对

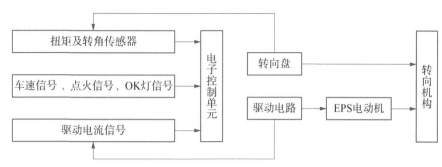

图 4 - 1 - 7 混合动力汽车电动助力转向系统工作原理

汽车的行驶安全至关重要,因此汽车转向系统的零件都称为保安件。混合动力汽车转向系统要遵循由易到难、由外到内、由电气部件到机械部件的原则进行,并且一般是利用设备进行的不解体优先。本节主要介绍转向操纵机构、转向器、转向传动机构和转向助力系统的检测。

（一）检查转向盘

1. 转向盘的基本检查

① 用手握住转向盘上下推拉,不应有间隙感觉,否则,应检查并紧固转向盘与转向柱的紧固螺栓、转向套管的固定螺栓。

② 缓慢或迅速转动转向盘,查看是否有卡滞或锁止情况。

2. 转向盘自由行程检测

① 停车且使两轮处于直线行驶位置。

② 缓慢或迅速转动转向盘,检查两种情况下转向盘的操作力有无明显差别,并检查转向盘能否回到中间位置。

③ 向左或向右转动转向盘至感到有阻力时,记下指针所指的位置,再向右或向左转动转向盘至感到有阻力时为止。此时指针在刻度盘上所划过的角度就是转向盘自由行程,转向盘最大自由行程应不大于 10 mm 或 $0°\sim5°$。若发现转向盘自由行程超过最大值,应查明原因,及时调整。

（二）检查转向器

1. 转向器基本检查

① 目视检查转向器壳体上是否有裂纹。

② 目视检查转向器上的衬套、防尘罩有无龟裂、磨损、损坏。若有龟裂或者损坏,需更换新的齿条波纹防尘罩及卡箍。

2. 转向器机械检测

① 检查转向小齿轮与齿条有无磨损与损坏。

② 用扭矩扳手等工具空载转动转向器元件,检查转向器空载力矩是否有卡滞等异常现象。如果转向器空载力矩有卡滞等异常现象,需要换新的转向器总成。

（三）检查转向传动机构

1. 检查转向横拉杆

（1）转向横拉杆基本检查

举升起车辆后，目视检查转向横拉杆和车轮间隙，应无间隙。

（2）转向横拉杆机械检测

拆下横拉杆进行检查；检查横拉杆是否弯曲，不严重时可校正，严重时要更换。检查转向横拉杆直线度公差应小于 2 mm。

（3）检查锁紧螺母

用锤子敲击检查锁紧螺母是否松动，若松动，应坚固。

2. 检查防尘罩

检查万向节、转向横拉杆防尘罩是否有漏油、龟裂、老化等损坏现象，如有应及时更换。

3. 检查转向横拉杆球头

（1）基本检查

用手指用力压防尘罩，检查在防尘罩上是否有龟裂或者损伤。如果防尘罩上有龟裂或者损伤，则要更换转向横拉杆外部接头。

（2）机械检测

① 检测横拉杆球头销内外球头的力，并检查球头销圆弧及颈部磨损的情况，要求球头销圆弧及颈部沟槽深度不大于 0.5 mm，否则，应进行修理或更换。

② 将外拉杆接头分总成固定在台虎钳上。用扭矩扳手等工具以 3～5 s 一圈的速度连续转动球节，并检查转动过程中是否有卡滞等异常现象。若转动过程中有卡滞等异常现象，需要换横拉杆外部接头分总成。

（四）检查转向助力系统

1. 转向助力系统基本检查

（1）检查助力电动机的机械部件有无漏油，若有则需要更换全部 O 形圈及密封垫。

（2）检查助力系统中转向助力电动机、转矩传感器、车速传感器等装置的插接器是否存在退针、损坏、脱落等破损现象，若有应及时修复或更换。

2. 转向助力系统初步诊断

连接诊断仪读取转向助力系统的数据信息，根据数据流分析其具体工况，需要读取的数据有：转矩信号占空比、转矩辅助信号占空比、转向值、P 值、S 值等数据。

3. 电气检测

（1）转向电动机检测

① 连接跨接器，检测转向电动机的供电电压，查看其是否正常，转向电动机的供电电压约为 10～16 V，若不正常应进行下一步检修。

② 断开转向助力电动机的插接器，用万用表测量助力电动机的电阻，看其是否在正常范

围以内,若不正常应及时检修。

(2) 扭矩传感器检测

① 连接跨接器,检测扭矩传感器的供电电压,查看其是否正常,扭矩传感器的供电电压约为 5 V 左右,若不正常应进行下一步检修。

② 若扭矩传感器供电正常则检测其信号,需断开扭矩传感器的插接器,用万用表检测扭矩传感器的信号线电阻,正常应小于 0.5 Ω。

③ 若信号线正常应检查传感器是否损坏,常用替换法进行,若存在故障,需及时进行检修。

(3) 转向系统控制模块总线工作电压

连接跨接器,用万用表检测转向系统控制模块 CAN-H 工作电压和 CAN-L 工作电压,正常电压 CAN-H 为 2.5~3.5 V;CAN-L 为 1.5~2.5 V。

若转向系统相关部件的检测数值不在规定的范围内,请进一步检测确认故障,并根据故障点进行维修,具体检测标准见表 4-1-1。

表 4-1-1 比亚迪·秦转向系统标准检测数据

检修内容	标准值范围
转向横拉杆锁紧螺母	40 N·m
转向盘自由行程	0°~5°最大 10 mm
电动机位置传感器供电检测	5 V 左右
转向扭矩传感器供电检测	5 V 左右
转向助力电动机供电检测	10~16 V
转向系统控制模块 CAN-H 电压检测	2.5~3.5 V
转向系统控制模块 CAN-L 电压检测	1.5~2.5 V

 技能训练

实训 混合动力汽车电动助力转向机构检修

◆ 实训准备

1. 安全操作规范

① 举升机的操作应符合使用规范。

② 严格遵守实训规程,按照指导老师要求完成实训操作。

③ 严禁违规使用仪器仪表,注意轻拿轻放,有序操作。

④ 严格遵守实训规程,按照学习工作页、维修手册等资料要求完成实训操作。

2. 实操工具准备

(1) 设备准备

2015 款比亚迪·秦实训车辆、举升机。

(2) 工具准备

① 常用工具:世达 100 件工具套装。

② 专用工具:定扭扳手。

③ 防护装备:车内三件套、车外三件套。

④ 检测工具:数字万用表、比亚迪 VDS2000 专用诊断仪套件。

◆ 实训步骤

1. 准备工作

(1) 车辆防护

① 进入车内安装车内防护三件套,如图 4-1-8 所示。

② 拉起驻车制动杆。

③ 拉起前机舱盖手柄,打开前机舱盖,安装车外防护三件套,如图 4-1-9 所示。

图 4-1-8　安装车内三件套　　　　图 4-1-9　安装车外三件套

(2) 基本检查

① 目视检查车辆冷却液是否符合标准,如图 4-1-10 所示。

② 目视检查制动液是否符合标准,如图 4-1-11 所示。

③ 检查低压铁电池接线柱是否连接可靠,如图 4-1-12 所示。

④ 测量低压铁电池电压是否正常,正常值应为 11~14 V,如图 4-1-13 所示。

2. 电动助力转向机构在线检测

① 取出比亚迪 VDS2000 专用诊断仪套件。

② 连接诊断仪相关线束。

图 4-1-10 检查冷却液是否符合标准

图 4-1-11 检查制动液是否符合标准

图 4-1-12 检查低压蓄电池接线柱

图 4-1-13 检查低压蓄电池电压

③ 连接 VCDI 无线诊断接口。

④ 按下电源开关,观察仪表"ESP"指示灯是否常亮。

◇ 当转向系统无故障时,ESP 指示灯自动熄灭。

⑤ 打开比亚迪专用诊断仪电源开关,待电源开启后,进入比亚迪·秦诊断系统,并读取车辆 VIN 码。

⑥ 读取故障码。

a. 选择读取整车数据

b. 等待车辆通信完成之后,点击转向助力模块,进入模块数据读取页面。

c. 读取转向助力模块故障码。

d. 记录后清除故障码,重新读取故障码。

⑦ 读取电动转向相关数据流,判断电动转向助力电动机工作状态。

⑧ 关闭诊断仪。

a. 退出诊断系统,关闭诊断仪。

b. 拔下 VCDI 无线诊断接口,关闭车辆点火开关。

3. 电动助力转向电动机检测

① 按下点火开关。

② 放置举升机顶脚,举升车辆至合适位置。

③ 检查转向横拉杆总成是否有松动。

④ 检查摇臂轴及衬套的磨损情况。

注意事项

◇ 如果有损坏,会使摇臂的轴向间隙变大,需要更换磨损件。

⑤ 将工具车和检测设备放置于车辆底部。

⑥ 转向助力电动机外观检查。

a. 检查转向电动机外观良好,无外伤及腐蚀情况。

b. 按压转向电动机插接器锁舌,断开插接器,检查插接器端子有无异常。

⑦ 转向助力电动机电压检测。选用万用表直流 20 V 电压测试挡,使用红黑表笔连接电动助力转向电动机插接器的两个端子,检测转向助力电动机工作电压是否在 12 V 左右。

⑧ 转向助力电动机电阻检测。

a. 降低车辆至轮胎着地,取出举升机顶脚。

b. 关闭点火开关。

c. 断开低压铁电池负极电缆。

d. 放置举升机顶脚,举升车辆至合适位置。

e. 选择 200 Ω 测试挡,使用红黑表笔分别连接电动助力转向电动机的两个端子。

注意事项

◇ 标准数值应为 1 Ω 左右,若电阻过大,甚至为无穷大时则说明电动机存在断路故障。

⑨ 降低车辆至轮胎着地,取出举升机顶脚。

⑩ 使用 10 mm 套筒、棘轮扳手、安装低压铁电池负极电缆螺栓,使用定扭扳手紧固至 10 N·m。

4. 整理归位

① 起动车辆检查车辆情况。

② 取下车外三件套。

③ 关闭发动机舱盖。

④ 取下车内三件套。

⑤ 将设备放回原位,实训作业完成。

 任务小结

本任务讲解了混合动力汽车的转向系统类型、组成特点、工作原理及检修方法。

汽车转向系统根据转向能源的不同,可分为机械转向系统和动力转向系统两大类型。机械转向系统以驾驶员的体力作为转向能源,其中所有传力件都是机械的。主要由转向操纵机构、转向器、转向传动机构等部件组成,根据转向器的结构不同分为齿轮齿条式转向系统、循环球式转向系统及蜗杆曲柄指销式转向系统,其中混合动力汽车使用较多的是齿轮齿条式转向系统。动力转向系统是兼用驾驶员体力和发动机或电动机的动力作为转向能源的转向系统。在正常情况下,汽车转向所需的能量只有一小部分由驾驶员提供,而大部分能量由发动机(或电动机)通过转向加力装置提供。因此,动力转向系统是在机械转向系统的基础上加设一套转向加力装置而形成的,由转向操纵机构、机械转向器、转向助力装置、转向传动机构组成。根据助力能源形式的不同可以分为液压助力转向系统和电动机助力转向系统两种类型,其中混合动力汽车使用较多的是电动机助力转向系统。

EPS 系统在原有汽车转向系统的基础上,改造并且增加了以下几个部分:EPS 电子控制单元、扭矩及转角传感器、EPS 电动机等。转向系统的助力机构采用电动机驱动,取代了传统液压助力,能够在各种环境下给驾驶员提供实时转向助力。它主要由转向操纵机构、转向传动机构、转向器、转向助力系统组成。

比亚迪·秦的转向操纵机构由转向盘、转向管柱、转向轴组成,与大部分传统汽车相同。它的作用是将驾驶员转动转向盘的操纵力传给转向器。

比亚迪·秦的转向传动机构由转向横拉杆、转向外球头组成,与大部分传统汽车相同。

比亚迪·秦的转向助力系统是电动助力转向系统。它主要由扭矩传感器、车速传感器、EPS 控制单元、助力电动机组成,是协助驾驶员作汽车方向调整时,为驾驶员减轻打转向盘工作强度的装置。

混合动力汽车电动转向系统与传统汽车电动转向系统基本相同,但因组成部件略有不同,工作原理也会有稍许变化。比亚迪·秦混合动力汽车电动助力转向系统工作原理是:汽车转向时,扭矩及转角传感器把检测到的扭矩及角度信号的大小、方向经处理后传给 EPS 电子控制单元,EPS 电子控制单元同时接收车速传感器检测到的车速信号,然后根据车辆工作状态信息和扭矩及转角传感器的信号决定电动机的旋转方向和助力转矩的大小。同时驱动 EPS 电动机工作的驱动电路中的电流传感器检测驱动电路的电流,对驱动电路实施监控,最后由驱动电路驱动电动机工作,实现控制转向助力的大小和方向。

混合动力汽车转向系统检修要遵循由易到难、由外到内、由电气部件到机械部件的原则进行,并且一般是利用设备进行的不解体优先。检测内容包括:转向操纵机构、转向器、转向传动机构和转向助力系统的检测。

📝 **任务练习**

一、判断题

1. 动力转向系统通过一定压力的液流或气流,帮助驾驶员克服转向阻力,使转向轻便。

（   ）

2. 循环球式转向系统具有结构简单、紧凑、制造成本低的优点。　　　　　　（   ）

3. 蜗杆曲柄指销式转向系统较多用于转向力较大的载货汽车上。　　　　　（   ）

4. 动力转向系统有两个转向能量来源,一是发动机,二是电动机的动力。　（   ）

5. 混合动力汽车电动转向系统与传统汽车电动转向系统因组成部件不同,所以差别很大。

（   ）

二、选择题

1. （   ）的作用是将驾驶员作用于转向盘的转向力矩传递给转向器。【单选题】

　　A. 转向管柱　　　　　B. 转向轴　　　　　　C. 转向横拉杆　　　　D. 转向盘

2. （   ）的本质是减速传动装置。【单选题】

　　A. 转向管柱　　　　　B. 转向轴　　　　　　C. 转向横拉杆　　　　D. 转向器

3. 电动转向系统的控制核心是（   ）。【单选题】

　　A. 电子单元 ECU　　　B. EPS 控制单元　　　C. 助力电动机总成　　D. 扭矩传感器

4. 转向操纵机构的组成部件包括（   ）。【多选题】

　　A. 转向盘　　　　　　B. 转向横拉杆　　　　C. 转向轴　　　　　　D. 转向节臂

5. 转向操纵机构的组成部件包括（   ）。【多选题】

　　A. 转向盘　　　　　　B. 转向横拉杆　　　　C. 转向轴　　　　　　D. 转向节臂

三、简答题

1. 请列出混合动力汽车电动助力转向系统的检修内容。

2. 请简述混合动力汽车电动助力转向系统的工作原理。

| 任务 2 | 混合动力汽车制动系统
典型构造与检修 |

任务目标

1. 了解混合动力汽车制动系统的类型。
2. 掌握混合动力汽车制动系统的组成。
3. 掌握混合动力汽车制动系统的工作原理。
4. 掌握混合动力汽车制动系统主要部件的检修方法。
5. 能按照操作规范完成混合动力汽车制动系统的拆装及检修。

任务导入

　　一辆牌照尾号为 1234 的混合动力汽车送至 4S 店进行维修,车主反映该车正常行驶无异常,减速时踩下制动踏板感觉非常"软"。经高级维修技师诊断,故障原因是制动系统制动液缺失,需要针对此故障进行维修。现车间主任将任务派发至你手中,请根据所学知识完成混合动力汽车制动系统检修任务。

混合动力汽车制动
系统坏了怎么办?

知识准备

　　制动系统是汽车的安全系统。为了实现汽车的制动功能,需要在汽车上安装一套装置,以便驾驶员能根据道路和交通等复杂情况进行操作,迫使路面在汽车车轮上施加一定的与汽车行驶方向相反的外力,并对汽车进行一定程度的强制制动,使行驶中的汽车按照驾驶员的意愿进行减速甚至停车。这种可控制的对汽车进行制动的外力即称为制动力,用于产生制动力的这套装置即称为制动系统。

　　汽车制动系统不仅能够保证行驶中的汽车按照驾驶员的要求强制减速甚至停车,它还可使已停驶的汽车在各种道路条件下稳定驻车,实现车辆可靠停放,还能使下坡行驶的汽车速度保持稳定,保障汽车和驾驶人的安全,如图4-2-1所示。

踩下踏板,制动系统产生制动力,当制动力<驱动力时,因驱动力还需克服汽车行驶的其他阻力,故汽车减速行驶。

减速
停车
驻车

制动系统功用

制动力小　　驱动力

图4-2-1　制动系统功用

一、制动系统类型

汽车制动系统按照不同的标准可分为不同类型,常见的分类方式如下。

1. 按照制动系统功用分类

　　制动系统主要分为行车制动系统、驻车制动系统、第二制动系统和辅助制动系统四种类型。

　　行车制动系统是使行驶中的汽车降低速度甚至停车的一套装置,它是在行车过程中经常使用的;驻车制动系统是使已经停驶的汽车驻留在原地不动的一套装置;第二制动系统是在行车制动系统失效的情况下保证汽车仍能实现减速或停车的一套装置,许多国家的制动法规中规定,第二制动系统是汽车必须具备的;辅助制动系统是在汽车下长坡时用以稳定车速的一套装置。例如,经常行驶在山区的汽车,若单靠行车制动系统来达到下长坡时稳定车速的目的,则可能导致行车制动系统的制动器过热而降低制动效能,甚至完全失效。因此,常在山区行驶的汽车还应具备起缓速作用的辅助制动系统。

现实生活中,制动力矩和制动力的大小是驾驶员可以控制的。我们把制动力在一定范围内逐渐变化的制动称为渐进制动。以上四种制动系统类型中,行车制动系统和第二制动系统必须能实现渐进制动,驻车制动系统则无此必要。

2. 按照制动系统的制动能源分类

制动系统主要分为人力制动系统、动力制动系统和伺服制动系统三种类型。

人力制动系统是以驾驶员的肌体作为唯一制动源的制动系统。动力制动系统是完全由发动机的动力转化而成的气压或液压形式的势能进行制动的制动系统。伺服制动系统是兼用人力(人力制动系统)和发动机动力(动力制动系统)进行制动的制动系统。在正常情况下,制动能量大部分由动力伺服系统供给,而在动力伺服系统失效时,还可以完全依靠驾驶员提供动力。

3. 按照制动能量传输方式分类

制动系统分为机械式制动系统、液压式制动系统、气压式制动系统和电磁式制动系统等类型。同时采用这四种制动系统中两种以上传输方式的制动系统可称为组合式制动系统。

传动装置采用单一的气压或液压回路的制动系统称为单回路制动系统,这种制动系统只要有一处损坏而漏气(油),整个制动系统失效,目前汽车上基本不采用。而传动装置采用两条气压或液压回路的制动系统称为双回路制动系统,目前汽车上大都采用双回路制动系统,如轿车的左前轮和右后轮共用一条制动回路,右前轮和左后轮共用另一条制动回路,当一条制动回路失效时,另一条制动回路仍能工作,这样有效提高了汽车的行车安全性。

二、混合动力汽车制动系统组成特点及工作原理

混合动力汽车制动系统与传统内燃机汽车一样,主要由行车制动系统和驻车制动系统两部分组成,本任务主要以比亚迪·秦为例介绍行车制动系统和驻车制动系统组成及工作原理。

(一)行车制动系统组成特点及工作原理

行车制动系统可以实现行驶中的汽车降低速度和停驶的目的。早期汽车的制动系统采用的是液压式制动系统,但是汽车高速化后,要求制动液压力升高,液压制动系统是难以实现的,所以后期应用较多的是在普通液压制动系统中,加装了真空助力装置,可以减轻驾驶员施加于制动踏板上的力,增加车轮的制动力,达到操纵轻便、制动可靠的目的,也就形成了电子真空助力制动系统。混合动力汽车大多采用是电子真空助力制动系统,本节以比亚迪·秦为例介绍其组成和工作原理。

1. 电子真空助力制动系统组成

混合动力汽车电子真空助力制动系统是在内燃机汽车的真空助力制动系统的基础上增

加产生真空的真空泵、控制真空度的控制系统,所以其主要由制动踏板、真空助力器、真空罐、真空泵、制动主缸、制动轮缸、制动器和控制单元等组成。比亚迪·秦行车制动系统中有两个控制单元,分别是 ABS 和 ESP 控制单元。

(1)制动踏板

混合动力汽车制动踏板与传统汽车一样,主要用于减速停车,它是汽车驾驶五大操纵件之一,使用频次高。驾驶人掌控如何,直接影响着汽车驾驶安全。

(2)真空助力器

真空助力器与真空源相连,可以放大驾驶员踩在制动踏板上的压力,驾驶员踩下制动踏板进行制动时更轻松。

(3)真空罐

真空罐是电子真空助力制动系统的储能装置,其作用是储存真空泵产生的真空负压,并通过真空阀给真空助力器提供恰当的真空压力。一般,真空罐上装有传感器,即真空压力传感器,这个传感器实时检测真空罐内的真空压力并将信息送给控制单元,作为控制真空泵工作的主要信息。

(4)真空泵

真空泵为制动系统的供能装置,其作用是供给、调节制动所需能量以及改善传能介质状态的各种部件。比亚迪·秦选用的是电动真空泵,它能通过真空度传感器监测助力器内的真空度变化,进而保证在各种工况下,都能提供足够的助力效果。

(5)制动主缸

制动主缸的作用是将踏板输入的机械能转换成液压能。制动主缸和真空助力器总成基本上是作为制动系统的一个动力源存在的,它是将驾驶员的制动踏板力转化为液压力,并具有一定的助力作用。

(6)制动轮缸

制动轮缸的作用是将从制动主缸输入的液压能转变为机械能,以使制动器进入状态。制动轮缸有单活塞式和双活塞式两种。单活塞式制动轮缸主要用于双领蹄式和双从蹄式制动器,而双活塞式制动轮缸应用较广,既可用于领从蹄式制动器,又可用于双向双领蹄式制动器及双向自增力式制动器。

(7)制动器

比亚迪·秦中选用的盘式制动器主要由制动盘、制动卡钳、摩擦片、制动轮缸、油管等部分构成。盘式制动器通过液压系统把压力施加到制动钳上,使制动摩擦片与车轮转动的制动盘发生摩擦,从而达到制动的目的。

(8)控制单元

电子真空助力伺服制动系统的控制单元是真空度控制的核心部件,其主要作用是根据真空压力传感器和制动系统状态信号,控制制动真空泵的工作,从而使真空助力系统有足够的负压,保证真空助力伺服制动系统提供适当的制动助力。一般,控制单元不单独设置,将其融入车身控制模块或者主控制器内。比亚迪·秦的控制单元是 ABS 控制单元(制动防抱死制动系统)和 ESP 控制单元(车辆电子稳定系统),可防止制动时车轮抱死及提高整车行驶的稳定性。

2. 电子真空助力制动系统工作原理

当踩下制动踏板使汽车制动时,真空助力器连通真空罐,消耗罐内真空压力。真空泵根据真空罐压力和制动踏板的位置信号产生相应真空助力送至真空助力器,真空助力器通过推杆将真空助力传至制动主缸,制动主缸再传给四轮的轮缸,在轮缸上产生相应的制动力,使车轮制动,从而达到减速、停车或制动的目的。

在电子真空助力制动系统工作过程中,真空助力产生的过程如下:当车辆电源接通后,车身控制器或主控制器内的控制单元开始对制动系统各部件进行自检。此时,通过内部真空压力传感器监测真空储气罐内的真空度。若真空储气罐内真空度小于设定值,则真空泵开始工作。当检测到真空度达到设定值之后,车身控制器会切断真空泵供电,真空泵停止工作,直至真空压力消耗殆尽时,控制单元再次检测到真空储气罐内真空压力低于限定值,电动真空泵将再次工作,如此循环。

(二)驻车制动系统组成特点及工作原理

驻车制动系统的作用就是在停车时,给汽车一个阻力,使已经停驶的汽车驻留在原地不动。驻车制动系统按照操纵方式的不同,分为机械式驻车制动系统和电子式驻车制动系统。机械式驻车制动系统是用手或者脚等人的肌体直接操纵的驻车机构,电子式驻车制动系统是利用电子控制方式实现驻车操纵的系统。混合动力汽车大多采用的是电子式驻车制动系统(EPB),这里以比亚迪·秦为例介绍电子驻车制动系统(EPB)的组成及工作原理。

1. 电子驻车制动系统组成

比亚迪·秦的电子驻车制动系统(EPB)主要由 EPB 开关、EPB 控制器、两个 EPB 电动机以及两个后轮制动器组成。需要注意的是,在低压辅助电源电量不足的情况下,电子驻车制动不能接合或释放,也就是驻车制动系统是不能工作的。

(1)EPB 开关

EPB 开关安装在中央控制台上,方便驾驶员操作。它是电子驻车制动系统(EPB)的操纵装置,也是检测装置,它能检测驾驶员驾驶意图,并将信号送给 EPB 控制器。

(2)EPB 控制器

EPB 控制器也称为 EPB 控制单元,安装在中央控制台的下面,通过一个线束插接件与车身线束相连接。它可以接受 EPB 开关信号及车辆动态信号,并进行分析,从而控制 EPB 电动机的工作。

(3)EPB 电动机

EPB 电动机集成在后轮制动器的制动钳总成上,可以直接将制动力施加到后轮上。EPB 电动机工作时,接受 EPB 控制器的指令进行工作,带动制动器的制动卡钳活塞移动产生机械夹紧制动力,从而产生制动效果。

2. 电子驻车制动系统工作原理

当混合动力汽车驻车时,驾驶员操作 EPB 开关后,EPB 控制器就会接收到汽车需要驻车制动的信息,EPB 控制器将控制集成在左右制动卡钳中的电动机动作,并使制动器的制动盘和制动片压紧产生制动力,从而使汽车完成驻车。这种制动系统由 EPB 开关和 EPB

电动机动作来替代机械驻车制动系统的手动操作和机械连动,这是电子驻车制动系统最大特点。

三、混合动力汽车制动系统检修

混合动力汽车制动系统的检修要遵循由易到难、由外到内、由电气部件到机械部件的原则进行,并且一般是利用设备进行的不解体优先。本节主要介绍制动器、制动管、制动轮缸和制动真空助力系统的检测。

(一)制动器检修

1. 制动卡钳基本检查

① 目视检查制动活塞有无渗漏,以确定活塞的密封性。
② 目视检查制动活塞防尘套有无老化、龟裂、破损,以确定制动软管扁接头的正常与否。
③ 目视检查制动管路是否有渗漏,以确认制动管路的正常与否。
④ 查看制动卡钳销是否有卡滞或粘结,以确定制动卡钳销的正常与否。

2. 检修制动片

(1)基本检查
目视检查制动片是否磨损均匀,有无擦痕和裂纹。
(2)检测制动片厚度
① 用百洁布清洁制动片。
② 清洁检查游标卡尺,并校准。
③ 使用游标卡尺分别测量内外侧制动片厚度,若制动片厚度小于维修极限厚度,则需要更换。

3. 检查前盘式制动器片安装架

检查盘式制动器片安装架有足够的弹性,没有变形、裂纹或磨损,并清除所有的锈迹和污垢。如有必要,更换盘式制动器片安装架。

4. 检修制动盘

(1)基本检查
目视检查制动盘有无擦痕和裂纹。
(2)测量制动盘厚度
① 清洁并检查外径千分尺,并校准。
② 使用外径千分尺在距离制动盘外缘 10 mm 处,间隔大约 45°位置选取 8 个检测点。
③ 检测制动盘厚度,若制动盘厚度小于维修极限厚度,则需要更换制动盘。
(3)检测制动盘径向圆跳动
① 按压百分表表头,检查其是否有卡滞。
② 选择合适的位置把百分表固定在制动盘上方悬架处,并校表。
③ 转动制动盘,读出数值。

5. 检查制动轮缸和活塞

检查制动轮缸和活塞是否生锈或有划痕。如有必要,更换盘式制动器制动轮缸和活塞。

(二) 制动真空助力系统检修

混合动力汽车的制动真空助力系统融入 ABS 和 EBD 的制动系统中,其主要部件有制动真空泵、轮速传感器和制动压力调节器,这里主要介绍带有 ABS 和 EBD 的制动真空系统初步诊断和部件检修。

1. 制动真空助力系统电路基本检查

① 检查制动系统的机械部件有无漏油,若有则需要及时进行维修。

② 检查制动系统中制动压力调节器、轮速传感器等的插接器是否存在退针、损坏、脱落等破损现象,若有应及时修复或更换。

2. 制动系统初步诊断

连接诊断仪读取制动系统的故障码和数据信息,根据数据流分析其具体工况,主要需要读取的数据包括:真空泵状态、真空压力值、真空压力报警、真空泵工作时间等数据。

3. 制动系统部件检测

(1) 制动真空泵检测

① 制动真空泵基本检查。

a. 检查电动真空泵是否有裂纹、破损等现象。

b. 检查管路密封性:检查真空泵与真空管路之间的接头是否连接正常或者有破损,若有,则管路密封性不好,必要时更换。

c. 检查电动机插接头:检查连接线是否折断或插头连接处是否脱焊,若有,则应更换连接线。

② 制动真空泵电气检测。

a. 检查制动真空泵电动机电阻,用万用表测量真空泵电动机电阻是否在正常范围值以内,正常范围值为 $2 \sim 15\,\Omega$ 之间,若异常则需要及时更换。

b. 检查制动真空泵工作电压,用万用表测量真空泵电动机工作电压,正常范围值为 $10 \sim 16\,V$ 之间,若异常则需要及时更换。

(2) 轮速传感器检测

① 基本检查。目视检查轮速传感器是否正确安装到位。正常情况下螺栓正确紧固,传感器与座间无间隙。

② 轮速传感器电气检测。

a. 采用连接跨接线的方式,检测转速传感器的供电电压,查看其是否正常,转速传感器的供电电压约为 $5\,V$ 左右,若不正常应进行下一步检修。

b. 若转速传感器供电正常则检测其信号,需断开转速传感器的插接器,用万用表检测转速传感器的信号线电阻,正常应小于 $0.5\,\Omega$。

c. 检查轮速传感器是否损坏,可以用替换法或者测量轮速传感器内阻,轮速传感器内阻值为 3～5 MΩ。

③ 轮速传感器机械检测。

a. 检查轮速传感器与齿圈气隙。用塞尺或其他工具检查轮速传感器与齿圈气隙正确与否,正常前轮传感器间隙:最大 1.2 mm;后轮传感器间隙:最大 0.9 mm。

b. 检查齿圈状态。检查轮速传感器齿圈是否无损坏、缺齿和异物,如果夹有异物,应清理后装回,并使用示波器检查其输出波形是否正常。

(3) 制动压力调节器基本检查

检查液压调节器和制动管路及连接器是否有泄漏。

若制动系统相关部件的检测数值不在规定范围内,请进一步检测确认故障,并根据故障点进行维修,具体检测标准见表 4-2-1。

表 4-2-1　比亚迪·秦制动系统标准检测数据

检修内容	标准值范围
制动盘厚度	标准值为 27.9～28.1 mm;大修极限为 26 mm
径向圆跳动	≤0.05 mm
制动摩擦片厚度	标准值为 18～18.5 mm;大修极限为:8.5 mm
真空泵电动机电阻	0.3 Ω
制动衬块厚度	标准厚度是 12.0 mm;最小厚度 1.0 mm
齿圈齿数	48
轮速传感器内阻	3～5 MΩ
轮速传感器与齿圈气隙	前轮 0.1～0.9 mm;后轮 0.2～0.7 mm

 技能训练

实训　混合动力汽车电动真空泵检修

◆ 实训准备

1. 安全操作规范

① 举升机的操作应符合使用规范。

② 电动真空泵检测时需使用检测工具。

③ 严禁违规使用绝缘工具、仪器仪表,注意轻拿轻放,有序操作。

④ 严格遵守实训规程,按照指导手册、实训指导书、维修手册等资料要求完成实训操作。

2. 实操工具准备

（1）设备准备

2015 款比亚迪·秦实训车辆、举升机。

（2）工具准备

① 常用工具：常用拆装套件。

② 专用工具：定扭扳手。

③ 防护装备：车内防护三件套、车外防护三件套。

④ 检测工具：数字万用表、比亚迪 VDS2000 专用诊断仪。

◆ **实训步骤**

1. 准备工作

（1）车辆防护

① 进入车内安装车内防护三件套,如图 4-2-2 所示。

② 操纵驻车制动器。

③ 拉起前机舱盖手柄,打开前机舱盖,安装车外防护三件套,如图 4-2-3 所示。

图 4-2-2 安装车内三件套　　　　图 4-2-3 安装车外三件套

（2）基本检查

① 目视检查车辆冷却液、制动液液位是否符合标准。

② 检查低压铁电池接线柱是否连接牢靠。

③ 将万用表调至欧姆挡,短接红黑表笔进行校表。

注意事项

◇ 万用表内阻检测正常值应为 0Ω,若电阻过大,则说明万用表存在断路故障。

④ 检查低压铁电池电压是否正常,正常值应在 12～14 V 之间。

2. 电动真空泵在线检测

① 取出比亚迪 VDS2000 专用诊断仪套件。

② 连接诊断仪相关线束,连接 VCDI 无线诊断接口。

③ 打开比亚迪专用诊断仪电源开关。

④ 待电源开启后,进入比亚迪·秦诊断系统。

⑤ 读取车辆 VIN 码。

⑥ 读取故障码。

a. 选择读取整车数据,等待车辆通信完成后,点击主控制器模块,进入模块数据读取页面。

b. 读取主控制器,点击纪录,点击清除故障码。

c. 重新读取故障码。

⑦ 读取主控制器相关数据流,判断电动真空泵工作状态。

⑧ 关闭诊断仪。

a. 退出诊断系统,关闭诊断仪。

b. 断开 VCDI 无线诊断接口,关闭车辆点火开关。

⑨ 车辆下电。

A. 打开行李舱。

B. 断开低压铁电池负极电缆。

a. 使用合适套筒、棘轮扳手、接杆拧松蓄电池负极电缆固定螺栓。

b. 取下铁电池负极电缆接线。

c. 掀开后排座椅靠背,断开高压维修开关。

注意事项

◇ 断开高压维修开关后,需等待 5～10 min,待高压系统剩余电量释放完毕后,才能进行下一步操作。

3. 电动真空泵检测

① 放置举升机顶角,举升车辆至合适位置。

② 电动真空泵外观检查。

a. 检查电动真空泵外观良好,无外伤及腐蚀情况。

b. 佩戴绝缘手套,按压电动真空泵插接器锁舌,断开插接器,观察插接器端子有无异常。

③ 电动真空泵电阻检测。

a. 将工具车和检测工具推至车辆下部。

b. 选用万用表,调至电阻测试挡 200 Ω,将红黑表笔短接校表。

c. 将红黑表笔分别连接电动真空泵插接器两端子,检测电动真空泵电阻值。

注意事项

◇ 正常值应为 1Ω 左右,若电阻过大,甚至无穷大时则说明真空泵存在断路故障。

④ 电动真空泵电压检测。

a. 将工具车推出车底,下降车辆至车轮着地,按下车辆点火开关。

b. 将红黑表笔分别连接电动真空泵插接器两端子,检测电动真空泵工作电压是否在12 V 左右。

⑤ 测量完成。

⑥ 安装电动真空泵线束插接器,将工具车推出车底。

⑦ 将举升机完全释放至车辆着地,取出举升机顶脚。

⑧ 安装高压维修开关,复位后排座椅靠背。

⑨ 使用合适套筒、棘轮扳手、安装低压铁电池负极电缆螺栓,使用定扭扳手紧固至10 N·m。

4. 整理归位

① 起动车辆检查车辆情况。

② 取下车外三件套。

③ 关闭发动机舱盖。

④ 取下车内三件套。

⑤ 将设备放回原位,实训作业完成。

任务小结

本任务讲解了混合动力汽车的制动系统类型、组成特点、工作原理及检修方法。

混合动力汽车制动系统按照不同的标准可分为不同类型:

按照制动系统功用分类,主要分为行车制动系统、驻车制动系统、第二制动系统和辅助制动系统四种类型。行车制动系统是使行驶中的汽车降低速度甚至停车的一套专门装置,它是在行车过程中经常使用的;驻车制动系统是使已经停驶的汽车驻留在原地不动的一套装置;第二制动系统是在行车制动系统失效的情况下保证汽车仍能实现减速或停车的一套装置,许多国家的制动法规中规定,第二制动系统是汽车必须具备的;辅助制动系统是在汽车下长坡时用以稳定车速的一套装置。

按照制动系统的制动能源分类,主要分为人力制动系统、动力制动系统和伺服制动系统三种类型。人力制动系统是以驾驶员的肌体作为唯一制动源的制动系统。动力制动系统是完全由发动机的动力转化而成的气压或液压形式的势能进行制动的制动系统。伺服制动系统是兼用人力(人力制动系统)和发动机动力(动力制动系统)进行制动的制动系统。

按照制动系统的制动能量传输方式分类,分为机械式制动系统、液压式制动系统、气压

式制动系统和电磁式制动系统等类型。同时采用这四种制动系统中两种以上传输方式的制动系统可称为组合式制动系统。

混合动力汽车制动系统与传统内燃机汽车一样,主要由行车制动系统和驻车制动系统两部分组成。混合动力汽车电子真空助力制动系统是在内燃机汽车的真空助力制动系统的基础上增加产生真空的真空泵、控制真空度的控制系统,所以其主要由制动踏板、真空助力器、真空罐、真空泵、制动主缸、制动轮缸、制动器和控制单元等组成。混合动力汽车的电子驻车制动系统(EPB)主要由 EPB 开关、EPB 控制器、两个 EPB 电动机以及两个后轮制动器组成。

混合动力汽车制动系统检修要遵循由易到难、由外到内、由电气部件到机械部件的原则进行,并且一般是利用设备进行的不解体优先。检测内容包括:制动器、制动管、制动轮缸和制动真空助力系统的检测。

任务练习

一、判断题

1. 行车制动系统和辅助制动系统必须能实现渐进制动,驻车制动系统则无必要。　　　(　　)
2. 在行驶过程中,驾驶员可以控制制动力大小,但却无法控制制动力矩。　　　(　　)
3. 当今的混合动力汽车较多采用的都是电子真空助力制动系统。　　　(　　)
4. 比亚迪·秦制动系统中包含两个控制单元,分别是 ABS 和 ESP 控制单元。　　　(　　)
5. 混合动力汽车制动系统检修遵循的原则是由易到难、由外到内、由电气部件到机械部件,并且一般是设备不解体优先。　　　(　　)

二、选择题

1. (　　)是在汽车下坡时用以稳定车速的一套装置。【单选题】
   A. 行车制动系统　　　　　　　　　　　　B. 第二制动系统
   C. 辅助制动系统　　　　　　　　　　　　D. 驻车制动系统
2. (　　)完全靠发动机动力转化而成的气压或液压的势能进行制动。【单选题】
   A. 动力制动系统　　　　　　　　　　　　B. 伺服制动系统
   C. 气压式制动系统　　　　　　　　　　　D. 液压式制动系统
3. 早期汽车采用较多的是(　　)。【单选题】
   A. 动力制动系统　　　　　　　　　　　　B. 伺服制动系统
   C. 气压式制动系统　　　　　　　　　　　D. 液压式制动系统
4. (　　)是电子真空助力制动系统的储能装置。【单选题】
   A. 制动器　　　　　B. 真空泵　　　　　C. 真空罐　　　　　D. 制动主缸
5. 制动真空助力系统的检修内容包括(　　)。【多选题】
   A. 制动真空泵　　　　　　　　　　　　　B. 轮速传感器
   C. 制动压力调节器　　　　　　　　　　　D. 制动卡钳

三、简答题

1. 请简述制动盘的检修内容及方法。

2. 请列出混合动力汽车制动系统的检修内容。

项目五 混合动力汽车典型辅助电器构造与检修

项目概述

汽车辅助电器系统主要向舒适、娱乐、保障安全等方面发展。辅助电器除了汽车用音响设备、通信器材和汽车电视等服务性装置外，都是一些与汽车本身使用性能有关的电器设备，如电动刮水器、电动喷洗器、风窗除霜装置、电动车窗、电动后视镜、电动座椅、汽车防盗系统等。以上辅助电器，混动和传统燃油汽车无太大差别，唯独混动汽车空调系统与传统燃油汽车空调相比，在"冷源""热源"产生的动力来源上发生了本质区别。

本项目重点讲述空调系统的组成、工作原理及检修，之后提取出典型工作任务完成相关拆装和检修。

任务 混合动力汽车空调系统典型构造与检修

任务目标

1. 了解混合动力汽车空调系统的功用、特点、组成及原理。
2. 理解空调制冷循环系统、采暖系统及控制系统的工作原理。
3. 能按照操作规范完成混合动力汽车电动压缩机、空调 PTC 的拆装。
4. 能按照操作规范完成混合动力汽车空调系统的检修。

任务导入

一辆牌照尾号为 1234 的混合动力汽车送至 4S 店进行维修,车主反映该车突然出现空调制冷工作异常的现象。维修接待人员试车发现空调制冷效果是逐渐变弱的,直至制冷效果完全丧失。经高级维修技师诊断,将故障原因指向空调制冷循环系统,需要针对此故障进行维修。现车间调度将任务工单派发至你手中,请学习相关知识,安全规范地完成分派的检修任务。

混合动力汽车"空调系统"怎么了?

 知识储备

　　汽车空调系统是实现对车厢内空气进行制冷、加热、换气和空气净化的装置。它可以为乘车人员提供舒适的乘车环境,降低驾驶员的疲劳强度,提高行车安全。空调装置已成为衡量汽车功能是否齐全的标志之一。本任务主要讲述混合动力汽车空调系统的组成、原理与检修。

一、汽车空调系统功能

　　汽车空调系统把经过处理的空气以一定的方式送入车内,从而将车内的环境状况控制在一定范围内,以满足驾乘人员的舒适性需求,其包括车内温度调节、车内湿度调节、车内空气流速调节、车内空气过滤净化等功能,如图 5-1-1 所示。

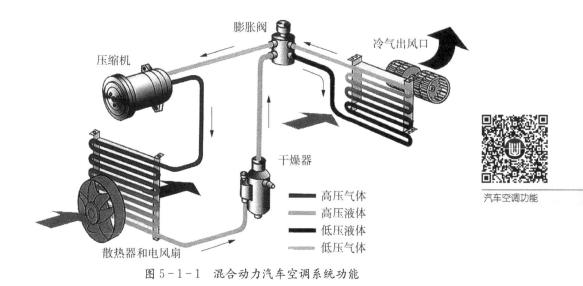

图 5-1-1　混合动力汽车空调系统功能

　　1. 调节车内的温度

　　汽车空调在冬季利用其采暖装置升高车内的温度,在夏季利用其制冷装置降低车内的温度。

　　2. 调节车内的湿度

　　空调系统的除湿功能不但可以提高车内环境的舒适度,还可以预防或去除风窗玻璃上的雾、霜和冰雪,为驾乘人员提供良好的驾驶视野,改善驾驶条件,保障行驶安全。

　　3. 调节车内的空气流速

　　空气的流速和方向对人体最舒适的气流速度一般为 0.25 m/s 左右。夏季,气流速度稍大,有利于人体散热降温;但气流流速过大,也会使人感到不舒服。冬季,气流流速过大,影响人体保温。因而冬季采暖时气流速度应尽量小一些,一般为 0.15~0.2 m/s。

4. 过滤、净化车内的空气

由于车内空间小，乘员密度大，车内极易出现缺氧和二氧化碳浓度过高的情况。因此，纯电动汽车空调需将外界的新鲜空气引入车内，并通过过滤、净化装置，对吸入车内的空气进行净化处理，以提高车内空气的洁净度。一般纯电动汽车空调上都设有进风门、排风门、空气过滤装置和空气净化装置。

二、混合动力汽车空调系统组成

混合动力汽车的空调组成原理与传统汽车空调系统一样，主要由空调制冷系统、空调采暖系统、空调控制系统、空调通风与空气净化系统组成，如图 5-1-2 所示。其中空调控制系统、空调通风与空气净化系统与传统汽车相同，此处不再赘述，本任务着重讲解空调制冷系统和空调采暖系统。

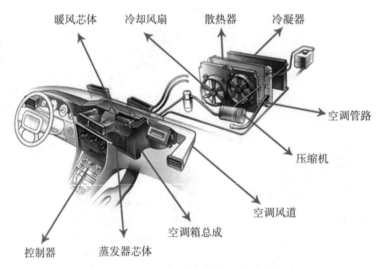

图 5-1-2　混合动力汽车空调系统组成

（一）汽车空调制冷系统

混合动力大多采用的是自动空调，其空调制冷系统主要由空调制冷循环系统和控制系统组成。空调制冷系统可以在车内温度较高时降低车厢内温度，使驾乘人员感到凉爽、舒适。这里将重点介绍空调制冷系统中的空调制冷循环系统。混合动力汽车的制冷循环系统有两种，一种是采用独立驱动的电动压缩机，大多混合动力汽车都是采用的这种；另一种是带有双压缩机的，比亚迪·秦采用的是这种循环系统。

1. 空调制冷循环系统组成

空调制冷循环系统主要由压缩机、冷凝器、蒸发器、电子膨胀阀、储液干燥器、电动风扇、高低压管路以及管路内循环的制冷剂和冷冻润滑油组成，如图 5-1-3 所示。

（1）压缩机

压缩机按照动力源可以分为独立动力式压缩机和非独立动力式压缩机两种。独立动力

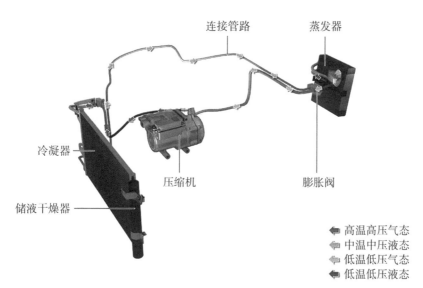

图 5 - 1 - 3　空调制冷循环系统组成

式压缩机是指压缩机工作需要单独的动力源带动,常见的有独立动力源有发动机和电动机,混合动力汽车采用的压缩机是由电动机带动的独立动力式压缩机,它由电动机直接驱动而进行工作,也称为电动压缩机。非独立动力式压缩机是指利用汽车的动力源发动机作为空调动力源进行工作的,传统内燃机汽车采用的大多为这种类型的压缩机。而辅助式压缩机则是需要利用发动机作为空调压缩机的动力源进行工作的。其中,在比亚迪·秦中两种压缩机同时存在,其他混合动力汽车中大多使用电动压缩机。因辅助式压缩机与传统汽车一致,不再强调。本任务着重讲解电动压缩机。

　　① 电动压缩机组成。混合动力汽车的电动压缩机大多位于蒸发器和冷凝器之间,其本身具有调速功能,所以其控制系统与传统空调压缩机控制有明显不同。该压缩机的电能来源于混合动力汽车上动力蓄电池的直流电,压缩机靠单独电动机驱动,压缩机转速单独可控,因此可以通过精确的控制以及在常见热负荷工况下的高效率运转来降低空调系统的能耗,从而提高整车的经济性。

　　电动压缩机的结构类型很多,下面主要以常用于混合动力汽车的涡旋式电动压缩机进行讲解,其主要由压缩机控制器、驱动电动机、涡盘泵体总成(涡轮静盘和涡轮动盘)、壳体以及内部密封圈和轴承等组成,如图 5 - 1 - 4 所示。

　　a. 驱动控制器。直流电动机的驱动控制器是一种对直流电动机的运行过程进行综合控制的电气装置,又可称为直流变频控制器,其安装位置如图 5 - 1 - 5 所示。驱动控制器的外部有两个插接件接口:一个接高压电源供给插接件,一个接低压控制插接件。

　　电动压缩机转速的调节是通过驱动控制器改变无刷同步直流电动机的供电频率而实现的。驱动控制器通过 CAN 总线与空调控制器及整车控制器进行通信,从而可按实际负荷工况需求控制空调压缩机的运行速度。

　　b. 驱动电动机。驱动电动机是电动压缩机的动力来源,将电能转化为机械能,带动压缩机压缩制冷剂。其位于压缩机壳体内部,与涡盘泵体总成中的动涡盘同轴转动。

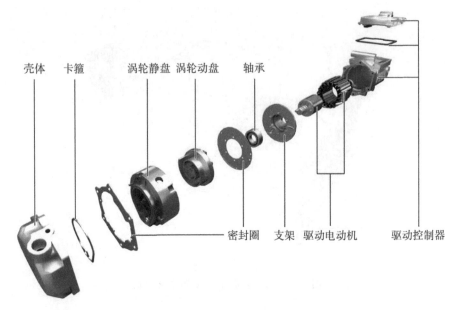

图 5-1-4 电动压缩机组成

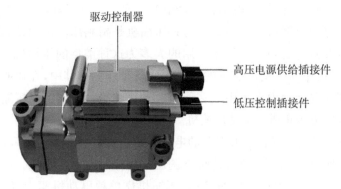

图 5-1-5 驱动控制器位置

c. 涡盘泵体总成。涡旋式压缩机涡盘泵体总成将来自蒸发器的低压气态制冷剂压缩成高压的气态制冷剂,送至冷凝器,其由涡轮动盘、涡轮静盘相互啮合而成,如图 5-1-6 所示。

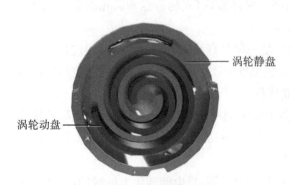

图 5-1-6 涡盘泵体啮合示意图

这两个涡盘都是渐开线形且在相互啮合的情况下呈偏心渐开线运动,它们相互错开 180°安装在一起,即相位角相差 180°。其中涡轮动盘是不能自转的,只能围绕涡轮静盘作很小回转半径的公转运动。

在压缩机吸气、压缩、排气的工作过程中,涡轮静盘通过支架固定在壳体上,涡轮动盘由偏心轴驱动并由防自转机构制约,围绕涡轮静盘基圆中心作很小半径的平面转动。来自蒸发器的低温、低压气态制冷剂被吸入到涡轮动盘的外围,随着偏心轴的旋转,气态制冷剂在涡轮动盘、涡轮静盘贴合所组成的若干个月牙形压缩腔内被逐步压缩,然后由涡轮静盘中心部件的轴向孔连续挤出至冷凝器,如图 5-1-7 所示。

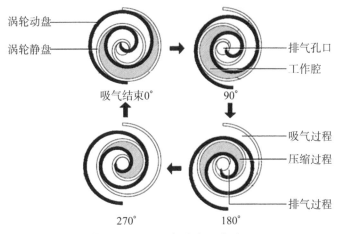

涡旋式压缩机结构及工作原理

图 5-1-7 涡盘泵体工作原理

d. 壳体。涡旋式电动压缩机壳体采用铝合金材质,壳体主要用于密封驱动电动机、涡盘泵体总成,并支撑电动压缩机整体。

② 电动压缩机电路原理。混合动力汽车空调电动压缩机电路原理如图 5-1-8 所示。低压电源电压是空调压缩机控制器的通信信号传输及控制功能得以正常运行的可靠保证。空调控制器通过数据总线"CAN-H、CAN-L"与空调压缩机相连接,控制空调压缩机的高压电源线正极与负极通断。高压互锁信号线在高压上电前确保整个高压系统的完整性,使高压电处于一个封闭的环境下工作,提高安全性。空调压缩机的高压互锁开关与其他高压部件的高压互锁串联,是高压互锁系统的一部分。空调压缩机的高压线束与低压线束相互独立,正极是由高压控制盒输出的高压直流电源正极,负极是由高压控制盒输出的高压直流电源负极。

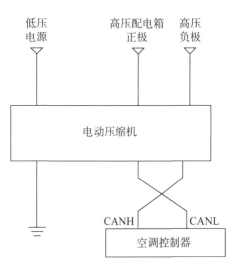

图 5-1-8 空调电动压缩机电路原理图

在电动空调系统工作情况下,压缩机驱动电动机的转速可以按实际负荷工况需求调节,以适应整车行驶工况并达到节约车载能源的目的。

(2) 冷凝器

混合动力汽车采用的是平行流式冷凝器,如图 5-1-9 所示。

依据集流管分段与否,平行流式冷凝器可分为多元平行流式和单元平行流式,混合动力

图 5-1-9　冷凝器结构

图 5-1-10　蒸发器

汽车选用的是多元平行流式冷凝器，安装在前机舱前保险杠进气格栅处，位于压缩机排气口和膨胀阀之间，采用铝合金材质铸造使得整体重量更轻且导热性能更好，同时在制冷剂流通的扁管条之间装有用于增强散热效果的铝翅片，使得散热效率更高。

（3）蒸发器

混合动力汽车的蒸发器安装在通风系统总成中，在膨胀阀的后方，其结构特性方面与冷凝器一样都是采用的平行流式设计，如图 5-1-10 所示。

（4）电子膨胀阀

混合动力汽车使用的是 H 型电子膨胀阀，该类型电子膨胀阀具有调节灵敏度高、结构紧凑、抗震性能优良等特点。H 型电子膨胀阀主要由感温元件、钢球和压力弹簧组成，在 H 型电子膨胀阀外部有四个管路接口，分别与储液干燥罐出口、蒸发器入口、蒸发器出口和压缩机入口连通，如图 5-1-11 所示。

图 5-1-11　膨胀阀结构

（5）电动风扇

混合动力汽车的电动风扇是两级调速电子风扇，有两种运动状态：高速运转和低速运转。其运行状态的切换是由整车控制器（VCU）控制的，高速运转的触发信号是压力开关发出的中压信号。

（6）制冷剂

混合动力汽车空调制冷系统采用的制冷剂有两种，分别是 R410A 和 R134a。

① R134a 制冷剂。其分子式为 CH_2FCF_3，对臭氧的破坏系数（ODP）为 0，不可燃，毒性非常低，安全类别为 A1，是很安全的制冷剂。其物理性质参见表 5-1-1。

表 5-1-1　R134a 制冷剂物理性质表

项目	参数
沸点/℃	-26.18
冰点/℃	-101
临界温度/℃	101.5
临界压力/MPa	4.065

制冷剂 R134a 使用要求：

a. R134a 与 R12 制冷剂是不可相溶的，绝不能使两者混合，如果混用制冷剂，将导致压缩机损坏。

b. 回收制冷剂时应使用制冷剂回收机，不可将制冷剂排至大气，工作维修区空气应保持流通。

② R410A 制冷剂。R410A 制冷剂是一种新型环保制冷剂，对臭氧的破坏系数（ODP）为 0、制冷效率高。它由两种准共沸的混合物 R32 和 R125 各 50％组成，主要有氢、氟和碳元素等，表示为 hfc。

在相同配置下，R410A 与 R134a 相比较，R410A 热泵汽车空调系统可以减少压缩机排量，同时制热量尤其是低温制热量有大幅度提升，外环温度 -12℃下能效比达到 1.6W/W 以上；另一方面，R410A 热泵汽车空调系统工作压力是 R134a 系统的 2 倍左右，在设计 R410A 系统时管路及元器件耐压要进行相应的优化。综合评价后认为 R410A 比 R134a 更加适合应用于热泵汽车空调中。

（7）冷冻润滑油

新型比亚迪·秦采用的是 R410a 制冷剂，与之对应的冷冻润滑油为 POE（PolyolEster），又称聚酯油，它是一种全合成的多元醇酯类油。

2. 混合动力汽车空调制冷系统控制原理

混合动力汽车空调的制冷系统有带电动压缩机的制冷系统和带双压缩机的制冷系统，下面分别描述两种制冷系统的控制原理。

（1）带电动压缩机制冷系统控制原理

带电动压缩机空调制冷系统的动力源是电动压缩机。这种制冷系统工作时，空调控制器采集到驾乘人员启动空调操作 A/C 开关触发请求信号后，根据采集到的环境温度传感器、蒸发器温度传感器检测的实时温度数据，结合温度调节旋钮指针所处制冷档的具体位置计算出制冷系统所需的制冷量，同时采集空调系统的压力开关信号，以确定制冷系统中制冷剂的压力状态是否正常。空调控制器确认系统制冷剂压力正常后，触发鼓风机以低速挡位运行，同时通过 CAN 总线将电动压缩机、冷凝器散热风扇的启动指令传送至压缩机控制器和集成控制器，按实际负荷工况需求控制电动压缩机运行，同时空调控制器按照内外循环模式开关、出风模式开关信号，控制风门翻板执行机构按所选模式进行工作，如图 5-1-12 所示。

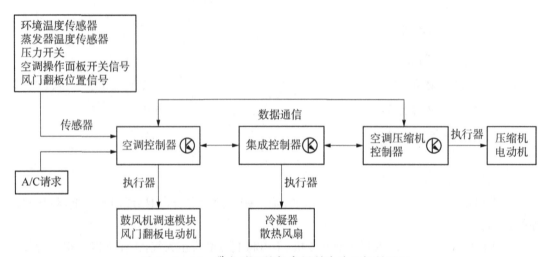

图 5-1-12　带电动压缩机空调制冷系统控制原理

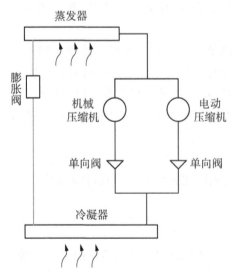

图 5-1-13　比亚迪·秦带双压缩机的制冷循环系统

（2）带双压缩机的制冷系统控制原理

带双压缩机的制冷循环系统中发动机带动的机械压缩机和电动压缩机是并联的，它们都与制冷循环系统的其他部件串联，是压缩制冷剂使制冷系统工作的动力源，如图 5-1-13 所示。

带双压缩机的制冷循环系统工作时，同样是空调控制器根据采集到的控制面板的操纵信息以及压力开关、蒸发器温度传感器、环境温度传感器等信号，通过分析计算来控制压缩机的工作，从而达到相应的制冷目的，使车内达到相应的控制温度。当混合动力汽车的发动机工作时，空调控制器需要与发动机控制单元（ECM）进行信息交换，将空调的控制信息传递给 ECM，ECM 控制空调继电器工作，这样发动机就能带动机械压缩机运转，来压缩制冷剂循环，使空调系统制冷。当混合动力汽车发动机不工作,空调控制器根据采集的信号,进行分析处理后,按照实际需求,直接通过高压配电箱控制空调接触器的工作,从而给电动压缩机提供需要的电力,带动电动压缩机运行进行制冷。如图 5-1-14 所示为比亚迪·秦空调制冷系统控制原理。

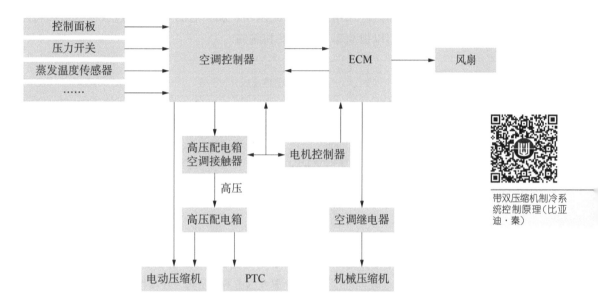

图 5-1-14　比亚迪·秦带双压缩机制冷系统控制原理

（二）汽车空调采暖系统

汽车的暖风系统有很多类型,按照热源的不同可以分为热水取暖系统、燃气取暖系统、废气取暖系统和 PTC 加热器。混合动力汽车常用的采暖系统为发动机余热的水暖系统和 PTC 加热器进行取暖,也称为 PTC 水加热采暖系统。

1. PTC 水加热采暖系统

混合动力汽车的采暖系统主要由 PTC 加热器、PTC 控制器、水泵、热交换器组成。

（1）PTC 加热器

PTC 加热器是主体由一片或多片采用并联结构的 PTC(热敏电阻陶瓷片)及外围部件组合构成,采用风机使空气流动加热的加热器。它具有热阻小、换热效率高的优点,是一种自动恒温、省电的电加热器。

（2）PTC 控制器

PTC 控制器根据环境温度、PTC 加热器温度、空调温度调节旋钮以及动力蓄电池电压等控制 PTC 加热器中两个电热芯的通断。

（3）水泵

采暖系统中的水泵与发动机共用一个水泵。主要作用是将冷却液输入到 PTC 进行加热。

（4）热交换器

热交换器将水泵中的冷却液引入车厢内的热交换器中,使鼓风机送来的车厢内空气或外部空气与热交换器中的冷却液进行热交换,鼓风机将加热后的空气送入车厢内。

2. PTC水加热采暖系统工作原理

采暖系统采用PTC水加热器总成加热冷却液,冷却液先由水泵将空调暖风水箱总成内的冷却液泵进PTC水加热器水箱总成,如此循环。加热后的空气,通过鼓风机鼓风将热量送至乘员舱或风窗玻璃,用以提高车厢内温度和除霜。

混合动力汽车采暖系统工作原理

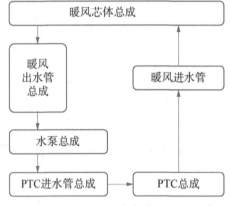

图5-1-15 混合动力汽车采暖系统工作原理

三、混合动力汽车空调系统检修

汽车空调系统的检修按照由外到内、由简单到复杂、由整体到部分的思路进行,具体的检修主要包括:空调制冷系统检修、空调采暖系统检修。

(一)空调制冷系统检修

1. 空调制冷基本检查

(1)打开空调

起动汽车,打开空调开关,调整开关至制冷位置。

(2)空调制冷系统工况检查

起动制冷系统15~20 min后,用手触摸空调系统管路及各部件,感受其温度,正常情况下,低压管路呈低温状态,高压管路呈高温状态。低温区是从膨胀阀出口→蒸发器→压缩机,这些部件表面应该由凉到冷再到凉,连接部分有水露,但不应有霜冻。高温区是从压缩机的出口→冷凝器→储液干燥器→膨胀阀的入口处,这些部件表面温度为40~65℃,手感热而不烫。

具体情况有:

① 压缩机进口处手感冰凉,出口处手感较热,进、出口温差明显。若温差不大,说明制冷剂不足;若没有温差,说明制冷剂有泄漏。

② 膨胀阀进口处手感较热,出口处手感冰凉,进、出口温差明显,有水露。若膨胀阀处有霜冻现象,则说明膨胀阀阀口堵塞,可能是脏堵或冰堵。

③ 储液干燥器应是热的,表面无水露,进、出口温度相等。如果其表面出现水露,则干燥剂破碎堵住制冷剂流通的管路;若进口热,出口冷,也说明其内部堵塞。

④ 冷凝器进、出口管应有温差,出口管温度应低于进口处温度。

（3）观察视液窗

观察视液窗,判断制冷剂量,具体情况如下:

① 视液窗清晰,孔内偶有气泡。可能有三种情况:一是系统内无制冷剂,二是制冷剂过量,三是制冷剂适量。

a. 看不见液体流动,用手触摸压缩机进、排气口,没有冷热感觉,出风口无冷风,表示系统内无制冷剂,这时应立即关闭空调。

b. 看见液体快速流动,用手触摸压缩机进、排气口高压侧有烫手感,低压侧有冰霜,表示制冷剂过量。

c. 看见有液体稳定的紊流,用手触摸压缩机进、排气口,高压侧热,低压侧凉,表示制冷剂适量。

② 少量有气泡,可能有两种情况:一是制冷剂不足,二是制冷系统中有水分。

a. 当膨胀阀有冰堵时,则表明制冷系统中有水分。

b. 当膨胀阀没有冰堵时,则说明制冷系统中制冷剂不足。这时应进行检漏并补充制冷剂。

③ 有大量气泡,说明制冷剂严重不足并有大量的水分。

④ 观察孔的玻璃上有条纹状的油渍或黑油状泡沫,可能有三种情况:一是冷冻润滑油过多,二是冷冻润滑油变质、脏污,三是无制冷剂。

a. 若压缩机进排气口有明显的温差,关闭空调后孔内油渍干净,则说明冷冻润滑油过多。

b. 若压缩机进排气口有明显的温差,关闭空调后孔内仍有油渍或其他杂物,则说明冷冻润滑油变质、脏污。

c. 若压缩机进排气口无温差,空调器出风口无冷风,则说明无制冷剂,视窗镜上是冷冻润滑油,应立即关闭空调。

2. 汽车空调制冷系统的在线检测

在制冷系统在线检测时,连接汽车专用诊断仪,并进入空调模块,读取车辆空调制冷系统相关故障码和数据流,主要根据车内温度、车外温度、蒸发器温度、压力值、压力状态、散热风扇工作状态、电动压缩机状态、电动压缩机占空比、水泵继电器状态、蓄电池电压、BMS是否允许空调高压模块功能、空调高压模块状态、电子膨胀阀、蒸发器出口制冷剂温度、蒸发器出口压力等数据判断空调制冷系统工况是否正常。

3. 汽车空调制冷系统的检漏检查

（1）制冷剂泄漏的部位

汽车空调系统工作条件比较恶劣,极易造成部件管道损坏和接头松动,使制冷剂发生泄漏。常发生制冷剂泄漏的部件有冷凝器、蒸发器、储液干燥器、制冷剂管道、压缩机,其常发生泄漏的部位见表 5-1-2。

表 5-1-2   汽车空调系统制冷剂常发生泄漏的部位

部件	常发生泄漏部位
冷凝器	冷凝器进气管和出液管连接处冷凝器盘管
蒸发器	蒸发器进口管和出口管的连接处蒸发器蒸发器盘管
储液干燥器	易熔塞管道接头喇叭口处
制冷剂管道	高、低压软管高、低压软管各接头
压缩机	压缩机轴封,压缩机吸、排气阀处,前、后盖密封处与制冷剂管道接头处

(2) 制冷剂泄漏检测方法

汽车空调制冷系统的检漏方法常用的有目测检漏法、皂泡检漏法、染料检漏法、检漏灯检漏法、电子检漏仪检漏法、抽真空检漏法和加压检漏法等。

① 目测检漏法。用肉眼查看制冷系统各部件和制冷系统的管接头是否有润滑油渗漏痕迹,有油迹的部位就是泄漏处。

② 肥皂液检漏。对施加了压力的制冷系统,用毛刷或棉纱蘸肥皂液涂抹在被检查部位,察看被检查部位是否有气泡产生。这种方法检漏时不受设备的限制、使用成本低,因此应用广泛,但是要求一定要细致、认真。

③ 着色检漏法。把黄色或红色的颜料溶液通过歧管压力表组引入空调系统,漏点周围会有染料积存。染料检漏不会影响系统的正常运行,是较理想的检漏方法。

④ 检漏灯检漏法。检漏灯检漏的原理是根据卤素与吸入制冷剂燃烧后产生的火焰颜色来判断泄漏量。泄漏量少时,火焰呈浅绿色;泄漏较多时,火焰呈蓝色;泄漏量很大时,火焰呈紫色。该方法检测精度低,已逐渐被淘汰。

⑤ 电子检漏仪检漏法。使用电子检漏仪时应当遵照电子检漏仪制造厂家的规定。一般方法是:接通电源开关,经短时间热机后,将探头伸入检测部位,通过声音或仪表显示即可判断泄漏量。该方法使用方便、安全,灵敏度高,应用广泛。

⑥ 抽真空检漏法。对制冷系统抽真空,真空度应达到 0.1 MPa,保持 24 h 内真空度没有明显变化即可。这种方法只能说明制冷系统是否泄漏,而不能确定泄漏的具体部位。

⑦ 加压检漏法。对于制冷剂全部漏光时的检漏,可以使用加压检漏法,分别将歧管压力表的高压软管和低压软管连接在压缩机的高,低压检修阀上。打开高、低压检修阀,向系统中充干燥氮气,其压力一般应为 1.5 MPa 左右。系统达到规定压力后,用检漏设备进行检漏,泄漏大的地方有微小声音,检漏必当重复检查 3~5 次,发现渗漏处应做上记号并及时加以修复,然后再去检查其他接头处,直至渗漏彻底排除。修漏完毕,应试漏,让系统保压 24~48 h,则检漏合格;倘若压力有显著降低,必须重新进行检漏,直至找出泄漏部位并予以消除为止。

4. 汽车空调制冷系统的压力检测

汽车空调制冷系统可以利用歧管压力表检测制冷系统高、低压侧的压力,根据压力大小分析故障原因,判断故障部位。

（1）连接歧管压力表

按照正确的步骤取下汽车空调制冷系统高、低压管路维修接口防尘罩，并规范连接歧管压力表到指定位置。

（2）打开空调

打开空调开关，调节空调温度至最冷，并打开所有车门。

（3）再次读取压力表数值并分析

打开空调后等待 10～15 min 后读取压力表读数，根据读取的压力表数值分析空调制冷系统的工作状态。

通过以上检查判断出制冷系统的故障之后，严格按照排空制冷剂、系统检漏、抽真空、充注制冷剂的顺序对空调制冷系统进行维修。

（二）　空调采暖系统检修

1. 空调采暖基本检查

（1）打开空调

起动汽车，打开空调开关，调整开关至制热位置。

（2）空调采暖系统工况检查

① 检测空调采暖系统各部件外观情况，如部件的外观是否有破损、漏液等情况，若有应及时维修。

② 调节空调温度至 20℃以上，查看空调系统出风口温度是否正常升高，并观察采暖系统相关部件运转是否有噪声、振动等不正常情况。

③ 调节出风模式，查看出风口是否能正常出风，并检测出风口风量是否正常。

a. 若启动采暖设置后，若空调吹出风仍为冷风，则空调 PTC 不工作，需要检测 PTC，必要时更换。

b. 若启动采暖设置后，若空调出风口吹出的风温度异常升高或者从空调出风口嗅到塑料焦糊气味，则可能为空调 PTC 控制模块损坏、粘连、不能正常断开，则需要关闭空调制热功能，整车下电后检查 PTC 加热器及 PTC 控制模块。

2. 空调采暖在线检测

采暖系统在线检测时，连接汽车专用诊断仪，并进入空调模块，读取车辆空调采暖系统相关故障码和数据流，主要根据车内温度、车外温度、PTC 状态、PTC 占空比、蓄电池电压、BMS 是否允许空调高压模块功能、空调高压模块状态等数据判断空调采暖系统工况是否正常。

3. 空调采暖系统检测

① 使用万用表检测 PTC 控制电压值，若不正常需要检修空调采暖系统相关线路。

② 使用万用表检测 PTC 电阻值，若不正常需要检修空调 PTC。

混合动力汽车空调系统检修过程中的标准参数见表 5-1-3。

表 5-1-3　比亚迪·秦空调系统标准检测数据

检修内容	标准范围
空调制冷系统高压压力检测	0.5～1.0 bar
空调制冷系统高压压力检测(工作状态)	5～10 bar
空调制冷系统低压压力检测	0.25～0.5 bar
空调制冷系统低压压力检测(工作状态)	2.5～3.0 bar
电动压缩机绝缘电阻值检测	＞20 MΩ
空调制冷系出风口温度	全力制冷模式下＜8℃
空调采暖系统出风口温度	全力采暖模式下＞设定温度 16℃

技能训练

实训 1　混合动力汽车空调电动压缩机拆装

◆ 实训准备

1. 安全操作规范

① 严禁违规使用仪器仪表,注意轻拿轻放,有序操作。

② 要严格按照安全规范,切断高压维修开关。

③ 严格遵守实训规程,按照学习工作页、维修手册等资料要求完成实训操作。

④ 空调制冷剂对环境有污染,严禁将空调制冷剂直接排入大气中,需要进行规范回收作业。

⑤ 拆卸空调管路时,需佩戴护目镜。

2. 实操工具准备

(1) 设备准备

2015 款比亚迪·秦混合动力汽车、举升机、制冷剂回收加注仪。

(2) 工具准备

① 常用工具:常用拆装套件。

② 绝缘工具:绝缘工具套件。

③ 专用工具:定扭扳手。

④ 防护装备:车内防护三件套、车外防护三件套、护目镜。

⑤ 检测工具:电子温度计。

◆　**实训步骤**

1. 准备工作

（1）车辆防护

① 进入车内安装车内防护三件套。

② 操纵驻车制动器。

③ 拉起前机舱盖手柄，打开前机舱盖，安装车外防护三件套。

（2）断开维修开关

① 打开行李舱。

② 断开低压铁电池负极电缆。

a. 使用合适套筒、棘轮扳手、接杆拧松蓄电池负极电缆固定螺栓。

b. 取下铁电池负极电缆接线。

◇　断开低压铁电池负极电缆，需等待 10 min，才可以进行高压系统相关操作。

③ 掀开后排座椅靠背，断开高压维修开关。

（3）回收制冷剂

① 将制冷剂回收加注仪推到车辆旁边。

② 取下空调制冷系统高、低压管路维修接口防尘罩。

③ 连接加注仪红色软管至空调管路高压端口。

④ 连接加注仪蓝色软管至空调管路低压端口

⑤ 按下加注仪回收开关，回收制冷剂。

⑥ 制冷剂回收完成。

（4）放置举升机顶角，举升车辆至合适位置

2. 拆卸压缩机

① 使用合适套筒、棘轮扳手、接杆，分别拆下将空调管路固定到压缩机上的 2 个螺栓，松开空调管路。

◇　拆下螺栓后妥善放置，防止螺栓上的垫圈丢失。

◇　慢慢晃动连接处，使其松动取下连接管。

素养规范

◇ 要拿塞子堵住断开的接头，以防止污染物的进入。

② 断开空调压缩机高压线束插接器。

③ 断开空调压缩机低压线束插接器。

④ 使用合适套筒、棘轮扳手、接杆拆卸高压线束支架固定到压缩机上的螺栓，移开高压线束。

⑤ 使用合适套筒、棘轮扳手、接杆预松固定空调压缩机的 4 个螺栓。

⑥ 取下 4 颗固定螺栓，并妥善放置。

注意事项

◇ 连接螺栓长短并不一致，需要区别放置，以免安装时拿取错误。

⑦ 取下压缩机放置于工作台。

3. 安装压缩机

① 更换压缩机冷冻润滑油。

注意事项

◇ 按维修手册规定值对压缩机加入冷冻润滑油。冷冻润滑油型号：POE 冷冻润滑油

② 清洁压缩机表面及连接端口。

③ 将压缩机移动至压缩机安装位置。

④ 使用合适套筒、棘轮扳手、接杆固定空调压缩机的 4 颗螺栓，使用定扭扳手紧固至(20 ± 5)N·m。

⑤ 使用合适套筒、棘轮扳手、接杆安装高压线束支架，使用定扭扳手紧固至 10 N·m。

⑥ 安装空调压缩机高压线束插接器。

⑦ 安装空调压缩机低压线束插接器。

⑧ 使用合适套筒、棘轮扳手、接杆将连接管固定到压缩机上，使用定扭扳手紧固至 10 N·m。

注意事项

◇ 管路接口处的密封垫圈为一次性，安装时需要更换新的垫圈。

4. 装复车辆

① 下降车辆至车轮着地,收回举升机顶角。

② 加注制冷剂。

a. 将制冷剂回收加注仪推到车辆旁边。

b. 拧开空调管路高低压保护盖、清洁端口。

c. 连接加注机软管至空调高低压端口。

d. 按下加注仪加注开关,加注制冷剂。

e. 制冷剂加注完成。

③ 安装低压铁电池负极电缆。使用合适套筒、棘轮扳手、接杆安装铁电池负极电缆螺栓,使用定扭扳手紧固至 10 N·m。

④ 安装高压维修开关,复位后排座椅靠背。

⑤ 车辆上电。

⑥ 打开空调 A/C 开关,打开空调制冷系统。

⑦ 旋转温度调节旋钮,将温度调到最低。

⑧ 按动空调模式调节按钮,将出风模式调整为仅面部出风。

⑨ 用电子温度计伸进出风口内部检测温度。

◇ 正常情况下汽车空调制冷剂的制冷温度为 10℃。

⑩ 关闭空调 A/C 开关。

⑪ 车辆下电。

5. 整理归位

① 确认车辆状况良好无故障,检测操作完成。

② 回收车外三件套。

③ 回收车内三件套。

④ 整理工具,实训设备归位。

实训2　混合动力汽车空调 PTC 拆装

◆ **实训准备**

1. 安全操作规范

① 严禁违规使用仪器仪表,注意轻拿轻放,有序操作。

② 要严格按照安全规范,切断高压维修开关。

③ 严格遵守实训规程,按照学习工作页、维修手册等资料要求完成实训操作。

④ 操作人员要穿戴好高压防护装备。

⑤ 拆卸时使用高压绝缘工具。

2. 实操工具准备

(1) 设备准备

2015 款比亚迪·秦混合动力汽车。

(2) 工具准备

① 常用工具:世达 100 件工具套装。

② 防护装备:车内防护三件套。

③ 绝缘工具:世达 68 件绝缘工具套件。

④ 专用工具:定扭式扭力扳手。

◆ 实训步骤

1. 准备工作

(1) 车辆防护

① 进入车内安装车内防护三件套。

② 操纵驻车制动器。

③ 拉起前机舱盖手柄,打开前机舱盖,安装车外防护三件套。

(2) 高压下电

① 断开低压铁电池负极电缆。

a. 使用合适套筒、棘轮扳手、接杆拧松蓄电池负极电缆固定螺栓。

b. 取下铁电池负极电缆接线。

② 掀开后排座椅靠背,断开高压维修开关。

注 意 事 项

◇ 断开高压维修开关后,需等待 5～10 min,待高压系统剩余电量释放完毕后,才能进行下一步操作。

2. 拆卸 PTC

① 依次拆卸前保险杠上盖板、空气滤清器总成、雨刮系统部件等外围附件。

② 佩戴高压绝缘手套,断开 PTC 低压线束插接器。

③ 断开 PTC 高压线束插接器。

④ 使用十字螺丝刀拆下 PTC 加热器搭铁线螺栓。

⑤ 使用合适内六角套筒工具拆下 PTC 加热器罩盖的 10 个固定螺栓。

注意事项

◇ 取下螺栓应该妥善放置，以免螺栓丢失。

⑥ 取出 PTC 加热器。

3. 安装 PTC

① 放入 PTC 加热器至安装位置。

② 使用内六角套筒工具安装 PTC 加热器罩盖的 10 个固定螺栓，并将其紧固至 8 N·m。

③ 使用十字螺丝刀安装 PTC 加热器搭铁线螺栓。

④ 连接 PTC 高压线束插接器。

⑤ 连接 PTC 低压线束插接器。

⑥ 依次装回雨刮系统部件、空气滤清器总成、前保险杠上盖板等外围附件。

4. 装复车辆

① 安装高压维修开关，复位后排座椅靠背。

② 使用合适套筒、棘轮扳手、安装低压铁电池负极电缆螺栓，使用定扭扳手紧固至 10 N·m。

5. 整理归位

① 确认车辆状况良好无故障，检测操作完成。

② 回收车外三件套。

③ 回收车内三件套。

④ 整理工具，实训设备归位。

实训 3 混合动力汽车空调系统检修

◆ **实训准备**

1. 安全操作规范

① 保证作业场所通风良好。

② 加注制冷剂前穿戴安全防护装备。

③ 严禁违规使用绝缘工具、仪器仪表，注意轻拿轻放，有序操作。

④ 严格遵守实训规程，按照学习工作页、维修手册等资料要求完成实训操作。

⑤ 空调制冷剂对环境有污染，严禁将空调制冷剂直接排入大气中，需要进行规范回收作业。

2. 实操工具准备

（1）设备准备

2015 款比亚迪·秦混合动力汽车、举升机、制冷剂回收加注仪。

（2）工具准备

① 常用工具：世达 100 件工具套装。

② 防护装备：车内防护三件套、车外防护三件套、护目镜、防护手套。

③ 检测工具：电子检漏仪、风速仪、歧管压力表、电子温度计。

◆ 实训步骤

1. 准备工作

（1）车辆防护

① 进入车内安装车内防护三件套。

② 操纵驻车制动器。

③ 拉起前机舱盖手柄，打开前机舱盖，安装车外防护三件套。

（2）准备并适时配戴手套和护目镜

2. 汽车空调制热系统工况检查

① 按规范进行上电操作，观察仪表板是否显示"Ready"。

② 打开空调制热系统。

③ 将冷热调节旋钮调到最热位置。

④ 旋转空调风速调节旋钮，将风量调到最大。

⑤ 将出风模式调整为仅面部出风，用风速测量仪检测空调出风口风速和湿度。

注意事项

◇ 正常出风口风速为 2.0～2.2 m/s。

◇ 正常湿度值为 60%～80%。

⑥ 用电子温度计伸进出风口内部检测最高制热温度。

注意事项

◇ 最高制热温度应大于设定温度 16℃。

⑦ 关闭空调制热系统。

3. 汽车空调制冷系统工况检查

① 点击 START 按钮车辆上电，观察仪表板是否显示"Ready"。

② 打开空调 A/C 开关，打开空调制冷系统。

③ 旋转空调风速调节旋钮，将风量调到最大。

④ 旋转温度调节旋钮，将温度调到最低。

⑤ 按动空调模式调节按钮,将出风模式调整为仅面部出风,用风速测量仪检测空调出风口风量和湿度。

◇ 正常出风口风速为 2.0～2.2 m/s。

◇ 正常湿度值为 30%～50%。

⑥ 用电子温度计伸进出风口内部检测最低制冷温度。

◇ 最低制冷温度应小于 8℃。

⑦ 关闭空调 A/C 开关,关闭空调制冷系统。

4. 汽车空调制冷系统压力检测

(1)连接空调压力表

① 取下汽车空调制冷系统高、低压管路维修接口防尘罩。

② 将空调压力表挂到前机舱盖锁扣上。

③ 关闭空调压力表高压软管手动阀门和低压软管手动阀门,一般高压软管的颜色为红色,低压软管的颜色为蓝色。

④ 将空调压力表的低压软管连接到空调低压管路检测接口。

⑤ 将空调压力表的高压软管连接到空调低压管路检测接口。

⑥ 打开空调压力表低压手动阀门,观察并记录低压数值,低压管路压力正常值应该在 0.25～0.5 bar 之间。

⑦ 打开空调压力表高压手动阀门,观察并记录高压数值,高压管路正常值应该在 0.5～1.0 bar 之间。

⑧ 关闭高低压管手动阀门。

(2)打开空调制冷系统

① 打开 A/C 开关,打开空调制冷系统。

② 调节鼓风机风速到最大风量。

③ 调节空调温度到最冷,并打开所有车门。

④ 打开空调后等待 10～15 min。

⑤ 再次读取压力表数值,低压管路压力正常值应该在 2.5～3.0 bar 之间,高压管路正常值应该在 5～10 bar 之间。

通过以上检查判断出制冷系统的故障之后,严格按照排空制冷剂、抽真空、系统检漏、充注制冷剂的顺序对空调制冷系统进行维修。

5. 汽车空调制冷系统检漏

（1）用电子检漏仪检查渗漏部位

① 按下电子检漏仪开关键，此时检漏仪发出高频的滴滴声。

② 按下调节灵敏度键，使第一个 LED 灯点亮，同时检漏仪发出低频滴滴声。

③ 检查膨胀阀处是否泄漏。

④ 检查冷凝器与储液干燥器是否泄漏。

⑤ 检查空调系统高低压管路接口处是否泄漏。

⑥ 放置举升机顶角，举升车辆至合适位置。

⑦ 将探头伸到电动压缩机进出管路接头位置，检查是否泄漏。

注意事项

◇ 探头不要碰到机械设备，缓慢移动探头，移动速度不能过快。

◇ 移动当中各器件连接部位要着重检查。

◇ 当滴滴声频率增高，同时 LED 灯点亮数量增加时，说明有泄漏，应将泄漏部位做标记，以便维修。

（2）检查完毕后按下开关键，关闭电子检漏仪，并降下车辆

6. 汽车空调制冷系统加注制冷剂

（1）制冷剂加注回收机的检查与空调管路的连接

① 制冷剂加注回收机的面板检查，如图 5-1-16 所示。

a. 检查仪器面板上仪表、显示屏、按键是否正常，有无破损。

b. 检查面板上高低压阀门是否处于关闭位置。

c. 检查罐内制冷剂压力是否在 7 bar 以上，如图 5-1-17 所示。

图 5-1-16　检查面板

图 5-1-17　检查制冷剂压力

　　d. 检查高低压软管接头处是否连接正常，快速接头是否处于关闭位置，如图 5-1-18 所示。

　　e. 检查注油瓶内的冷冻润滑油是否干净、充足、是否过满，如图 5-1-19 所示。

图 5-1-18 检查软管接头

图 5-1-19 检查冷冻润滑油

注意事项

◇ 要保证注油瓶内的油量充足,否则补充冷冻润滑油环节就会把空气带入制冷管路。
◇ 检查排油瓶油量过满时,要进行排油环保处理。

② 制冷剂回收加注机管路排气。
a. 按下操作面板中的排气键,排除管路内气体,如图 5-1-20 所示。
b. 听到工作罐有排气的声音,说明排气成功。
③ 连接仪器与空调制冷的管路。
a. 佩戴护目镜和橡胶防护手套。
b. 分别用手逆时针拧下高低压阀保护罩盖。
c. 用压缩气体清洁高低压阀口,如图 5-1-21 所示。

图 5-1-20 按下排气键

图 5-1-21 清洁高低压阀口

注意事项

◇ 高低压阀保护盖拆下后需妥善放置,以免遗失。

素养规范

◇ 用气枪清洁时，要使用专用清洁枪。

d. 从回收加注仪侧面取下低压快速接头并安装在空调制冷管路的低压阀口上，确认安装可靠。

e. 顺时针慢慢拧开低压快速接头阀门，观察到低压表有压力指示时，继续拧阀门直到完全打开为止，如图 5 - 1 - 22 所示。

图 5 - 1 - 22　拧开低压接头阀门

f. 从回收加注机侧面取下高压快速接头并安装在空调制冷管路的高压阀口上。

g. 顺时针慢慢拧开高压快速接头阀门，观察到高压表有压力指示时，继续拧阀门直到完全打开为止，如图 5 - 1 - 23 所示。

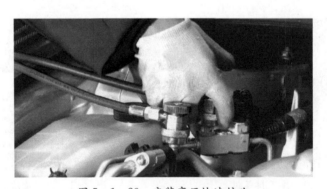

图 5 - 1 - 23　安装高压快速接头

④ 记录罐内制冷剂量。

（2）回收制冷剂和冷冻润滑油

① 回收制冷剂。

a. 点击操作面板上的回收按钮。

b. 打开面板上的低压阀和高压阀，如图 5 - 1 - 24 所示。

c. 按下"开始/确认"键开始回收。

d. 管路自清理 1 min 自动进行。

e. 管路清理完成后自动开始回收制冷剂。

g. 回收的标准是低压表指针降到(负)－10 psi 后等待 5～10 s 按下"停止/取消"键停止回收,如图 5 - 1 - 25 所示。

图 5 - 1 - 24 打开低、高压阀

图 5 - 1 - 25 停止回收

② 回收冷冻润滑油。

a. 回收冷冻润滑油前,根据油瓶表面刻度查看排油瓶内的废油液面并记录。

b. 按"确认"键开始进行排废油;排油结束后设备自动停止,警示灯闪三次,蜂鸣器同时发出三声"滴"。

c. 等待一段时间,废油无气泡,查看排油瓶废油液面并记录,计算出排出的冷冻润滑油量(废油)。

其计算公式为:排油量＝排油后的瓶内油量－排油前的瓶内油量

③ 关闭面板上的高低压阀开关。

 注意事项

◇ 回收所有制冷剂并排油之后,空调系统抽真空。

(3) 系统抽真空

① 按"抽真空"键,仪器进行抽真空。

② 按数字键,如图 5 - 1 - 26 所示,选择抽真空时间,按"确认"键进行抽真空,抽真空时间可以设置,一般情况下为 3 min 左右。

③ 打开高压阀,关闭低压阀。

④ 抽真空至系统真空度低于－90 kPa,按"取消"键,停止抽真空。

⑤ 抽真空完成后,进行保压。根据屏幕显示"抽真空已完成,下一步保压"进行保压设置,保压时间 3～15 min,观察高低压表,指针应无回升,表示系统无泄漏。

(4) 充注制冷剂

① 充注冷冻润滑油。

a. 关闭低压阀门,打开高压阀门,如图 5-1-27 所示。

图 5-1-26　按数字键

图 5-1-27　打开高压阀关闭低压阀

b. 当操作界面出现"下一步,注油"时,按下绿色"开始/确认"键,开始注油。

c. 垂直观察冷冻润滑油的下降量。

d. 按经验公式,设定注油量为排出量加 20 mL,按下绿色"开始/确认"键进行注油。

e. 当注油瓶内的液位接近设定的注油量时,按下绿色"开始/确认"键停止注油。按下红色"取消"键,返回原始界面。

f. 关闭仪器面板上的高低压阀。

② 空调系统充注制冷剂。

a. 查看维修手册,查阅制冷剂的型号和充注量。

注 意 事 项

◇ 制冷剂型号为 R134a;冷冻润滑油型号为 POE 冷冻润滑油。

b. 点击"充注"菜单键,用数字键设定充注量。

c. 关闭管路上的低压快速连接阀门,确认高压管上快速阀门处于打开位置,如图 5-1-28 所示。

d. 按下绿色"开始/确认"键,自动开始按量充注。

e. 充注完成后,关闭仪器面板上的高低压阀,如图 5-1-29 所示。

图 5-1-28　关闭低压连接阀门

图 5-1-29　关闭高低压阀

③ 管路清理。

a. 充注完成后,关闭管路上的高压手动阀。从管路上取下高、低压手动阀,打开高低压面板阀,开始管路清理。

b. 管路清理完成(2 min后),关闭高低压面板阀,此时,确认管路清理结果,高低压表压力应显示为负压。

（5）充注完毕,使用电子检漏仪依次对高低压维修阀口进行检漏,探头停留在每个阀口的时间不低于3 s。

7. 整理归位

① 关闭并整理制冷剂加注仪。

② 将相关设备关闭后放置合适位置。

③ 取下车外三件套。

④ 取下车内三件套。

⑤ 整理工具,实训设备归位。

本任务介绍了混合动力汽车空调系统的功能、组成以及检修方法。

混合动力汽车空调系统能够对车厢内空气进行制冷、加热、换气和净化,为乘车人员提供舒适的乘车环境,降低驾驶员的疲劳强度,提高行车安全。

混合动力汽车空调系统由空调制冷系统、空调采暖系统、空调控制系统、空调通风与空气净化系统组成。

汽车空调系统的检修按照由外到内、由简单到复杂、由整体到部分的思路进行,具体的检修主要包括空调制冷系统检修和采暖系统检修。

空调制冷系统检修分为基本检查、在线检查、检漏检查和压力检查。其中基本检查需要检查制冷系统的工况,观察视液窗、判断制冷剂量;空调采暖系统检修分为基本检查、在线检测和采暖系统的电压、电阻检测。

一、 判断题

1. 混合动力汽车空调上设有进风门、排风门和空气过滤装置,以保证车内空气的洁净。

（　　）

2. 混合动力汽车空调系统中的控制系统与传统汽车差别很大。　　　　　　　　（　　）

3. 比亚迪·秦的制冷循环系统采用的是电动压缩机。　　　　　　　　　　　（　　）

4. 混合动力汽车的电动风扇有三种运动状态,分别是高速运转、中速运转和低速运转。

（　　）

5. 比亚迪·秦采用的是 R410a 制冷剂,它是一种新型环保制冷剂,对臭氧破坏系数为零。

(　　)

二、选择题

1. (　　)是电动压缩机的动力来源,能够将电能转化为机械能,带动压缩机压缩制冷剂。【单选题】

　　A. 涡轮静盘　　　　　B. 涡轮动盘　　　　　C. 驱动电动机　　　　D. 驱动控制器

2. 空调采暖系统包括 PTC 加热器、PTC 控制器、热交换器和(　　)。【单选题】

　　A. 压缩机　　　　　　B. 电子膨胀阀　　　　C. 高低压管路　　　　D. 水泵

3. 电动风扇运行状态的切换是由(　　)控制的。【单选题】

　　A. 驱动电动机　　　　B. 整车控制器　　　　C. 驱动控制器　　　　D. 电动压缩机

4. 混合动力汽车空调系统的(　　)和传统汽车差别很大。【多选题】

　　A. 空调制冷系统　　　　　　　　　　B. 空调配气系统

　　C. 空调净化系统　　　　　　　　　　D. 空调采暖系统

5. 汽车空调系统的功能有(　　)。【多选题】

　　A. 调节车内温度　　　　　　　　　　B. 调节车内湿度

　　C. 调节车内空气流速　　　　　　　　D. 过滤净化车内空气

三、简答题

1. 请简述混合动力汽车空调系统的检修内容。

2. 请简述 PTC 加热器采暖系统的工作原理。